生态型组织的战略制定与动态发展

杨 洋 李思墨 张媛媛 等著

机械工业出版社

本书从生态型组织的概念内涵出发，关注组织生态战略制定与系统治理，对基于多主体交互的价值共创、协同演化、动态迭代等内容展开论述，并聚焦数字技术赋能下的生态型组织协同机理与能力整合、重构路径；选取海尔"人单合一""链群合约"等典型生态战略，以及小米生态圈到"人车家全生态"的全新生态战略升级作为案例，获取了相应管理启示；最后梳理了生态型组织面对的系统治理、需求转变以及技术变革等难题，并探索性提出数字赋能生态型组织发展的新范式，包括数字平台搭建、数字化能力构建以及价值共创机制优化等。期望本书为生态型组织和商业生态系统等领域的战略研究者以及高校学生拓展学习提供参考与借鉴。

图书在版编目（CIP）数据

生态型组织的战略制定与动态发展 / 杨洋等著.
北京：机械工业出版社，2025.9. -- ISBN 978-7-111-78943-7

Ⅰ.F710
中国国家版本馆 CIP 数据核字第 2025YQ2941 号

机械工业出版社（北京市百万庄大街22号　邮政编码100037）
策划编辑：朱鹤楼　　　　　责任编辑：朱鹤楼　章承林
责任校对：韩佳欣　陈　越　责任印制：单爱军
北京盛通数码印刷有限公司印刷
2025年9月第1版第1次印刷
169mm×239mm・16.25 印张・2 插页・223 千字
标准书号：ISBN 978-7-111-78943-7
定价：128.00 元

电话服务　　　　　　　　　网络服务
客服电话：010-88361066　　机　工　官　网：www.cmpbook.com
　　　　　010-88379833　　机　工　官　博：weibo.com/cmp1952
　　　　　010-68326294　　金　书　网：www.golden-book.com
封底无防伪标均为盗版　　　机工教育服务网：www.cmpedu.com

前言

在数智化与全球化深度融合的背景下，生态型组织（Ecological Organization）作为一种新兴的组织范式，正逐渐成为组织战略管理、运营变革管理、组织结构变革与商业模式创新的核心议题。生态型组织通过构建开放、协同的价值网络，整合多元化的参与主体，实现了资源的高效配置与能力的动态互补。各类利益相关者的资源交互与共享，不仅实现了资源的价值优化分配，还能更好地响应消费者的动态需求变化，通过新产品、新服务实现价值传递。近年来，生态型组织研究吸引了学界和业界的广泛关注，对生态型组织的内涵探究，生态战略的实施对组织转型升级、绩效提升的助推作用也成为关注的焦点。因此，对生态型组织的战略制定与动态发展进行系统梳理可以较好地响应这些问题。

政府全面鼓励企业高质量发展，而"生态"作为企业或平台的思想引领和发展内核引发了广泛关注，海尔的"人单合一""链群合约"等生态战略全面引领企业数字化、生态化转型发展，引发了广泛共鸣。生态型组织、商业生态系统等成为近几年学术界研究的热点及焦点，同时协同演化、价值共创、资源编排等内容的融入引发了学界与业界的深入思考。以大数据、人工智能、物联网等为代表的新兴数字技术发展不断赋能组织的生态化进程，一方面数字平台的构建加速了生态主体间的资源交互与互补，另一方面加速了战略的数字化导向、业务流程的数字化以及产品服务的数字化，智能生态的趋势不可避免。然而，伴随着新兴数字技术的有机融入，生态型组织的战略制定与动态发展面临诸多挑战，包括参与主体间的利益冲突、技术变革的不确定性以及外部环境的动态性等。为此，深入研究生态型组织的战略框架、演化机制及治理模式，对于提升其竞争力与可持续性具有重要意义。

本书聚焦生态型组织的战略制定、数字赋能下的动态发展，与企业的生态化转型、数字化转型目标相匹配，同时研究的内容也是学界聚焦的热点问题，期望通过相关内容的梳理能够为企业的转型升级、生态发展提供参考。

本书的主要章节内容包括：第1章介绍生态型组织的理论起源、内涵特征、结构与分类以及与商业生态系统的概念辨析；第2章描述生态战略的核心内涵、重要意义以及制定与实施过程；第3章聚焦生态型组织的系统治理，主要介绍治理原则和治理体系；第4章从价值共创、协同演化以及动态迭代等维度描述生态型组织的动态发展；第5章关注新兴技术如 AI、物联网等对生态型组织的赋能机理与路径；第6章选取典型案例海尔分析其链群合约生态战略的制定实施与管理启示；第7章描述小米生态圈的生态演化过程，并对"人车家全生态"的战略内涵与理念进行解读；第8章总结生态型组织目前面临的市场需求转变与外部技术变革等问题，并提出数字赋能生态型组织发展的新范式。

本书是国家社会科学基金一般项目"基于数字资源编排的商业生态型组织智能化能力跃升路径研究"（项目编号：23BGL130）的阶段性研究成果，该成果是对课题组全体成员前期研究的系统梳理和内容升华，在此要特别感谢王文彬、张媛媛、王若辰等老师和硕士研究生同学的团结协作和辛勤付出。本书受到河南省高等学校哲学社会科学创新团队建设计划（2024-CXTD-10）的资助。本书由杨洋负责章节设计、指导和修改校订、前言审定等工作。李思墨负责本书撰写的具体协调、修改等工作。本书的撰写分工如下：第1章由杨洋、张媛媛撰写，第2章由杨洋、张媛媛、方靖雯撰写，第3章由王文彬、李晶慧、贾雯雯撰写，第4章由杨洋、王文彬、王若辰撰写，第5章由杨洋、付豪、李思墨撰写，

第 6 章由付晶、贾雯雯撰写，第 7 章由李思墨、付豪、方靖雯撰写，第 8 章由杨洋、王若辰、李思墨撰写。

  本书的编写也得到了李纲教授、桂黄宝教授的大力支持和悉心指导，再次对他们表达诚挚的谢意！

杨　洋
于华北水利水电大学管理与经济学院（龙子湖校区）

前言

第1章 商业生态型组织概念内涵 / 1

1.1 理论起源 / 1

1.1.1 "生态"概念的引入 / 2

1.1.2 生态型组织概念的提出 / 3

1.2 生态型组织的内涵特征 / 5

1.2.1 生态型组织的内涵 / 5

1.2.2 生态型组织的特征 / 10

1.3 生态型组织的结构与分类 / 14

1.3.1 生态型组织的结构 / 14

1.3.2 生态型组织的分类 / 17

1.4 商业生态系统 / 21

1.4.1 商业生态系统理论回顾 / 21

1.4.2 商业生态系统的参与主体与作用关系分析 / 22

1.4.3 生态型组织与商业生态系统 / 25

本章小结 / 28

第2章 生态战略制定 / 30

2.1 生态战略的概述 / 30

2.1.1 组织生态战略概念 / 30

2.1.2 组织生态战略内涵 / 35

2.2 生态战略的重要意义 / 42

2.2.1 典型生态战略分析 / 42

2.2.2　生态战略实施成效　/ 48

　2.3　生态战略的制定过程　/ 51

　　　2.3.1　明确组织价值主张　/ 51

　　　2.3.2　确立组织核心战略　/ 52

　　　2.3.3　贯彻组织战略实施　/ 53

　本章小结　/ 55

第3章　生态型组织的系统治理　/ 57

　3.1　生态型组织的治理思想和治理原则　/ 57

　　　3.1.1　生态型组织的治理思想　/ 58

　　　3.1.2　生态型组织的治理原则　/ 64

　3.2　生态型组织的治理体系　/ 69

　　　3.2.1　生态型组织的治理结构　/ 69

　　　3.2.2　生态型组织的治理机制　/ 75

　本章小结　/ 84

第4章　生态型组织的动态发展　/ 86

　4.1　生态型组织的价值共创　/ 86

　　　4.1.1　生态型组织的价值共创主体　/ 89

　　　4.1.2　生态型组织的主体交互分析　/ 92

　4.2　生态型组织的协同演化　/ 99

　　　4.2.1　生态型组织的资源整合互补　/ 100

　　　4.2.2　生态型组织的主体协同演化　/ 104

　4.3　生态型组织的动态迭代　/ 105

　　　4.3.1　生态型组织的动态演进　/ 105

　　　4.3.2　生态型组织的迭代跃升　/ 110

　本章小结　/ 113

第5章　技术赋能的生态型组织发展　/ 115

　5.1　新兴技术商业应用　/ 115

　　　5.1.1　AI数字商业应用　/ 115

5.1.2　物联网商业应用　/ 117
　　　5.1.3　新兴技术商业应用案例分析　/ 119
　5.2　技术赋能机理分析　/ 122
　　　5.2.1　技术赋能主体协同的核心要素　/ 122
　　　5.2.2　技术赋能主体协同的层次　/ 126
　　　5.2.3　技术赋能主体协同机理分析　/ 129
　5.3　技术赋能路径分析　/ 132
　　　5.3.1　技术赋能能力整合路径分析　/ 132
　　　5.3.2　技术赋能能力重构路径分析　/ 137
　本章小结　/ 143

第6章　海尔生态链群的管理案例启示　/ 144

　6.1　海尔"人单合一"生态战略解析　/ 145
　　　6.1.1　"人单合一"概述　/ 145
　　　6.1.2　"人单合一"生态战略的演进轨迹　/ 149
　6.2　海尔链群合约生态解读与管理启示　/ 165
　　　6.2.1　链群合约生态的内涵及运作机制　/ 166
　　　6.2.2　链群合约生态价值创造机制　/ 168
　　　6.2.3　管理新思维：海尔链群合约生态的启示　/ 174
　本章小结　/ 176

第7章　小米生态圈的管理案例启示　/ 178

　7.1　小米生态圈演化进程　/ 178
　　　7.1.1　起源与发展　/ 178
　　　7.1.2　协同效应与价值共创　/ 190
　　　7.1.3　小米生态链产业链分析　/ 199
　7.2　小米集团战略"人车家全生态"　/ 207
　　　7.2.1　战略背景与核心理念　/ 208
　　　7.2.2　"人车家全生态"的三大场景　/ 211
　　　7.2.3　人、设备与智能共生：协同演化，构建动态生态　/ 216

7.2.4　产品赋能，技术驱动，产业共进　/ 219
　本章小结　/ 221

第 8 章　数字赋能生态型组织未来发展　/ 223
　8.1　生态型组织面临的挑战和应对策略　/ 223
　　8.1.1　强化组织核心协调能力应对治理体系挑战　/ 224
　　8.1.2　提升自组织与自进化能力应对需求不确定问题　/ 227
　　8.1.3　增强战略与技术应用的结合应对技术不确定性　/ 229
　8.2　数字赋能生态型组织发展新范式　/ 232
　　8.2.1　数字赋能视角下的数字生态平台搭建　/ 233
　　8.2.2　数字赋能视角下的生态系统数字化能力构建　/ 234
　　8.2.3　数字赋能视角下的生态系统价值共创机制　/ 236
　本章小结　/ 238

参考文献　/ 240

第1章 商业生态型组织概念内涵

生态型组织作为全新的具有自组织、自进化能力的新型组织，充分应用人工智能、大数据、物联网等新兴数字技术等搭建生态平台，集聚、调用与配置各类资源，实现不同参与主体间的资源交互与能力互补，从而更好地实现价值共创和价值传递。生态型组织作为引用生态学概念发展而来的新型组织，引起了学术界的深入研究和业界的持续变革。本章将从生态型组织的理论起源、内涵特征、结构与分类，以及其与商业生态系统的联系与区别等方面展开论述，逐步揭开生态型组织的核心内涵与实践启示。

1.1 理论起源

乌卡时代，以 VUCA（易变性、不确定性、复杂性、模糊性）为特征的组织外部环境持续动态变化，包括技术发展带来的技术不确定性和消费者需求动态迭代带来的市场不确定性，为组织的可持续发展带来极大的挑战。在此背景下，自组织、敏捷组织、学习型组织、平台型组织等新型组织陆续涌现，其中生态型组织因其资源共享、价值共创、利益交互、网络效应、跨越边界等多种特征而能够持续实现资源的合理配置、能力的整合与重构、网络效应的深化与应用等，而广泛受到学界与业界的关注。对比传统的科层制管理结构，生态型组织呈现了平台分权制，组织的结构需要充分考虑决策的有效性和效率的最大化。在平台分权制这种新型组织结构中,以核心企业为代表的"后台",以应用技术平台、数据服务平台和管理智能平台等为代表的中台,以"小微企业"为代表的自治单位成为平台分权制的核心要素。例如,阿里巴巴集团控股有限公司(以下简称阿里巴巴)于 2015 年创建的"大中台、小前台"运行机制,以技术平台和相关智能平台为基础构建的"大中台"作为中枢对前台的业务模块(零售电商、云计算、物流等)进行全方位、全流程的业务支持。曹仰锋(2019)提到平台分权制将生态型组织转型为一种扁平化的网络结构,突出了组织管理的敏捷性和灵活性,不断提升组织的适应能力、开放能力和决策能力。此外,在生态战略的引导下,各类生态型组织创立了不同的商业模式,如海尔的"人单合一"到链群合约的战略升级、小米科技有限公司(以下简称小米)AIoT(人工智能物联网)智慧生活到"人车家全生态",以及苹果 App Store(应用程序商店)应用生态系统等,不仅开拓了业界生态跃进的新范式,还丰富了产品或服务价值创造的新模式,激发了源源不断的生态型组织发展和创新活力,引发了学术界的广泛讨论和深入分析。

1.1.1 "生态"概念的引入

作为实践业界和管理学界关注的焦点,"生态"一词引领了各种商业模式的变革、各种商业平台的构建、各种生态链条的搭建。生态作为一种隐喻从生物学引申借用到管理学中,在生物学当中"生态"主要指生物与外部非生物环境之间相互影响所形成的关系状态,研究物种生态所形成的生态学学科聚焦在"物种""种群""生态群落""生态系统"等一系列有关物种和生态系统发展的研究上。将"生态"一词引入管理学主要因为已有的理论构念和理论内涵不足以充分解释并指导管理实践,而在人工智能、物联网等新兴技术驱动下的组织发展实践与生态学领域的研究对象有着诸多相似点时,跨学科的概念借鉴并以此为基础构建新的管理理论、管理构念和管理方法等便成为理所应当的合理发展方向。最早关注"生态"与组织发展相融合的是汉南(Hannan)和弗里曼(Freeman),他们于 1974 年推出了"组织生态学",但是其研究内容更偏向于生态而弱化了对组织的研究,他们重点关注了组织种群在外部环境的影响和约束下产生、演进和消亡的过程。真正为现代生态型组织研究奠定基础的是詹姆斯·摩尔(James Moore)在 1993 年发表于《哈佛商业评论》的经典论作 *Predators and Prey: A New Ecology of Competition*(《捕食者与猎物:竞争的新生态》),首次将商业生态系统的概念引入了商业管理的学术界。

摩尔在 1996 年发表的 *The Death of Competition: Leadership & Strategy in the Age of Business Ecosystem*(《竞争的衰亡:商业生态系统时代的领导与战略》)对"商业生态系统"做出了具体的定义:一个由相互作用的组织和个人——商业世界的有机体支持的经济共同体。这个经济共同体为客户提供有价值的商品和服务,而客户本身就是生态系统的成员。组织成员还包括供应商、主要生产商、竞争对手和其他利益相关者。哈佛大学商学院教授大卫·萨诺(David Sarnoff)沿袭了摩尔的观点,认为:商业生态系统是围绕一个关键物种组织(即焦点核心组织)建立的商业网络,通过网络大量相互松散联系的参与者,相互依赖并获得相互的有效性和生存。企业动态能力理论的奠基者、加州大学哈斯商学院教授大卫·蒂斯(David Teece)认为:商业生态系统是影响企业及其客户与供应商的组织、机构和个人的社区,也是企业必须监控和应对的环境。马尔科·扬西蒂(Marco Iansiti)和罗伊·莱维恩(Roy Levien)(2004a)聚焦于生态系统的网络特性,一方面关注系统的参与者及参与者之间相互依赖的松散链接,另一方面关注各参与者所处的地位。他们更强调从社区这个整体角度来看待和研究系统的发展,系统内各主体的单独表现与系统的整体命运是息息相关的,其中的核心企业或焦点企业作为平台或生态系统的主导,通过系统治理和资源分配保证了组织的稳定性。

1.1.2 生态型组织概念的提出

生态型组织作为一种新兴的组织形式,对其研究尚不深入。Hannan 和 Freeman 提出的组织生态学采用"聚焦组织视角"(Focal-Organization

Perspective)，借鉴生态学中的相关概念和模型，研究组织种群的演化过程。基于此，"生态"的概念引入了组织管理、战略管理等研究领域，衍生了生态型组织、商业生态系统、平台生态系统、创新生态系统等新生概念，并成了近几年的研究热点，相关的研究成果发表在《管理世界》、《南开管理评论》、*Technovation*（《技术创新》）、*Journal of Business Research*（《商业研究杂志》）等国内外高水平学术期刊上。

早期的组织生态学研究更加关注"经典竞争理论"，即各种群间由于生态位的重叠或竞争，挤压了相互的环境承载力或资源空间，继而造成了种群间强烈的竞争关系。而近期的相关研究则更加突出生态间的"竞合"关系，相互间既存在竞争，又在价值理论的指导下凸显资源交互、资源互补以及价值共创的合作关系，从而开拓了相关研究的新视野与新领域，并逐渐成了战略管理研究范畴内的重要议题。

针对生态型组织的定义，学者尚未达成共识，仅长城企业战略研究所对其进行了定义：在新经济时代，随着企业社交化的拓展与深化、产业生态的逐步发展，形成了一种新企业组织形态，其本质是通过资源共享、个体自组织成长，实现与外部环境变化不断协同演化的开放型组织形式。长城企业战略研究所（2018）基于组织生态学，对生态型组织的发展进行了探讨，认为不仅新兴企业不断实现生态发展，传统型企业也通过积极探索组织变革以响应外部环境的动态变化。在新经济的环境下，全球正从以要素驱动、工业主导、成本优势为特征的工业经济向以创新驱动、服务主导、创业经济为核心的新经济转变，产业发展从产业集聚、产业集群逐渐进入产业生态化发展的新阶段，典型案例如北京中关村创新型产业集群等。

由清华大学社会科学学院经济学研究所（2022）发布的《中国产业互联网生态发展报告》提到了生态型组织发展所遵循的 VSP 理论，组织需要先确立远景战略（V-Vision），即明确的价值主张，这一主张是由组织及利益相关者持续构建生态的信任基石；围绕价值共创和价值传递的目标，生态型组织需要发现针对短期和长期生态发展的具体解决方案

（S-Solutions），具体囊括了制度设计、技术应用、产品/服务方案、人力组织等，终极方案是创建与组织动态发展相匹配的生态模式；而生态商业模式的持续发展与优化离不开生态伙伴（P-Partners）的支持，生态伙伴所掌握的特定知识成为商业模式落地的重要支撑。

生态型企业，相比传统组织形式以线性形式沟通为主，减少了决策流程，提高了协同效率，加速了对市场的反应，提升了组织的灵活性，促使企业的组织方式向多维化发展，形成分布广、共生、自驱动的生态型组织。此外，生态组织体现了极大的开放性，打破了传统组织的组织界限，加速了与组织外部环境的资源和信息交互，不断降低"管理熵"。根据对已有研究的梳理和对典型生态企业的观察，本书将生态型组织定义为：

秉承生态理念，以生态战略为引领，以生态平台的构建和发展为业务开展和商业模式创造的基石，坚持开发性破除组织边界，不断吸纳相关利益者入驻平台，各利益主体间基于核心主体制定的治理体系形成价值网络，不断进行各类资源的交换与互补，围绕核心价值主张持续进行价值共创，不断推动组织动态迭代和演化，持续朝着生态愿景高质量发展的一类新兴组织。

1.2 生态型组织的内涵特征

生态型组织的内涵聚焦于协同演化和价值创造，协同演化是各利益相关主体相互影响相互作用的结果；而价值创造是围绕生态型组织价值主张最大化、最优化实施资源利用，创造性推出和改进产品和服务的重要过程。生态型组织具有平台性、自主性和进化性三大特征，从而实现边界拓展、资源集聚、自助适应、持续优化、生态发展的目标。

1.2.1 生态型组织的内涵

生态型组织的内涵主要聚焦在协同演化和价值创造方面。首先，价值创造是生态型组织动态发展的主旨，搜寻并确立共同的价值主张，围绕市场或客户的核心需求，进行资源的集聚、整合、优化分配等，通过多边网络效应实现价值共创，并将创造的新商业模式、产品或服务等传递给客户。其次，作为一种典型的、复杂的、迭代发展的系统，协同演化对生态型组织的发展壮大尤其重要，其既面临同组织外部环境的资源交互，又受到政策、科学技术、人才与知识等各项资源的驱动和约束，还面临组织与组织之间（可能分属于不同的生态系统，继而形成系统与系统之间的协同演化）以及组织内部各部门、各要素间打破传统组织壁垒，重新进行资源编排，有效满足组织和优化运营流程等需求，从而推动组织生态战略的实施。

1. 生态型组织的协同演化

因生态型组织起源于生态学，因此其组织发展更加关注基于共生理论的种群协同演化，原本指不同种属按某种物质联系生活在一起，形成共同生存、协同演化的关系。就生态型组织而言，协同演化（Co-Evolution）是指生态系统中不同物种或组织在长期互动中相互影响、共同进化的过程。在生态型组织中，协同演化不仅限于生物层面，还涉及组织与环境、组织与组织之间的动态互动与共同发展。在组织的开放性（强调与外部环境保持高度互动，不断吸收和适应外部变化）、多样性（强调多种类型的组织或个体形成复杂的生态系统关系）、自组织性（强调通过内部机制自我调节和优化，适应环境变化）以及共生性（强调组织之间相互依赖，形成互利共生的关系）等特性驱动下，生态型组织主要依照三种类型的协同演化开展，包括了组织与外部环境的协同演化、不同组织间的协同演化，以及组织内部要素间的协同演化，具体阐述如下。

（1）组织与外部环境的协同演化

外部环境对生态型组织具有显著的影响，无论是产业政策、技术应用与创新还是消费者需求转变等，都对生态型组织的战略制定与调整实施具有重要影响。李烨和闫晓勇（2024）认为组织外部的利益相关者包括政府、投资者、商业组织、竞争者和用户，主要与生态型组织形成多边依赖、松散耦合的关系，深化拓展各利益主体间的网络效应。生态型组织与外部环境构建了双向的沟通渠道，组织不断从外部环境吸收各项资源（如资金、技术、人才），助力组织的资源有效编排、产品或服务的持续创新，以及生态平台的动态迭代发展，促进生态系统的规模扩张和转型升级。而生态型组织在新兴数字技术、政策与法规支持、市场需求转变等因素的驱动作用下，向外部市场不断输出创新性的产品或服务来满足市场需求。例如，小米通过以小米社区为代表的在线社区和论坛，积极吸纳来自用户的需求意见和产品创意，不断实现技术创新和产品优化，持续推出满足用户需求和期望的创新产品，并收获了大量忠实的"米粉社群"。如今小米的"人车家全生态"战略主推：应用、游戏、内容和服务四类生态，并持续关注和推动人工智能技术在各产品领域的终端赋能应用。

（2）不同组织间的协同演化

不同组织间的协同演化被归属到生态系统的研究范畴，根据 Moore（2006）提出的生态系统协同演化观，不同组织间相互协同、相互作用，从而构建了复杂的有机生态系统，各组织间聚焦资源互补尤其是稀缺性、异质性资源的互补与协调，继而促进了各个组织能力和角色的协同演化。韩进等人（2020）提出从属组织依附于生态系统中的核心组织，成为各组织深度协同演化的驱动力，核心组织不仅主导生态系统的发展方向，通过制定系统治理规则对附属组织产生影响，还在一定程度上决定了生态系统动态进阶的潜力。此外，各利益相关主体不断涌入，可能围绕相同的价值主张深化合作行为，不断深化与核心组织间相互依赖、相互信任的合作关系，继而激发价值共创行为。不论是核心组织还是附属组织，不断投入更多资源提升价值共创成效，互补效应持续促进组织自身发展的同时，拓展了整个生态系统进一步进化和发展的空间。这一协同演化过程可以通过小米生态链的扩张来充分说明，小米通过"八大基石"构建生态链：做小米移动电源的紫米、做小米空气净化器的智米、做米家扫地机器人的石头科技、做小米手环的华米、做九号平衡车和小米滑板车的九号智能、做小米耳机的万魔、做 90 分旅行箱的开润、做小米净水器的云米。这八大基石的市值已经超过了 1000 亿元。以石头科技为例，小米买断了石头科技生产的"米家扫地机器人"，再通过小米之家、小米商城、米家 App、小米有品 App 等进行销售，所获利润由小米和石头科技均分。这样做充分利用了石头科技成熟的科技与产品，依托旗下线上线下渠道进行销售，充分实现了核心企业与附属企业资源互补的价值共创，并通过战略投资分享生态链上各附属企业的生态成本与发展红利，从而持续推动了"小米生态链"这一生态系统的发展。

（3）组织内部要素间的协同演化

Lewin 等人（2019）和韩进等人（2020）提出相似观点，认为生态型组织作为一种新型有形系统，由组织结构、资源、知识等各类要素构成，各要素之间由于复杂的非线性关系而呈现了动态协同演化的趋势。生态型组织内部要素间的协同演化聚焦在微观协同演化的层次，不同于组织与外部环境之间的宏观协同演化，它更加关注组织内活动参与者间的连接与传递，包括材料、信息、资金等要素的交互。微观层面的协同演化更加注重通过相互合作和资源交互实现核心价值主张，成员之间通过"结盟结构"就所处的立场和活动流达成相互一致。另外，根据 Adner（2017）的观点，如同商业生态系统，生态型组织同样强调组织内"多边"的属性，组织内参与者多种多样，通过双边互动的聚合关系，进一步构建以"相互依赖"为核心的多边价值网络体系，继而突出"合作伙伴集合"共同创造价值的总体目标。

典型案例为海尔的"人单合一"生态价值创造模式，其主要通过去组织化、去中心化、去中介化，不同部门的员工因"单"而聚，具备充分的开放性和灵活性直接面对客户，根据客户需求尤其是个性化的需求聚集产品设计、财务管理、客户管理、物流运输等多方面的资源，实现动态优化的资源配置和价值共创。作为典型的生态型组织，一方面打破了传统科层制的组织架构，人员和资源实现了跨部门的流动和组合；另一方面充分实施有效的资源编排更好地去应对和满足顾客的个性化、定制化需求，通过创新性的资源协同和模式演化，不断更新和升级价值创造和传递的方式。

综上所述，协同演化是基于共同的价值主张，积聚各利益相关主体所拥有的资源，深化各方主体间的多边互动和协作，深化价值网络体系，不断优化资源配置过程，更好地响应市场和顾客需求，通过价值共创的方式促进组织的动态组织和发展进程，不断落实价值创造和价值传递的总体目标。

2. 生态型组织的价值创造

Modigliani 和 Miller 在 1958 年提出的价值创造理论对生态型组织的构建及持续发展具有重要指导意义，并被广泛应用于组织管理和战略研究等领域。价值创造理论与资源基础观（RBV）、动态能力理论等相融合，指导企业实践发展。如马鸿佳和林樾（2023）所述，价值创造主要聚焦于如何有效利用资源，并实现资源的优化配置，从而构建持续的竞争优势，展现了识别价值创造来源、提升价值创造过程的动态发展过程，并能根据组织外部环境动态变化持续优化价值创造模式。价值创造理论由 Teece 在 2010 年进行理论深化，形成"价值主张—价值共创—价值捕获"完整的理论逻辑，并一直延续至今。Antonopoulou 和 Begkos（2020）认为价值主张是组织为实现战略目标、创造竞争优势而提出的战略实践方向，对生态型组织而言，其价值主张通常与各利益相关主体的主张相一致，呈现了资源投入以实现价值创造的核心信念。近期的研究表明生态型组织的价值主张更侧重于价值导向，尤其是技术应用和市场需求转变引发的技术导向和市场导向，组织更加致力于捕捉技术赋能带来的产品和服务价值提升以及消费者个性化需求的满足。

刘晓彦等人（2020）提出价值共创的实施主体是生态型组织及其创造平台上的各利益相关主体，利益相关主体一般包括平台的互补者与用户，相互之间主要通过连接杠杆构建连接或交易通道，通过互动杠杆来实现信息或资源等的协同与交互，通过重组杠杆来进行资源的优化配置及高效利用，从而更好地应对环境或用户需求的变化。价值共创的过程是各利益相关主体所拥有的资源、知识和能力的集聚整合与优化配置，通过价值网络实现资源的共享与互补，从而优化产品和服务，提升价值创造与传递。

在价值捕获阶段，生态型组织作为平台主导，连同其他各利益相关主体共同获取价值，并实现自身利益最大化。Abdelkafi 等人（2019）认为就其平台属性而言，生态型组织更加关注三类价值的创造与捕获：网络价值主要通过直接网络效应或间接网络效应的拓展应用，不断吸纳更多利益相关主体进入平台，各主体间秉承互利共生的理念，实现资源交互与有效协作，最大水平地促进平台良性发展，并维持相应的稳定性；Tang 和 Qian（2020）提出互补价值依托关键资源、核心知识等交换互补，完善自身价值创造体系以及价值链的有效运作，并通过创新性的产品或服务向消费者传递价值，以满足其动态性的需求变化，不断提升平台的创新能力与协作能力；Zhang（2022）认为治理价值主要针对平台的管理者，即基于平台的生态型组织来制定和实施正式或非正式的平台治理规则，对平台上的各利益相关主体进行有效引导和规范，促进信息、知识、技术等各类资源在利益相关主体间高效整合与有效互补，通过协同效应全面提升和共享平台价值。

综上所述，生态型组织的核心内涵之一在于利用生态平台集聚各类利益相关主体，实现各主体间资源和能力的互补，从而提升价值网络，实现围绕共同价值主张，持续实施价值共创，最终捕获创新或产品价值，并促进生态平台良性发展。

1.2.2 生态型组织的特征

生态型组织具有四大特征，即平台性、开放性、自主性、进化性。以人工智能、物联网、大数据等技术为代表的新兴技术发展带来了深刻的组织变革，最主要的贡献是各种平台的搭建，平台成为组织的基础架构，并以更高效、更公平、更便捷的方式服务、激活、整合组织内外部的个体活力和创造力。平台主要包括技术平台、资源平台和信息平台等类别。传统型组织与由顾客、供应商、管理机构等构成的外部环境存在外部边界。而生态型组织作为开放型组织，打破传统的外部边界，对外部环境的嵌入能力更强。同时将消费者直接纳入企业价值创造系统中，最大限度地拓展了原企业创造价值的边界。此外，生态型组织具有很高的灵活性，能随时根据外部环境变化而进行自我进化，在信息共享、资源配置、产品研发和市场营销等诸多单元对供应商或消费者快速响应。生态型组织的核心特征一般包括平台性、开放性、自主性和进化性等，具体内容如下。

1. 生态型组织的平台性特征

生态型组织的核心即所搭建的平台，平台是资源集聚和交互、持续实施价值共创的重要业务基础。简单来说，生态型组织"因平台而生""因平台而兴"，平台是生态型组织动态迭代发展的核心驱动力。平台是一个虚拟的非实体化的动态发展的场所，其核心功能是成为各类利益相关者及其附属资源的集聚地、交互地、协作地，成为多边主体互动、网络价值构建的核心基础。在数字技术发展驱动下，平台的业务不断拓展、功能不断完善、利益主体不断集聚、资源不断交互、商业模式不断创新、产品服务不断升级，围绕商业生态平台持续孵化、进化，构建了各类复杂的生态系统。平台作为业务核心，展现了强大的生命力和旺盛的发展活力。例如，国内知名的互联网巨头腾讯，作为国内社交领域的领军企业，通过 QQ、微信等社交软件吸纳了广大的用户群体。相关研究报告显示，2024 年第三季度微信的全球用户月活跃数量达到了惊人的 13.82 亿，积累了丰厚的社交流量，并将核心社交平台业务与移动支付、数字内容、金融科技、工具软件等相联系，打造了"泛娱乐+生活服务"的全新生态体系。其中社交流量是生态核心，微信作为典型的社交数字平台，纳入了娱乐生活、办公软件、餐饮外卖等各类小程序，并通过公众号发布各类新闻、娱乐、科普等信息，丰富了用户的社交和休闲体验，持续增强用户黏性。同时，将上述多项服务（如在线点单、在线预订等）与另外一个核心业务微信支付相联系，而微信支付作为业务基础又拓展了手机充值、生活缴费、城市服务等用户生活服务内容以及理财通、零钱通、保险等金融业务服务，从而构建了多方面满足用户需求的"社交+支付"生态系统。

2. 生态型组织的开放性特征

生态型组织的开放性表现在其破除了传统企业存在的物理实体边界和虚拟价值网络边界，因此打开了崭新的发展格局。平台型组织的发展与进化离不开其开放性、无边界的特征，以往企业的清晰边界逐渐模糊乃至消失，这种迭代发展产生的生态型组织能够有效地积聚和交换各类资源，从而实现组织资源池的扩大，这种开放性特征也吸引了更多利益相关者进入平台、融入平台、交流合作、共享资源等。生态型组织的发展是组织协同、融合、共生的生态体系。基于动态全景模型，生态型组织通过制定治理体系来掌控组织内部，并根据与组织内各利益相关主体交互的其他组织或主体来对组织外相近的环境施加影响，不断拓展组织的合作和资源获取空间。例如，百度最初始的核心业务为搜索引擎，在业务发展的同时积累了网络服务和大数据分析技术，通过海量用户和大数据的集聚效应奠定了其提供丰富多元化业务的基础，随后百度开始拓展搜索引擎相关业务领域，如在线广告业务。百度在认识到人工智能的广阔前景后，深耕算法、计算和数据三大要素，主推语言识别、图像识别、自然语言处理、用户画像四大功能，继而构建了百度智能云和百度大脑，将相关技术落地后开发了阿波罗无人驾驶汽车以及度秘机器人等具体业务，着力于开发人工智能生态。

3. 生态型组织的自主性特征

生态型组织的自主性主要体现在自组织性，自组织性源于普利高津提出的耗散结构理论，其理论核心是阐明开放系统从无序走向有序的过程（湛垦华 等，1982）。耗散结构是指处于远离平衡态的系统通过不断与外部环境交换物质、能量和信息，从而产生自组织现象，实现系统从无序到有序、从低度有序到高度有序，形成新的稳定有序的结构。企业是一种耗散结构系统，企业成长与发展必须不断地与外部环境进行交流，从而引入负熵流，这一交流过程从本质上而言是系统根据外部环境改变其结构和功能的自适应过程。因此，生态型组织作为一种耗散结构系统，其与外部环境或与其他生态组织间的交流体现在各项资源的交互与补充上，从而能够搭建满足生态型组织实施价值创造的资源基础。其资源获取的种类、数量等，以及资源互补的程度都会根据价值主张的变化、外部环境政策导向与科技进步等而发生显著变化。同时，因生态战略的转型升级以及数字技术应用的冲击，生态型组织的结构与功能也在持续进化，从而体现了对环境的自适应过程。例如：小米步入新能源汽车产业并迅速获取消费者的青睐，一方面其原有的生态平台和产品体系构建了"人车家全生态"的基础；另一方面消费者对新能源汽车的卓越性能和智能化配置的追逐使其迅速确立了产品研发的核心目标，开始着力打造以智能手机+智能手环+智能手表等为管理应用的基础，以小米汽车作为移动的生活空间，全面提供安全和舒适的驾驶或乘坐体验，并能共享音乐、视频、导航等多元化服务，以及实现对智能家居设备的远程控制。因此"人""车""家"等多元化的智能应用场景实现了联动融合，持续满足顾客的便捷化、舒适化、智能化需求。

4. 生态型组织的进化性特征

平台型组织最核心的组成是平台上的各类利益相关者，最核心的目标是利益相关者的资源共享与价值共创，并围绕共同的价值主张构建生态价值链条，最终通过产品或服务创新为客户创造和传递价值。这一过程中利益相关主体的持续交互和资源共享等构成了生态型组织持续进化、不断升级的主要动力源泉。此外，组织与环境的交互，资源的吸纳、积聚、分配等同样成了组织进化的资源基础。剑桥大学的侯宏和石涌江

（2017）构建了生态型组织演化的动态全景模型，将企业环境分为内环境、近环境、远环境和潜环境，企业与外部环境之间相互交织，形成共生网络。企业外部环境变化的非连续性使得企业的成功不能有效传承，而环境分布的非均匀性带给企业机遇、风险和价值，促使企业进行可控的变化。上述近环境为企业提供延伸空间，远环境和潜环境为企业提供资源和发展空间。企业在生态演进的过程中开展了四项基本活动：定义潜环境、嵌入远环境、驾驭近环境、调控内环境。该过程通过生态本位观描述企业的动态发展逻辑，从内至外不断深化和拓展组织边界，不断纳入新的要素、主体和各类资源。因此，企业在整合内环境和近环境资源池的同时，还需要积极探索潜环境，进行生态迭代，实现非线性成长。

1.3 生态型组织的结构与分类

生态型组织是一种适应复杂多变环境、强调开放协作与共生发展的新型组织形态。基于不同的发展目标和建构基础，各类生态型组织不断涌现，深刻改变了商业运行模式和价值创造路径。

1.3.1 生态型组织的结构

生态型组织的结构由内至外划分为四个层次，平台层是组织的基石，核心层是运转和发展的中枢，应用层是价值主张提出和资源交互的重要载体，而用户层是组织价值创造和传递的终极对象。

1. 组织的平台层

平台层是生态型组织实现利益交互与资源共享的核心基础，也可以被理解为通常所说的"资源池"，囊括了数据资源、知识资源等各类参与主体企业生态进化与发展所急需的资源。同时，平台层的治理有其相应的管理体系与运行规则，包括最初始的平台准入规则，以及平台上各利益相关主体间的资源交互与利益分配等各项治理规则。平台为生态型组织的发展提供各类基础资源，涵盖技术基础设施，比如云计算平台、大数据存储与分析系统等，以保障整个生态组织内的数据处理和信息流通顺畅。同时，平台层会制定统一的规则与标准，例如准入规则、数据交互标准、利益分配准则等，使得生态组织内的各方能在有序、合规的框架下协同合作，避免混乱与冲突。例如，滴滴打车通过打车平台匹配需求方和服务方，通过利益分配机制与平台上的顺风车、快车等各类型服务提供方建立联系，同时通过科学算法就近响应用户需求，通过平台创建的广阔价值网络为平台的可持续发展注入强大的动力。

2. 组织的核心层

核心层通常由在生态组织中起关键引领作用的主体构成，可能是一家或几家具有核心技术、强大品牌影响力、广泛用户基础等优势的企业或机构，这些企业通常被定义为组织内或系统内的核心企业或焦点企业。核心企业一般把控着生态的核心业务方向，主导着生态系统的核心价值主张，并处于利益分配的核心，成为生态治理和利益分配规则的制定者。比如，在电商生态中，阿里巴巴作为平台型企业成了核心层主体，主导着电商交易的主要流程、规则制定以及关键业务环节的运营，并且不断创新和拓展业务模式，先后成立了阿里云、蚂蚁金服和菜鸟网络，在电商基础上锻造数据、资本和物流三大扩张业务，推动整个生态向更具价值的方向发展，形成了业务丰富、相互关联、线上线下深度融合的商业服务生态，并持续关注机器智能、智联网和人机自然交互的技术赋能作用，拓展业务至在线计算、无人驾驶、新零售、智慧城市等，不断提升用户的价值感知和消费体验，对新型商业生态的繁荣发展起着至关重要的牵引作用。

3. 组织的应用层

应用层是生态组织或系统中数量众多、类型丰富的各类参与者所在的层级，包括众多的中小微企业、创业团队、个体开发者等。它们基于平台层提供的资源，遵循核心层即核心企业设定的方向，与核心企业所主导的价值主张相匹配，构建价值共创的协作关系；针对不同细分市场，满足用户的个性化、定制化需求，积极开展创新和价值创造活动，开发出各种各样的新产品或新服务，不断满足用户需求。例如，智能手机生态系统领域中的苹果公司的 Apple Store，作为应用软件平台对接大量的第三方应用开发者，开发出社交、游戏、工具等各式各样的手机应用，极大地丰富了整个生态的功能和服务内容，体现了生态系统的开放性、协作性等特征，也充分体现了多边网络效应对价值共创的促进作用。基于该模式，苹果手机作为应用载体满足了用户多样化的需求，也使得生态系统更加活跃和富有生命力。

4. 组织的用户层

用户层处于生态型组织的最外层，也是整个生态存在的价值体现所在。它包含了使用该生态系统提供的产品或服务的所有个体消费者、企业用户等。用户层的需求是生态发展的导向，生态内各层级的主体都需要围绕用户需求这一核心价值主张来制定生态战略目标，不断优化运营方式和生产流程，着重于技术赋能下的产品和服务创新，并根据用户的反馈及时感知消费者的需求变化，从而反向影响组织生态战略、治理规则、生态创新内容的迭代升级，从而构建生态型组织持续迭代、动态演进、可持续发展的正向反馈机制。比如，用户对某个电商平台物流速度的反馈，会促使平台和相关物流合作方改进服务，推动整个生态向更好的服务体验方向进化。例如，小米在初创期就是以用户需求为核心进行研发设计和产品创新的，通过小米社区等积聚用户，听取并吸纳用户的创新性和建设性意见，将其融入产品的研发设计环节，不仅形成了忠实的"米粉"群体，增加了用户黏性，还能够持续推出符合消费者需求偏好的数字化、智能化产品。小米推出的第一款智能新能源汽车产品小米SU7 充分考虑了年轻消费者追求外形时尚、动能强劲、智能驾驶等的核心需求，一经上市便获得了消费者的追逐。作为造车新势力，小米 SU7 单月销量突破两万辆。

1.3.2 生态型组织的分类

生态型组织根据其核心特点和典型应用场景，主要可以分为商业生态型组织、产业生态型组织、平台生态型组织和创新生态型组织四类，四类生态型组织的特点以及应用场景因构建模式、组成核心以及业务对象不同而展现出显著差异。

1. 商业生态型组织

1）特点：以商业利益为核心驱动力，围绕着某一核心价值主张（某个核心产品或服务）形成多元化的商业主体协作网络。商业生态型组织的主旨在于为顾客创造和传递价值，全方位满足消费者的需求，不断吸纳各类利益相关主体进入平台，成为平台上的交互主体，各主体之间通过资源共享、优势互补来实现共同的商业价值增值，往往有着明确的价值创造链条和利益分配机制。例如，苹果公司构建的生态系统，以 iPhone、Mac 和 iPad 等硬件产品为核心，吸引了众多软件开发者、配件制造商、内容提供商等参与其中，各方在为用户提供优质综合体验的同时，也按照一定规则分享商业收益。苹果公司的 App Store 囊括了娱乐、社交、图书、效率、工具、生活、音乐等各项应用，用户根据自身需要和兴趣爱好进行下载和应用。各类软件开发者不断开发新应用入驻平台，充分提升了 App Store 应用生态系统的丰富性和吸引力，并满足了消费者群体性或个性化的各项需求，因而组织可以不断茁壮成长。

2）应用场景：广泛存在于消费电子、互联网、零售等行业，像小米打造的智能家居生态，整合了众多家电厂商，通过统一的智能互联平台，为消费者提供便捷的全屋智能生活体验，实现多方共赢的商业局面。阿里巴巴旗下的盒马鲜生，作为新零售的业界典范，通过线下体验进行引流，继而全面推动线上下单、线下配送的全新商业模式，该模式打造了集"生鲜超市+餐饮体验+线上业务仓储"多种功能于一体的崭新"线上线下一体化系统"。同时，盒马鲜生严格筛选高品质产品，全面调动供应商资源，不断扩充自有品牌产品，采用多种方式全面拓展商业生态蓝图，并持续将盒马 Mini、盒马小站、盒马菜市等品牌下沉三四线城市与大城市城郊地区，提供"前置仓"、以肉禽蛋奶为主的面销模式，不断满足消费者的多元需求。

2. 产业生态型组织

1）特点：聚焦于某一特定产业，涵盖产业上下游的众多企业、科研机构、行业协会等主体，更强调产业链的协同创新与整体竞争力提升。产业生态内的合作更为深度和全面，涉及原材料供应、研发设计、生产制造、销售服务等多个环节的紧密配合，旨在推动整个产业的可持续发展。比如，在新能源汽车产业生态中，电池供应商、汽车制造商、充电桩运营企业、科研院校等相互协作，共同攻克技术难题、优化产业布局、拓展市场份额。典型案例如华为汽车业务，主打智能汽车数字平台（iDVP）、智能驾驶计算平台（MDC，移动数据中心）和 HarmonyOS（鸿蒙系统）智能座舱平台三大平台。目前华为与奇瑞共同打造了智界品牌，搭载华为鸿蒙智能生态舱并应用华为最新智能驾驶技术，即搭载 HarmonyOS 4 和华为 ADS 2.0（高阶智能驾驶系统 2.0），并由宁德时代新能源科技股份有限公司（以下简称宁德时代）提供高性能、高安全、高续航的动力电池系统；华为与赛力斯共同打造问界品牌，其中赛力斯负责整车研发与制造，华为不仅提供智能座舱、自动驾驶，也负责营销和宣传；华为与长安汽车、宁德时代联合打造阿维塔品牌，其合作模式与智界、问界相类似。华为通过与成熟的新能源汽车研发与生产制造厂家、动力电池系统提供商等强强联合，集中了各方优势资源，联合打造智能汽车品牌，全面引领和推动新能源智能汽车产业发展。

2）应用场景：多见于制造业、能源产业、农业等传统产业的转型升级以及新兴产业的培育发展过程中。例如，在光伏产业生态里，硅料企业、硅片企业、电池片和组件制造企业以及光伏电站建设运营方等携手合作，不断提升产业技术水平和市场占有率。在"双碳"目标驱动下，光伏发电作为一种绿色能源成为热门行业，产业发展涉及生产制造、系统安装、系统维护等多个产业链环节。此外，国家倡导的零碳园区提出了构建"能源网+产业网+数字网"三网融合的生态系统，由光伏发电提供能源助力零碳创造以及科技创新，并在数字平台管理下优化能源调度，缩短碳足迹核算周期。

3．平台生态型组织

1）特点：以搭建的平台为核心，平台自身具备强大的汇聚、匹配和撮合能力，能够吸引海量的双边或多边用户群体参与到生态中。平台主要负责规则制定、秩序维护以及基础服务保障，而用户群体之间在平台上进行各种交易、互动、合作等活动，平台通过收取交易手续费、广告费用等多种盈利模式实现自身价值。例如淘宝、京东等电商平台，一边汇聚海量的商家，另一边吸引众多的消费者，平台提供店铺管理、支付、物流等基础服务，构建起庞大且活跃的电商生态，打破了传统零售空间和时间的消费限制，丰富了产品种类，削减了零售的中间商环节，给予了消费者丰富的商品比对和挑选选择，并借助"双 11""618"等购物狂欢节的促销活动，极大地激发了消费者的消费欲望，迸发了强大的消费活力，并带动了物流、金融等电商相关行业的发展。此外，作为一种动态发展的生态平台，它不断打通上下游环节如电子支付、直播带货、二手交易等，丰富了平台业务领域，进一步满足消费者各类需求。

2）应用场景：共享经济、在线交易、社交网络等领域。例如，滴滴出行打造的出行平台生态，整合了司机和乘客双方的资源，通过算法高效匹配，改变了传统的出行服务模式，为人们的出行提供便捷的同时，也创造了巨大的经济效益。作为一种双边平台，滴滴调动运力资源满足乘客的出行需求，并在滴滴打车的基础上拓展了顺风车、代驾、城际拼车、快送跑腿、滴滴租车、滴滴专车等各式延展式服务，进一步优化资源配置，充分满足顾客多元化的市场需求，激发平台活力，推动平台不断转型和升级，不断创造和传递价值。

4. 创新生态型组织

1）特点：着重于激发创新活力，汇聚了各类创新要素，包括创新人才、科研机构、风险投资机构、孵化器等主体。营造出开放、包容、鼓励试错的创新氛围，通过知识共享、联合研发、创业孵化等方式加速创新成果的产生和转化，推动新技术、新商业模式等不断涌现。例如，中国商用飞机有限责任公司的国产大飞机项目，聚集了大量的高科技企业、顶尖高校等，形成了著名的创新生态系统，不断孕育出 C909、C919 以及研发中的宽体机 C929 项目，飞机研发制造的各类系统如新材料机体制造、航电系统、航空发动机等，提升了国产飞机研发制造的能力，并推动科技研发进步、航空产业跨越式发展，提升了中国在民航制造领域和航空市场的地位。目前，由中国航空工业集团有限公司的中航商用航空发动机有限责任公司设计、研制的 CJ-1000A 发动机，作为一种大涵道比涡扇发动机，未来将装配国产大飞机 C919，取代目前装配的 CFM 国际公司生产的 LEAP-1C 发动机。这将进一步提升 C919 的国产化率，推动国家民航制造业的高质量发展。

2）应用场景：在高新技术产业、科研前沿领域等发挥关键作用。例如，在生物医药创新生态中，药企、科研院所、临床试验机构、生物医药孵化器等协同合作，加快新药研发和上市进程，为人类健康事业贡献力量。在生物医药创新生态系统中，国家通过战略引领给予政策支持，深入推进生态顶层设计、健全法律保障体系、制定落实鼓励政策，建立起科学、开放、与国际接轨的监管体系和制度，明显改善政策环境；政府投入和社会资本相机投资，一大批医药创新企业持续涌现；医药研发创新主体的创新能力不断提升，持续推动新药研发与上市，持续满足中国病患的各种临床需求，整个生物医药创新生态在政策引领、资本推动、需求导向、创新驱动下持续迭代升级。

综上所述，生态型组织的结构与分类各有其特点，且在不同的领域和场景下展现出独特的价值创造模式、市场适应能力以及需求满足形式，助力平台上各类利益相关主体深化资源交互，持续进行价值共创，更好地应对复杂多变的环境，实现协同发展与价值捕获，推动各类生态、各类平台持续高质量发展。

1.4 商业生态系统

商业生态系统作为近几年学术界关注的焦点和业界探索实施的重要实践，成为企业管理、战略管理以及价值创造领域的热门话题。本部分主要就商业生态系统的理论发展进行回顾，并就商业生态系统的核心内涵，即系统参与主体以及各主体间的作用关系进行解读和分析。

1.4.1 商业生态系统理论回顾

王水莲和张培（2021）提到"生态系统"一词来源于生态学，是指在特定的空间和环境下，各种生物之间或生物群落，通过能量流动和物质循环而相互作用的统一整体。Adner 从两种观点解释生态系统：作为一种从属关系，作为一种结构。生态系统作为从属关系时，侧重强调接入系统内参与者的数量，更多的是一种开放性问题，强调生态系统的规模，成员之间通过直接或间接的网络效应创造价值。生态系统作为一种结构时，生态系统的定义为多边合作伙伴相互合作以实现共同价值主张的联盟结构。生态系统是一系列参与者包括核心企业和其他参与者，有着相同的价值创造理念，并且期望在成熟的管理机制下通过多边的共同专业化来一起发展。

自 Moore 提出商业生态系统的概念以来，在过去的二十几年里，"生态系统"受到越来越多学者和企业家的关注，反映了研究人员开始注意到跨组织和跨活动的相互依赖性。通过对国内外相关文献的梳理，有关商业生态系统的研究可划分为三部分。①理论起源与内涵探索研究。在

Moore（1993）引用生态学相关理论提出商业生态系统后，研究的主要内容为系统的参与者及其扮演角色，以及相互之间的作用。②商业生态系统类型划分研究。根据研究对象以及参与者作用关系的不同，Rong 等人（2013）提出创业生态系统、平台生态系统、数字商业生态系统等成为与商业生态系统并行的研究脉络。③商业生态系统的动态演化研究。Teece（2018）认为商业生态系统发展的主旨是"共生"和"协同演化"，而协同演化涉及发生在系统内参与者之间的微观协同演化和发生在系统与外部环境之间的宏观协同演化。Lusch 和 Vargo（2014）认为系统内各主体间的合作，以及多种资源的集聚和合理分配，创造了新的竞争优势。夏清华和陈超（2016）提出消费者作为生态演化的需求主导，将自身需求和智力资源等融入协同演化的进程中，逐渐构建合作性商业网络，令系统边界趋于模糊化，加速了生态系统内外演化和迭代的进程。

1.4.2 商业生态系统的参与主体与作用关系分析

商业生态系统的参与主体主要包括各类利益相关者，各主体间主要通过多变性、互补性和协同性来相互作用，并推动商业生态系统持续发展。

1. 商业生态系统的参与主体分析

1）参与主体。Moore 将商业生态系统定义为一个基于相互作用的组织和个人支持的经济共同体——商业世界的有机体，系统成员包括消费者、生产者、供应商及其他利益相关者。潘剑英和王重鸣（2012）提到在企业的商业生态系统中，直接和间接交易伙伴都被包含在内，除了处于价值链上游的供应商、分包商和下游的分销商、客户等，还包括企业所面对的竞争对手、合作伙伴、监管机构和劳动力市场等。主体的多样性意味着治理生态系统的复杂性，这也解释了商业生态系统协同演进不仅要与环境相适应，也要与多方主体协调来实现价值共创。

2）参与主体类型。关于生态系统中的参与主体及其角色定位，Ma

和 Hou（2021）认为主要的主体包括核心企业和参与者，核心企业第一个要解决的问题是选择单打独斗还是创建一个生态系统，并以索尼为例分析企业必须评估单打独斗或加入/创建商业生态系统的利弊。第二个研究问题是在商业生态系统中，同合作伙伴的交互行为是否能够增强自身的动态能力，并形成独特的竞争优势，乐视的案例说明并不是每个企业都能在商业生态系统中得到很好发展。参与者要考虑的问题是自身的价值主张是否与要加入的商业生态系统核心企业的价值愿景一致，参与者的地位能否升级为潜在的核心企业。

Willianson 和 Meyer（2012）提到商业生态系统内的各个主体扮演着不同的角色，如核心企业、利基企业等。论述较多的是将企业分为四类：基石型、坐收其利型、缝隙型以及支配主宰型。虽然分类不同，但目前研究大多认为商业生态系统中存在一个或多个核心企业。Teece（2016a）提到不同类型的企业需要基于自身在系统内扮演的角色选择合适的战略，其中核心企业往往扮演着"指挥官"角色，引导和管理着商业生态系统的运行及发展。

企业选择加入一个生态系统还是建立一个生态系统，在生态系统中扮演什么样的角色，这是企业首先要回答的问题。不同的角色在生态系统中发挥着不一样的作用，每个企业所掌握的资源不一定完全相同，异质性资源的丰富性为商业生态系统带来更多价值，对于一个完整的商业生态系统来说，每个角色都不可或缺。

3）参与生态系统原因分析。不论是生态系统内的核心企业还是附属企业，两者的交互一方面是基于共同的发展愿景，另一方面是对彼此互补性资源尤其是异质性互补资源的追逐。价值主张是生态系统的基础，核心企业需要制定明确的价值主张，寻找有着相同价值主张的合作伙伴，并与其他参与者实现共同专业化和协同演化，通过多边互补的作用构建商业生态系统特有的竞争优势和竞争能力。生态系统内的从属企业需要考虑与系统内的核心企业是否有相同的价值主张或共同的价值标准，这决定着商业生态系统的治理效率。

价值主张作为系统的行动指引，并非传统意义上的企业向顾客或消费者传递的价值诉求内容，而是生态系统对系统内参与者做出的承诺价值收益，这意味着商业生态系统共同的价值主张要考虑到所有参与组合的需求，而非仅聚焦于核心企业。系统内不同参与者之间产生交互行为部分是基于对彼此资源尤其是异质性资源的追逐，系统内不同参与者拥有不同的资源和能力，通过与其他成员的有机合作实现资源的高效利用。

2. 参与主体间作用关系分析

1）多边性。商业生态系统的本质是多边合作，不仅是参与者的多样性，还有合作伙伴之间多种多样的关系。王节祥和蔡宁（2018）认为商业生态系统的成员包括生产者、供应商、最终的消费者、政府、金融机构等其他利益相关者。网络效应是指在双边市场中不同类型的双边用户产生交易行为，一边的用户增加给另一边用户带来更多的价值增值。随着数字技术的出现，对网络效应的研究不再聚焦于网络规模，王节祥等人（2021）从在线化、互联化与智能化三个方面归纳了传统双边市场数字化转型激活网络效应的模型。商业生态系统包含多方主体，也存在着各种各样的双边市场，在数字技术广泛应用的背景下，系统内主体之间基于共生依赖、竞争依赖和伙伴依赖 3 种依赖关系，借助数字技术在交互行为的过程中通过直接或间接的网络效应为生态系统带来更多价值。

2）互补性。Parker 和 Alstyne（2005）提到企业之间的互补性类型可分为通用互补性和超模互补性两种并详细解释了超模互补性。简单来说，超模互补性就是"A 越多，B 就越有价值"，A 和 B 可以是两种不同的产品、资源。消费中的超模互补性通常与"渐进"联系在一起，这是著名的直接和间接网络效应的基础，并且可以是单向或双向的。商业生态系统必须处理企业之间的超模互补性，通过创建特定的关系和合作形式来进行价值创造。

3）协同性。Janzen（1980）将协同演化定义为：一个物种的个体行为受另一个物种的个体行为影响而产生的两个物种在演化过程中发生的变化。Volberda 和 Lewin（2003）提出协同演化是生态系统的根本性特征之一，其中又涉及发生在系统内的参与者之间的微观协同演化和发生在系统与外部环境之间的宏观协同演化。基于 Haken 的协同学理论，协同演化的基本形式是系统内成员间的竞争与合作，也可简称之为"竞合"。吴建材和谢永平（2017）认为竞争促使系统远离平衡态，实现自组织和进化，推动系统不断进化；而协同保持系统内部分个体具备竞争优势，支配整个系统进行有序演化发展。协同演化（Co-Evolution）既是生态系统理论的重要组成部分，也是生态型组织发展的一种重要战略。吴瑶等人（2017）认为，伴随着企业和利益相关者的持续合作，双方从资源共享逐步发展到资源对接，反映的是个体在生态系统中地位的演化，以及在价值共创情境下协同演化的具体体现。

1.4.3 生态型组织与商业生态系统

"商业生态系统"与"生态型组织"存在着细微的差异，商业生态系统更为关注由平台发展而来的各种新的商业模式、新的组织形式以及新的价值模式；而生态型组织更为聚焦系统内各利益相关主体间的交互作用和价值共创等。下面分别就二者的内涵与特征进行比较分析。

1. 生态型组织与商业生态系统的内涵辨析

如上文所述，生态型组织的核心内涵表现在协同演化和价值创造方面，而商业生态系统的内涵聚焦在"共生"和"协同演化"方面，二者的内涵具有高度的相似性。具体来说，生态型组织的协同演化包括了组织与外部环境的协同演化、不同组织间的协同演化以及系统内部要素间的协同演化；而商业生态系统同样关注发生在系统内的参与者之间的微观协同演化和发生在系统与外部环境之间的宏观协同演化。就生态型组织或商业生态系统的"生态"属性而言，其不能脱离外部环境而单独进化，而是通过与外部环境的动态资源交互获取发展与进化的资源基础；

另外从系统观点来看，各利益相关主体间的互动协作加速了资源的优化配置，各主体通过异质性资源互补不断完善自身资源结构，从而构建了源源不断的生态进化驱动力。因此，"共生"作为典型内涵特征体现在"资源共生""价值共生""能力共生"等各个方面。生态平台作为发展的基石，着重于汇集海量用户，提升用户黏性，提升网络价值效应，平台型组织不断向生态系统进化。从概念来说，系统相比组织更为宏观。例如，海尔作为国内生态型组织的发展先驱和生态战略的践行者，从 2019 年开始打造生态品牌，最初聚焦在"人单合一"模式，破除传统组织壁垒，增加组织弹性，提升价值过程。随后在人工智能、物联网等新兴技术赋能加持下不断探索和强化"链群合约"，将"链群共赢"作为一种进化的生态战略，不断提升资源的整合利用和价值符合，着力打造跨场景、跨地区、跨生态的全方位融合发展。海尔的整个生态发展进程未脱离"协同演化"和"价值创造"两大核心内涵，但是能够不断进化生态思想、生态战略，促进组织向更为宏大的生态系统演进，体现了"生态"的可持续性和动态迭代性。

2. 生态型组织与商业生态系统的特征辨析

生态型组织的三大特征表现为平台性、开放性、自主性和进化性，而商业生态系统的特征表现为多边性、互补性和协同性，两者的特征既存在差异又有相似性。首先，平台性和多边性是相辅相成的，平台作为利益相关主体和各类资源的集聚地，构建了多边合作的基础，各主体间相互作用形成价值网络，并彼此实现价值增值；同时在数字技术赋能作用下，各主体间的交流合作、资源共享等过程加速，提升了直接或间接网络效应，生态系统创造价值的模式不断丰富，创造价值的进程不断优化。生态型组织的开放性促进了利益主体和资源的积聚，拓展了生态系统的发展空间，同时丰富的资源交互与补充构建了组织自主性和进化性的基础，也是商业生态系统持续开展通用互补或超模互补的基石。生态型组织的自主性体现在对外部环境的自适应，政策引导和技术进步推动生态型组织自主进化、聚力创新、持续发展。商业生态系统的协同性发生在系统内的参与者之间的微观协同演化，发生在系统与外部环境之间的宏观协同演化。尤其是在共同价值主张的推动下，各利益相关主体间的合作不断升级，在资源互动方面由以往的资源共享转向资源对接，化被动为主动，生动展现了生态组织或系统的自主性、协同性等。因此，生态型组织与商业生态系统，二者具有高度相似性，均基于平台实现利益相关主体的互动与协作，不断完善价值创造网络，并实时与外部环境实现资源和信息交互，动态演进不断适应外部环境的需求或技术变化，同时通过内部的资源互补、协同演进持续推进系统发展。

通过以上对生态型组织和商业生态系统二者间的内涵和特征分析发现，二者不存在显著差异，尤其在理论指导实践这一方面，不论是商业生态系统还是生态型组织，在指导业界发展、平台搭建、价值共创方面体现了显著的相似性，均是基于多边主体相互作用构建的价值网络，依托生态平台，实现各类资源的积聚和有效互补，并依据相同或相似的价值主张持续实施有效协作，不断根据市场需求，在新兴数字技术应用赋能作用下，不断创造和提供创新产品或服务，不断塑造新的商业模式。因此，根据宋旭岚等人（2016）以及徐井宏等人（2019）相关著作表述，不论是理论学界还是实践业界，并未对生态型组织和商业生态系统二者的概念作严格区分，因此在本书中也不对其作严格划分。

本章对生态型组织的理论起源、内涵与特征作了深刻而细致的解读；以百度、海尔、小米、App Store 等国内外典型生态型组织作为案例，进一步阐释了生态型组织的组建，生态平台的搭建，利益相关主体和各类资源的交互，组织或系统的整体生态演进等。本书的剩余章节将继续聚焦生态型组织，通过系统、全面的理论与文献回顾，以及详细、细致的业界商业案例分析，逐步揭示生态型组织的战略与动态发展等。第 2 章将详细阐述生态型组织是如何制定并实施生态战略的，从生态战略的概述、生态战略的重要意义到生态战略的制定过程，充分阐释生态战略对组织发展的重要性；第 3 章着眼于生态型组织系统治理的思想、原则与体系，了解组织的运作过程；第 4 章强调生态型组织价值共创和协同演化的动态迭代发展过程，剖析参与主体交互和资源互补的动态演进和迭代跃升机制；第 5 章将新兴技术商业应用赋能于生态型组织的发展机制作为对象，了解 AI、物联网等新兴技术的赋能机理和路径；第 6 章聚焦海尔生态链群，从"人单合一"到生态链群合约逐步解析，并深入分析生态战略实施过程中的管理启示；第 7 章围绕小米生态圈进行案例分析，从小米生态圈演化进程明晰小米生态链产业链的扩张图谱，以及最新推出的"人车家全生态"战略；第 8 章作为总结，不仅梳理出生态型组织目前面临的挑战及相应的应对策略，还根据数字技术赋能趋势分析生态型组织发展新范式。

本章小结

本章从商业生态型组织的理论起源着手，系统论述了"生态"一词引入商业和管理研究领域，激发了生态型组织的概念，并针对生态型组织的内涵特征以及结构与分类等，作了全面的文献梳理与系统归纳。本章围绕生态型组织和商业生态系统二者的概念与内涵等作了辨析，并对后续章节的内容作了简单介绍。

首先，介绍了生态型组织的理论起源，对"生态"概念从生物学引申到管理学的背景，以及相关学者对"生态型组织"和"商业生态系统"等的概念作了系统梳理，并对相关的焦点核心组织、企业动态能力以及 VSP 理论等进行阐述，归纳了本书中"生态型组织"的定义。

其次，分析了生态型组织的内涵特征，主要从生态型组织的协同演化以及价值创造这两大核心发展主旨来解读组织的内涵。其中组织的协同演化聚焦在组织与外部环境、不同组织之间以及组织内部要素之间这三个层次的协同演化，明确了外部环境资源供给、组织间的交互与协同，以及组织内部要素间的连接与传递对组织动态发展的驱动作用。而组织的价值创造结合了价值创造理论，对"价值主张—价值共创—价值捕获"的实施主体与过程等进行了分析和解读。生态型组织的特征部分则系统分析了平台性、自主性、进化性三大特征，结合腾讯、百度、小米等典型案例进行了深入分析。

再次，分析了生态型组织的结构与分类，主要从平台层、核心层、应用层以及用户层这四个层面分析了每一层级的主体构成、治理规则以及核心作用等。根据不同组织的核心特点和典型应用场景，将生态型组织分为商业生态型组织、产业生态型组织、平台生态型组织和创新生态型组织四类，并选取苹果公司、盒马鲜生、华为等典型案例分析了不同组织的特点与应用场景。

最后，系统梳理和介绍了商业生态系统，分析了商业生态系统的参与主体与作用关系，并辨析了商业生态系统与生态型组织在内涵、特征等方面的相似性与差异性。

第 2 章 生态战略制定

本章将围绕生态战略的制定展开讨论，探讨生态战略的内涵和概念、重要意义及制定过程。通过对生态战略的深入分析，我们将揭示生态型组织如何在动态环境中实现可持续发展。

2.1 生态战略的概述

生态战略是生态型组织区别于传统组织的核心竞争手段，它强调多主体协作、资源共享与价值共创。本节将从概念和内涵两个方面解析生态战略。

2.1.1 组织生态战略概念

生态战略是生态型组织有别于传统组织，实现可持续动态发展的核心。生态平台的构建是组织实施生态战略的重要载体。其核心在于通过多元主体协作，形成一个以共享资源与协同创新为基础的动态生态系统，从而实现共同价值创造与持续增长。组织生态战略概念是指生态型组织为实现可持续动态发展所采取的一种战略管理模式，强调多主体协作、资源共享与共同价值创造。组织通过生态平台的构建，利用网络效应、价值共创与互利共生等机制，推动多元主体形成互补与共赢的生态系统。

在生态战略的具体实践中，数字平台企业已成为典型的实施主体。

数字平台企业依托数字技术构建开放型平台,利用双边或多边市场的网络效应,实现多主体间的资源交互与价值共创。数字平台企业通过数字化手段降低了交易成本与沟通成本,为生态战略的实施提供了更强的技术支持。Teece(2017)基于不同的商业模式提出将数字平台企业分为数字交易平台和数字创新平台两类。数字交易平台(如淘宝、京东)主要通过促进商品与服务的交易实现价值共创,平台通过资源的匹配与撮合功能,促使供需双方直接交互,从而实现资源的高效配置与交易成本的降低。而数字创新平台(如华为鸿蒙系统、苹果 App Store)则以开放式创新为导向,提供开发工具与基础设施,吸引第三方开发者共同参与产品与服务的创新过程。Gawer 和 Cusumano(2014)以及马鸿佳和林樾(2023)认为这两类平台依据不同的价值主张,在平台与参与者的互补性资源交互过程中,能够有效实现绩效价值、网络价值与互补价值等多种形式的价值创造。

1. 生态战略的特征

生态战略的本质特征主要包括网络效应、价值共创与互利共生。

(1)网络效应

网络效应作为生态战略的一个特征,体现了生态系统内参与者数量增加所带来的资源共享与协作能力的增强,从而推动整体效益的提升。实现战略目标的关键在于激发平台的网络效应。生态战略通过整合供应方资源、中间资源和需求方资源,优化网络效应,超越传统二元网络,构建三元商业生态系统。这种基于不同参与者优势整合资源的方式,不仅增强了生态系统的整体价值,还提升了企业在客户保留和市场扩张方面的绩效。在线游戏业务生态系统的研究发现,网络结构与网络功能在商业生态系统特征的调节下,显著影响了网络效应的发挥。同时,生态战略注重生态位设计,平衡互补者与平台本身的发展关系,确保生态系统的稳定和持续发展。网络效应也是推动多主体协同创新与价值共创的关键驱动力,促进了企业在复杂多变的市场环境中保持竞争优势和实现可持续发展。

(2) 价值共创

价值共创是多主体围绕共同目标，通过资源交互与整合，共同创造价值，并实现利益共享的过程。价值共创的理论研究，最早由 Prahalad 和 Ramaswamy（2004a）提出，他们提出的"共同创造价值"概念强调了消费者与企业之间通过深度互动共同创造产品和服务价值的过程。随着研究的深入，价值共创理论逐步演化出多个研究范式。其中，服务主导逻辑（Service-Dominant Logic，SDL）视角强调服务作为价值创造的核心，认为企业应通过提供平台与资源，促使多方共同创造服务价值；生态系统视角（Ecosystem View）则强调多主体通过网络化合作，共同实现更高层次的价值创造。Teece（2010）的价值创造理论进一步强调了"价值主张-价值共创-价值捕获"的动态逻辑关系，认为生态战略的有效实施需要通过平台主体的"连接-互动-重组"过程，最大化实现资源价值。首先，价值主张是组织在生态战略中的核心定位，强调通过明确的价值承诺吸引生态参与者加入平台；其次，价值共创强调多方在资源交互与整合中的协作与创新过程；最后，价值捕获涉及平台如何通过商业模式创新与收益分配机制实现价值的最终变现。

(3) 互利共生

互利共生作为生态战略的重要特征，强调生态系统内各主体在共享价值的基础上，实现互利共赢，形成长期稳定的合作关系。互利共生不仅体现在资源共享与价值创造过程中各方的相互受益，还体现了生态型组织超越传统竞争的逻辑，通过协同合作实现多方共赢的管理理念。生态平台的各参与方不仅共享资源，还共同推动生态系统的持续发展，营造一个促进多主体共同发展的生态环境。

生态系统中的互利共生关系提供了互补的作用和联系，强化了各主体之间的协同效应。生态主体作为知识和信息的加工者与建构者，处于一种互利共生的平等关系中，彼此依赖且相互促进。这种关系不仅提升了个体企业的竞争力，也增强了整个生态系统的韧性和创新能力。

在商业生态系统中，裂变新创企业发挥着至关重要的作用。这些企业在洞察市场机会、连接生态网络等方面具有独特优势，有助于它们克服进入障碍。通过在商业生态系统中积极发挥主动性和创新性，裂变新创企业能够推动多企业间的互利共生，实现生态系统的动态平衡与持续优化。新创企业的加入不仅丰富了生态系统的资源和能力，还促进了技术创新和商业模式的多样化，进一步增强了生态系统的整体竞争力。

生态系统成员群体是相互依存、互利共生和共同进化的命运共同体。核心企业在商业生态系统中互利共生与捕食共生的深层次作用机理及本质特征，动态识别了核心企业在系统中的角色，补充和发展了 Iansiti 和 Levien（2004b）对四种角色的静态描述。这些研究强调了在复杂多变的商业环境中，核心企业通过动态角色调整和战略互动，能够有效协调生态系统内各主体的利益关系，促进生态系统的健康发展与持续创新。

互利共生作为生态战略的重要特征，通过促进资源共享、价值共创和协同合作，构建了一个动态、互依且持续优化的商业生态系统。企业在实施生态战略时，应注重建立和维护互利共生关系，充分发挥各主体的优势，推动生态系统的共同进步和长期稳定发展。

2. 生态战略的核心理念

开放、竞争与合作是生态战略的核心要素，它们共同构成了现代企业在动态环境中实现持续发展的基础。

（1）开放

开放是生态战略的基础原则，也是全球经济发展的必然趋势。通过开放，企业能够打破传统边界，主动吸引外部资源，与合作伙伴形成价值网络，实现资源、技术和信息的共享。

企业实施开放策略的形式多种多样。腾讯自 2011 年实施开放战略以来，通过"双百计划"和产业基金等方式，将流量和能力开放给合作伙伴。截至 2023 年 9 月，腾讯云已吸引超过 1.1 万家生态合作伙伴，联合服务企业客户超 200 万家，构建超过 400 个行业解决方案，带动产业生态持续扩展。小米则通过构建 IoT 平台，将手机、智能硬件及服务整合为一体，形成全球最大的智能硬件生态系统。截至 2024 年年底，小米 AIoT 平台已连接超过 9.046 亿台智能设备，米家 App 月活跃用户突破 1 亿人次，拥有五台及以上连接设备的活跃用户数量达 1830 万人，展现出其在智能家居生态系统中的强大整合与用户黏性能力。这些开放实践不仅扩大了企业的边界，还促进了生态系统的协同创新能力。然而，开放不仅是资源与技术的共享，它还涉及复杂的竞争与合作关系。

（2）竞争

在生态系统中，竞争依然是不可忽视的核心要素。生态系统内的竞争主要表现在资源获取、用户吸引以及市场份额的争夺上。例如，在腾讯开放生态中，不同内容创业者为了获取更多流量而展开激烈竞争，这种竞争虽然存在利益冲突的可能，但也有效激发了创新活力，优化了资源配置。与此同时，生态系统之间的竞争更为复杂，表现为对用户黏性、技术优势以及市场主导权的争夺。例如，iOS（苹果手机操作系统）生态与安卓生态的竞争在全球范围内持续进行，这种竞争推动了双方在操作系统优化、硬件支持以及用户体验提升上不断努力。尽管竞争是驱动创新的动力，但生态战略的核心仍然是合作。

（3）合作

合作强调生态系统内多主体间的资源共享与能力互补。合作形式可以分为横向合作、纵向合作和跨界合作。例如，腾讯通过开放支付能力，与美团、滴滴等平台实现了横向合作，从而强化了各自的服务能力。苹果公司则通过整合全球供应链，与上游制造商和下游分销商形成了纵向合作的高度协同。小米的 AIoT 平台则通过跨界合作引入第三方硬件制造商，丰富了其生态系统的产品种类。合作不仅能够实现资源整合，还能带动生态系统内外部的共同发展，但也面临着利益分配、信任建立和动态调整的挑战。

生态战略的开放、竞争与合作共同塑造了生态系统的基本特征。首先，生态系统具有开放性，通过技术、数据与资源的共享打破传统企业边界。其次，生态系统具有复杂性，参与主体众多且相互关联，需要强大的管理能力。再次，生态系统具有动态性，能够根据市场环境与技术条件的变化进行调整与优化。

如图 2-1 所示，开放、竞争与合作是生态战略的三大基本特征。开放为系统吸引外部资源与能力注入了动力，竞争推动了系统内外的优化与创新，合作则实现了资源整合与共赢。这三者的协同作用为企业构建高效、健康和可持续的生态系统提供了重要保障。中国企业如腾讯和小米的实践充分证明，生态战略的成功实施不仅能够提升企业的市场竞争力，还能为整体经济系统注入新的活力。未来，企业需要在开放、竞争与合作之间找到最佳平衡点，以实现生态系统的繁荣与长久发展。

图 2-1　生态战略的三大基本特征

2.1.2　组织生态战略内涵

企业战略的理论发展深受时代背景影响。经典战略理论成熟于 20 世纪八九十年代，代表作包括波特的《竞争战略》《竞争优势》以及普拉哈拉德与哈默尔的《企业核心竞争力》。这一时期，商业环境的特征是工业化的深入、全球化的迅速推进以及企业竞争的日益激烈，产业边界清晰且结构较为稳定。然而，进入后信息时代，消费者需求与产业环境发生了巨大变化。一方面，消费者不再满足于单一产品功能，而是希望通过企业提供更加个性化的整体解决方案；另一方面，数字化和移动互联网的普及使得产业间的界限逐渐模糊，跨界融合趋势明显。这种动态且复杂的环境对经典战略理论提出了巨大挑战，也为生态战略的兴起奠定了基础。

生态战略是适应后信息时代商业生态需求的一种新型战略理论。生态战略促使企业深刻认识到，必须综合考虑生态位与生态势两个维度，追求共赢，在共生、互生与再生的关系中进行战略选择。其核心在于企业不仅要拓展边界，还要化竞争对手为合作伙伴，促进整体生态圈的共赢与繁荣。组织生态战略强调多主体之间的深度联结，通过共同目标驱动下的资源整合、能力互补与信息共享，促进整体生态系统的持续成长与动态优化。

1. 生态战略的内涵与关键要素

生态战略成为生态型组织实现长期竞争优势的重要途径。它不仅关注企业自身的发展，还强调整个生态系统的协同效应。生态战略的核心在于多主体之间的协作、资源的高效配置以及系统的动态演化，以推动可持续发展。

（1）多主体协作与价值共创

组织生态战略强调多主体之间互利合作，这些主体包括企业自身、供应商、客户、合作伙伴以及外部创新资源等。在这一战略模式下，企业不再孤立地进行价值创造，而是通过与其他主体协作，共同参与到价值创造的全过程中。这种协作模式打破了传统企业的边界，通过知识共享与资源整合，形成以共同目标驱动的创新网络。

价值共创是组织生态战略的核心，其机制包括知识共享、资源整合和创新协作。生态战略可以通过提升竞争力和增强创新实现价值创造。首先，知识共享通过建立开放的信息交流平台，使各主体能够及时获取和共享相关的知识和信息，从而提升整体的创新能力。其次，资源整合通过优化资源配置，实现资源的高效利用和互补，避免资源浪费和重复投资。最后，创新协作通过联合研发和共同创新，推动技术进步和产品升级，增强整个生态系统的竞争力。

多主体协作与价值共创的理论基础主要来源于协同创新理论和资源依赖理论。协同创新理论认为，不同主体之间的合作，可以集聚多方资源和知识，实现创新的协同效应。资源依赖理论则强调企业在资源获取过程中对外部环境和合作伙伴的依赖，通过建立稳定的合作关系，降低资源获取的不确定性。

（2）资源共享与能力互补

资源共享是组织生态战略的重要组成部分，通过数字平台与技术基础设施，实现资源的高效共享与互补，提升整体生态系统的运营效率和竞争力。资源共享不仅包括物质资源的共享，如生产设备、原材料等，还涵盖信息资源、知识资源和人力资源的共享。

能力互补指的是各参与主体根据自身的核心能力进行资源分配与互补，从而实现更高效的价值创造。在组织生态系统中，不同主体拥有不同的资源和能力，通过合理的资源共享和能力互补，可以弥补单一主体的不足，形成整体优势。例如，制造企业可以依托技术合作伙伴的研发能力，提升产品的技术含量；同时，借助供应链伙伴的物流管理能力，优化供应链效率。资源基础理论（Resource-Based View，RBV）为资源共享与能力互补提供了理论支持。RBV 认为，企业的竞争优势源自其拥有的独特资源和能力，通过有效的资源配置和能力组合，企业能够实现持续的竞争优势。在生态战略中，这一理论被扩展到整个生态系统，通过资源共享和能力互补，实现系统性的竞争优势。

（3）动态演化与可持续发展

生态战略强调系统的动态性与可持续性，要求各参与主体能够根据外部环境的变化进行自我调整与优化，以维持生态系统的健康与长期稳定发展。在快速变化的市场环境中，企业需要具备高度的适应能力和灵活性，及时响应市场需求和技术变革，实现生态系统的动态演化。

可持续发展是组织生态战略的重要目标，涵盖经济、环境和社会三个方面。经济上的可持续发展要求企业在追求利润的同时，注重资源的高效利用和成本的控制;环境上的可持续发展强调企业在生产和运营过程中减少资源消耗和污染排放,实现绿色发展;社会上的可持续发展则关注企业的社会责任和员工福利,促进社会和谐与进步。

可持续发展理论为生态战略的动态演化提供了理论支撑。该理论强调在实现经济增长的同时,必须兼顾环境保护和社会公平,提出了"三重底线"(Triple Bottom Line)概念,即经济、环境和社会三者间的平衡发展。在生态战略中,这一理论被进一步应用于系统性的生态系统管理,强调通过协同合作,实现生态系统的可持续发展。

动态演化的机制包括反馈机制、学习机制和创新机制。反馈机制通过持续的监控和评估,及时发现生态系统中的问题和瓶颈,进行调整和优化;学习机制通过知识管理和经验分享,提升生态系统内各主体的学习能力和适应能力;创新机制通过持续的技术创新和业务模式创新,推动生态系统的不断进化和升级。

(4)组织生态战略的内涵总结

组织生态战略作为一种系统性战略模式,通过多主体协作与价值共创、资源共享与能力互补、动态演化与可持续发展,实现了企业与其生态系统内各主体的共同成长和价值提升。这一战略模式不仅增强了企业的创新能力和市场竞争力,还促进了资源的高效利用和环境的可持续发展,符合现代企业管理的发展趋势。

通过多主体协作与价值共创,企业能够集聚多方资源和知识,实现协同创新和共同成长。这不仅提升了企业的创新能力和市场响应速度,还增强了生态系统内各主体的合作意愿和信任度,为生态系统的稳定和发展奠定了坚实的基础。

资源共享与能力互补通过优化资源配置和能力组合,提升了整个生态系统的运营效率和竞争力。通过建立开放的资源共享平台,企业能够更好地利用生态系统内的各类资源,减少资源浪费和重复投资,实现资源的最大化利用和价值的最优化创造。

动态演化与可持续发展通过持续的反馈和创新机制,确保了生态系统能够适应外部环境变化和内部发展需求，实现长期的健康和稳定。这一机制不仅提升了生态系统的抗风险能力和适应能力，还促进了企业的长期可持续发展，符合全球经济发展的绿色和可持续趋势。

资源基础理论、协同创新理论和可持续发展理论为生态战略提供了坚实的理论基础，指导企业在构建和管理生态系统时，注重资源的优化配置、创新的协同推进和可持续的发展路径。组织生态战略作为一种系统性和协同性的战略模式，通过多主体协作与价值共创、资源共享与能力互补、动态演化与可持续发展，实现了企业与生态系统内各主体的共同成长和价值提升。其内涵不仅涵盖了现代管理理论的精髓，还结合了实际企业管理的需求和挑战，具有高度的学术性和实践指导意义。随着全球经济的不断发展和市场环境的日益复杂，组织生态战略将继续发挥其重要作用，成为企业实现长期竞争优势和可持续发展的关键路径。

2．传统战略与生态战略的区别

生态战略与传统战略在多方面展现出本质性差异，这种差异不仅体现在战略制定的基础组织、竞争性质与合作范围，还贯穿于战略中心与目标、战略管理重点与动态特性、技术与行业边界的假定，以及战略的动态性与合作竞争关系等关键维度。以下从多个层面具体阐述。

（1）战略制定的基础组织

传统战略将行业和公司视为战略制定的基本单位，强调在既定的行业空间内优化资源配置，寻求竞争优势。而生态战略以战略生态系统及生态共同体为基础，通过多方协作和资源整合，突破行业边界，构建动态、开放的生态网络。这种差异使得传统战略更加注重内部优化，而生态战略则聚焦于外部协同。正如陈春花等人（2022）所述，生态战略通过"互生、共生、再生"的协作关系，强调生态共同体的价值创造和整体优化。

（2）竞争性质与合作范围

在传统战略中，竞争多表现为"你死我活、有你无我"的零和博弈，合作范围局限于供应商和客户，强调改进传统关系并维护现有行业或国家界限。尹艳冰和赵宏（2010）提出，生态化的创新体系可以促进区域经济的可持续发展，通过整合不同主体资源，突破传统竞争框架，形成新型合作生态。生态战略强调竞争与合作的并存，通过协同演化推动生态共同体的发展。合作对象涵盖生态系统内所有参与者，并持续引入新的协作伙伴，力求实现系统整体效益的最大化。

（3）战略中心与目标

传统战略以企业自身利益为中心，战略目标围绕内部管理优化与行业内利润增长展开，注重核心能力的构建和市场地位的巩固。许正中和产健（2024）强调，数字化产业生态通过多方协作实现产业共赢，有助于企业在动态竞争环境中获取长期竞争力。生态战略的关注点在于生态共同体的整体利益，强调企业在生态系统中的竞争地位。其目标是通过管理联盟关系，推动生态系统的协同发展和全局价值的最大化。

（4）战略管理重点与动态特性

传统战略主要关注静态规划，以核心能力的培育和有利市场地位的获取为重点，假定行业结构固定不变。相比之下，生态战略注重动态演化，强调生态系统的扩展与治理，特别是在技术融合和行业边界日益模糊的背景下，通过生态创新适应产业快速变化与跨界竞争。

（5）技术与行业边界的假定

传统战略通常假定技术创新的影响局限于企业内部，行业结构清晰且稳定，边界明确。而在生态战略中，技术的交叉融合对企业生态系统的影响更加深远。行业边界日益模糊，产业间整合已成为趋势，传统竞争定义逐渐瓦解，为生态系统的多元化发展提供了基础。

（6）战略的动态性与合作竞争关系

传统战略的静态特性决定了其竞争范围主要集中在行业内的企业或产品之间。相较而言，生态战略具有高度动态性，竞争范围不仅覆盖战略生态系统之间，还包括生态系统内部领导与中心之间的竞争。这种动态竞争与合作关系，为企业在生态环境中的长期生存与发展提供了可能性。

传统战略以行业为核心，追求静态优化和既定边界内的竞争优势；而生态战略则以生态系统为中心，通过动态协作与价值共创，实现跨越边界的系统性增长，见表 2-1。这种区别使得两种战略在实践中具有互补性与递进性。对于企业而言，传统战略可以为生态战略提供核心能力与资源基础，而生态战略通过协同与动态演化进一步推动企业创新与竞争力的提升。在新时代背景下，企业应结合自身资源、能力及外部环境，将两种战略思想有机融合，形成更具适应性的竞争优势。

表 2-1 传统战略与生态战略的区别

内容	传统战略	生态战略
基础组织	行业和公司是战略制定的基本单位	战略生态系统及生态共同体是战略制定的基础单位
竞争性质	你死我活、有你无我，合作有限	协同演化，注重生态系统内的生物适应性与共生关系
合作范围	局限于供应商与客户关系的改进，维持既定行业或国家界限	扩展到所有参与者，不断引入新伙伴，共建协同发展的生态共同体
战略中心	企业自身利益是中心议题	生态共同体整体利益以及企业在生态系统中的竞争地位是中心议题
战略目标	优化企业内部管理，追求行业内平均利润	通过联盟关系管理，推动生态系统协同发展，实现全局价值最大化
竞争范围	行业内不同企业或产品之间的竞争	战略生态系统之间的竞争，以及生态系统内部领导和中心之间的竞争
战略管理重点	培育核心能力，获取有利市场地位	建立核心能力，同时培育核心生态系统并推动生态系统扩展
技术假定	技术创新主要影响企业内部，外部影响有限	技术交叉融合显著，影响整个生态系统及产业结构
行业边界假定	行业结构固定，边界清晰	行业边界日益模糊，许多产业走向整合或消失
动态性	战略以静态规划为主	战略具有高度动态性，适应不断变化的生态环境
竞争对手的确定	直接竞争者为行业内的其他企业	竞争边界模糊，可能来自跨行业的参与者
战略性质	静态	动态

2.2 生态战略的重要意义

在全球经济和技术环境的快速变化中,企业生态战略的制定和实施已成为提升企业长期竞争力、应对外部挑战和促进可持续发展的关键。生态战略不仅是企业竞争力提升的核心途径,也是应对环境不确定性、市场变化和技术革新的重要手段。

2.2.1 典型生态战略分析

以下分析选取了华为作为典型案例,探讨其生态战略的实施过程及成效,以期为其他企业提供借鉴和启示。

1. 战略生态营销模式的提出与核心概念

在过去几十年中,企业的成功往往依赖于内部的核心竞争力,尤其是在技术创新、产品研发和市场营销等领域。这些核心竞争力使得企业能够在相对稳定的市场环境中获得竞争优势,并推动其快速发展。然而,随着全球化进程的加速与市场环境的剧烈变化,企业所面临的外部竞争与挑战日益增加。传统依赖内部资源和能力的竞争策略在新的经济格局下逐渐暴露出局限性。尤其是在技术创新周期缩短、市场需求不断变化、消费者行为日益多样化的背景下,单纯依赖核心竞争力的企业往往会遭遇增长停滞或竞争力丧失的问题。因此,企业亟须从单一的资源优势竞争模式转向更为动态的竞争模式,寻找新的增长点和竞争力来源。

为了应对这一挑战,战略生态营销(SEM)模式应运而生。该模式并非单纯的市场营销策略,而是一种全新的战略思维方式,它关注企业如何通过深度整合外部产业生态的各种资源,优化其在产业链中的地位,从而在激烈的市场竞争中脱颖而出。战略生态营销的提出,正是基于对产业生态的深刻洞察,认为企业的竞争力不仅来源于内部的技术积累、创新能力或资源配置，更取决于其在整个产业生态系统中的位置，以及与其他企业、合作伙伴乃至整个行业的互动关系。企业的竞争力在这一生态中不再是孤立的，而是与外部环境、合作伙伴以及行业发展趋势紧密相关的。企业不仅要深刻理解并发挥自身的核心竞争力，还需要通过精准的市场定位和战略调整，充分把握产业链上下游的变化趋势及潜在痛点。这要求企业在制定战略时，必须关注产业环境的动态变化，分析关键利益相关者的需求与行为，进而推动技术创新和市场突破。

在微观层面，战略生态营销模式进一步强调了营销策略的差异化和创新性。具体而言，企业的营销模式不应仅围绕产品和市场需求展开，而应深入考虑产业生态中的客户需求及其变化趋势。这一模式强调通过对客户需求的精准洞察，以及对竞争对手行为的深度分析，形成独特的市场定位，从而在竞争激烈的市场中脱颖而出。企业的营销策略需要基于产业生态的系统性思维，紧密结合客户痛点，并通过不断创新和优化，建立企业与客户、合作伙伴之间的长期关系。通过这种方式，企业能够提升自身的市场适应性和竞争力。

如图2-2所示，战略生态营销模式强调了战略意图、战略规划、战略定力，营销模式、营销组织与营销策略，以及产业生态圈这三大要素之间的关系，揭示了企业如何将战略、生态与营销有机融合，从而在快速变化的市场环境中持续保持竞争优势。营销三角体现了营销组织、营销模式与营销策略之间的协调与配合；产业生态圈则是整个模型的基础，它连接了外部产业链和市场环境的变化。企业不仅要在战略上把握全局，还需要在营销策略和生态环境之间建立紧密的联系，通过系统化的布局形成竞争优势，从而实现长期的战略目标。

战略生态营销模式是一种综合性、系统化的竞争战略，它要求企业在动态变化的市场环境中，通过精准的战略规划与有效的营销执行，持续推动业务增长，并最终建立强大的市场竞争力。因此，战略生态营销不仅是对传统营销和战略的有力补充,也为企业应对复杂市场环境提供了重要的理论依据和实践指导。

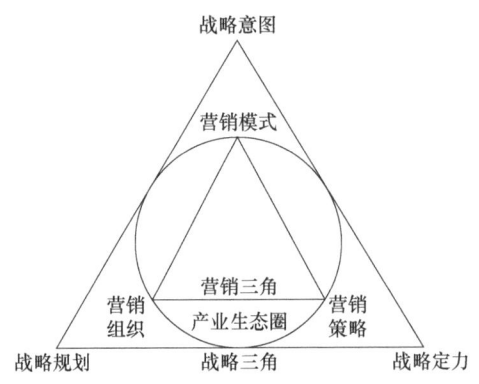

图 2-2　战略生态营销模式结构

2. 华为的战略生态营销实施过程

华为自成立以来,凭借卓越的技术创新和全球化视野,成为全球领先的信息与通信技术(ICT)解决方案供应商。华为的成功并非单纯依靠核心技术的积累,更在于其在全球市场复杂多变的环境中,逐步构建起强大的生态系统,这正是华为能够应对外部压力、持续创新并占据行业领先地位的关键因素。华为的生态战略,尤其是其战略生态营销模式(SEM),通过对产业链的深度整合与市场需求的精准把握,打造了一个全球化的生态圈,增强了其在全球市场中的竞争力。

(1)从"统一战线"到"深入场景"

华为的战略生态营销模式的起点是构建一个广泛的产业生态合作网络。通过这种"统一战线"的布局,华为能够在全球范围内联合合作伙伴形成合力,共同推动技术创新和市场拓展。特别是在全球市场的激烈竞争环境下,华为通过与行业内外的合作伙伴,特别是技术供应商、渠道合作伙伴、学术机构等各方的合作,提升了整体产业链的竞争力。正如华为创始人任正非所言,企业的核心竞争力不仅在于其自身技术,更在于它如何能够与外部环境进行有效互动并共同发展。华为的"统一战线"战略使其在遭遇外部技术封锁时,依然保持市场份额,并成功开辟新的增长点。

华为将生态建设视为其长期发展的基石。华为在全球市场上建立了强大的技术与服务网络,同时也积极推动开源社区的建设,推动 ICT 行业的协同发展。华为通过这种方式,能够通过外部资源补充自身的技术短板,还能借助合作伙伴的力量,推动创新进程,并且能够在全球竞争中实现双赢。这一战略的核心优势在于,通过对产业链上游技术研发与下游市场需求的深刻理解,华为得以构建出一个能自我循环、不断壮大的生态系统。

(2)极限承压,源于生态的基因

华为的成功源于它初期建立了强大的组织和机制体系,为其后期的全球扩展奠定了坚实的基础。在其发展的第一个十年中,华为的销售业绩从 1 亿元增长至 100 亿元,这一飞跃为其后期全球化扩展提供了充足的资本和信心。随着全球竞争的加剧以及外部环境的变化,华为认识到仅靠单一的技术创新和市场营销已经不足以支撑其长远发展。为此,华为开始进行战略升级,转而着眼于建立更加灵活和高效的组织结构,进一步强化其在全球市场的领导地位。

华为的战略升级不仅是业务模式的转型,更是组织和文化的深层次变革。华为通过建立端到端的流程化组织体系与创新型的激励机制,形成了一个灵活高效的运营结构。这不仅提升了企业在面临外部压力时的反应速度,还增强了华为持续创新和自我修复的能力。在应对市场需求变化时,华为能够迅速调整生产线并优化供应链管理,使得公司能够更好地适应全球市场的变化。

华为的生态战略还体现在其"开放、合作、共赢"的战略意识上。在这一战略框架下,华为不仅注重技术的创新,更深耕与全球供应商、合作伙伴以及产业组织的深度合作。通过这种合作,华为能够在全球范围内实现资源共享、技术共创,并最终通过协作创造共赢局面。通过这种跨行业、跨国界的合作，华为有效地提升了全球竞争力，尤其是在面对外部压力时，能够依赖全球生态伙伴的支持和共赢局面，迅速化解危机。

（3）且战且退，依托生态的后方

近年来，华为面临来自国际市场的巨大压力，尤其是在 2020 年后，美国等国家对华为实施了技术封锁，导致华为在芯片供应方面遭遇困难。面对这一困境，华为采取了灵活的应对策略，既保持了核心技术的自给自足，也优化了自身资源配置。在这一过程中，华为依靠其强大的生态系统，不仅成功应对了外部技术封锁，还通过战略调整确保了公司资源的合理集中与技术创新的持续推进。

首先，华为选择将有限的资源集中于高端市场，放弃中低端市场，专注于高端手机等高附加值产品，以确保在技术创新和市场竞争中保持优势。与此同时，华为还做出果断决策，出售了荣耀品牌，借此获得了约 500 亿美元的现金流。这一策略不仅帮助华为缓解了资金压力，也为其后续技术研发和市场开拓提供了资金保障。

其次，华为加速技术自给自足的步伐，特别是在芯片和操作系统领域，逐步摆脱了对外部供应商的依赖。华为的麒麟芯片和鸿蒙操作系统成为公司技术自主的核心标志。特别是鸿蒙操作系统的推出，标志着华为在操作系统领域迈出了重要一步，这一系统不仅为华为手机提供了独立的操作系统支持，也为华为在全球智能设备生态系统中创造了更加广阔的发展空间。

通过这种战略调整，华为成功地将危机转化为发展的机会，在技术创新和市场开拓方面都取得了显著成效，进一步巩固了其在全球 ICT 领域的领导地位。

（4）直插场景，激活生态的前线

随着数字化转型的深入，传统的市场竞争模式已不再适应现代商业环境，尤其是在互联网技术日新月异、产业互联网技术逐渐成熟的当下。华为认识到，单纯依靠硬件的销售已无法实现持续增长，必须转向行业场景的深度挖掘和数字化解决方案的提供。为此，华为通过成立多个行业"军团"，如智能海关、智慧公路、数字电力等，推动行业数字化转型并加速行业场景的渗透。此举不仅为华为的产业布局提供了有力支持，还帮助其迅速进入新兴行业和市场。通过深入行业场景，华为能够提供更加精准和高效的数字化解决方案，满足不同领域企业的需求。同时，这一策略也加速了华为在多个行业中的市场渗透，提升了企业的综合竞争力。

通过打造场景化解决方案，华为进一步推动了全球行业数字化转型进程。通过技术创新和场景应用，华为为客户提供了量身定制的数字化服务，帮助企业提升运营效率和经济效益。这一模式不仅推动了华为的持续增长，也使其在全球市场中占据了有利位置。

（5）全球生态合作伙伴网络

华为在全球市场的成功，离不开它广泛的产业合作伙伴网络。华为的合作伙伴不仅包括传统的技术供应商，还包括销售代理、解决方案提供商、服务与运营商等各类伙伴。借助这种多元化的合作模式，华为能够在全球范围内增强其市场渗透力，同时推动行业的数字化转型。

截至 2022 年年初，华为的合作伙伴已超过 3 万家，涵盖了多个行业。这些合作伙伴不仅为华为提供了重要的市场支持，还通过共建开放、合作、共赢的行业数字化生态环境，共同推动了整个产业的快速发展。通过与合作伙伴的深度合作，华为得以在多个行业中推出创新产品和场景化解决方案，从而进一步巩固其在全球 ICT 市场中的领先地位。

华为的生态战略通过从战略规划到具体实施的精细布局，逐步形成了强大的产业链生态圈，确保了其在面对外部环境变化和技术挑战时，依然能够保持竞争力。通过灵活的市场策略与技术自主创新，华为成功应对了全球技术封锁和市场危机，进一步巩固了其行业领导地位。华为的成功为全球企业提供了重要的借鉴，尤其是在应对复杂环境中的挑战,以及通过战略生态布局提升长期竞争力等方面,树立了行业典范。

2.2.2 生态战略实施成效

华为的生态战略实施不仅展现了企业在全球化竞争中的应变能力,也通过全方位的战略设计与执行,深刻影响了产业链上下游和生态合作伙伴的共同发展。从产业边界重塑到价值链整合,再到开放平台和基础设施的建设,华为的生态战略已成为其长期竞争力的重要来源。以下从五个维度对华为生态战略实施成效进行深入分析。

1. 基于场景定义产业边界

在产业互联网时代,传统行业边界的逐渐模糊促使企业从用户需求出发,以场景为核心重新定义产业边界。华为通过精准把握用户需求,将其业务从通信设备扩展至智慧城市、智慧交通、智慧能源等多个场景。这种以场景为驱动的战略不仅强化了华为对用户价值的挖掘,也推动了产业链的多元化。

华为在智慧公路和智能海关场景中的应用,展示了其技术与行业需求的深度融合。通过构建场景化解决方案,华为能够快速响应市场变化,满足用户的个性化需求。这一战略符合学术界对"场景化生态系统"的定义,即企业通过跨行业资源整合和用户场景优化,形成动态适应性和竞争优势。

这种基于场景的产业边界重构,不仅为华为创造了新的收入来源,还通过跨行业协同提升了生态系统的整体价值。学术研究表明,场景化生态系统能够有效增强企业对用户需求的响应能力,并通过资源协同创造更大的市场价值。

2. 闭环价值链垂直整合

华为通过垂直整合价值链构建了闭环式的生态系统。这种模式涵盖从技术研发到生产制造,再到市场销售的全链条管理,极大地提升了企业的资源利用效率和供应链掌控力。闭环价值链不仅增强了华为在复杂环境中的抗风险能力，也为其全球市场的拓展提供了支持。

以鸿蒙操作系统为例，华为不仅开发了这一自主操作系统，还将其应用于智能家居、物联网设备和汽车等多个领域，形成了完整的生态闭环。学术研究表明，价值链的垂直整合可以有效降低交易成本，同时提升企业对关键资源的控制力。华为通过这种战略，不仅增强了产品和服务的用户体验，还在技术自主性上迈出了重要一步，减少了对外部供应链的依赖。

华为在通信基础设施领域的整合能力也在此得到了充分体现。通过对供应链的深度掌控，华为得以快速适应外部环境变化，并在全球通信市场中占据领先地位。这种基于价值链整合的生态战略，为企业在动态竞争环境中保持长期竞争力提供了重要支持。

3．生态圈基础设施打造

作为生态战略的技术基石，基础设施的建设对生态圈的高效运转至关重要。华为在云计算、大数据和 5G 等领域的长期投入，构建了全球领先的技术基础设施，为企业的数字化转型和产业链协同奠定了坚实基础。

华为云平台为企业提供计算能力、数据存储和开发工具等服务，成为华为生态系统的重要组成部分。这种基础设施的建设，不仅提升了企业内部的资源利用效率，也为生态合作伙伴创造了更多的创新机会。华为通过 5G 的广泛应用，推动了智能制造、远程医疗和智慧农业等多个行业的数字化转型。技术基础设施是生态系统可持续发展的核心驱动力。华为的实践表明，通过长期投入和技术创新，基础设施建设不仅能够提升企业自身的竞争力，还能够通过赋能合作伙伴，实现整个生态系统的价值提升。

4．开放共享平台构建

开放性与共享性是生态系统成功的关键因素。华为通过构建开放共享的平台，将内部资源与外部合作伙伴进行高效整合，为整个生态系统的协同创新创造了条件。HMS（华为移动服务）生态系统是其开放共享平台战略的典型案例。

HMS 平台通过提供应用开发工具、分发渠道和数据分析服务，吸引了全球开发者的广泛参与，形成了一个多方共赢的生态环境。这种开放平台的模式符合学术界对平台经济的定义，即通过资源共享和价值共创，企业能够有效增强市场吸引力，并通过网络效应扩大市场规模。

通过开放共享平台的建设，华为不仅实现了与合作伙伴的深度协作，也通过资源整合和技术赋能提升了整个生态系统的竞争力。这种战略的成功表明，平台型企业在推动产业协同和技术创新方面具有重要作用。

5. 形成多产业协同生态圈

华为的生态战略通过跨行业协同，构建了一个多产业协同发展的生态圈。这种战略不仅帮助华为实现了资源的高效利用，也显著增强了其在全球市场中的竞争力。通过将 5G 与交通、能源和医疗等领域相结合，华为成功推动了多个行业的数字化转型。

在智慧交通领域，华为通过智能公路解决方案，优化了交通流量管理，并提升了出行效率。在智慧能源领域，华为通过智能电网解决方案显著提高了能源利用效率，并推动了绿色低碳经济的发展。这种多产业协同的生态圈模式，不仅增强了华为的市场地位，更促进了产业链的可持续发展。多产业协同能够通过资源共享和跨行业合作提升企业的竞争力，同时为生态系统的长期发展注入活力。华为的多产业协同实践为其他企业提供了重要的借鉴，尤其是在通过跨行业协同实现技术创新和市场拓展方面。

华为的生态战略通过基于场景定义产业边界、闭环价值链整合、生态圈基础设施建设、开放共享平台以及多产业协同五个方面的实践，全面展示了生态系统在企业战略中的重要性。这一战略不仅提升了华为在全球市场中的竞争力，也通过赋能产业链合作伙伴推动了整个生态系统的创新发展。华为的生态战略体现了产业生态系统理论的核心思想，即通过资源整合、平台建设和价值共创，企业能够实现从竞争到协同的战略转型。这种模式的成功为企业应对复杂环境中的挑战提供了有力的理论支持和实践案例，特别是在数字化、全球化和产业协同加速发展的背景下，华为的生态战略具有重要的借鉴意义。

2.3 生态战略的制定过程

生态战略的制定是商业生态系统中至关重要的一环，决定了组织如何在复杂的生态网络中协同合作、创造价值和实现可持续发展。本节将围绕生态战略的核心步骤，探讨如何明确组织价值主张、确立组织核心战略，并贯彻组织战略实施。

2.3.1 明确组织价值主张

在商业生态系统中，明确组织价值主张是生态战略制定的核心步骤，决定了组织在系统中的定位及其与其他成员的协作方式。商业生态系统中的成员通常通过依赖互补资源或资源组合构建联合价值主张，这一过程背后蕴含着复杂的权力关系。当领导者与参与者分别拥有联合价值主张所需的重要资源，并通过互动实现资源整合时，权力关系逐渐显现。成员基于各自资源条件形成了工具权力、行动权力和权威权力等不同类型的权力，这些权力一方面推动了资源的高效配置，另一方面也带来了约束，包括成员共同开发新技术和新产品的产品约束、追求广泛高质量协作的关系约束，以及资源多维价值挖掘的价值约束。这些约束可能导致价值共创活动偏离联合价值主张，甚至引发成员间的市场竞争关系，当自有产品与共创产品的目标市场重叠时，这一竞争关系尤为明显。刘强（2020）指出，生态战略的实施往往伴随着显性与隐性约束，这些约束不仅来源于外部环境的不确定性，也与成员间的目标冲突密切相关。通过有效的目标协同机制，可以降低这些约束对价值创造的负面影响，增强系统的动态适应能力。

成员在追求更大的联合价值主张与实现自身价值目标之间，往往存在内在冲突。这种冲突不仅分散了资源，还使得行动陷入不稳定状态，难以实现两者的平衡与同步。这一状态迫使生态系统成员寻求权力再平衡，通过调整权力关系以维持合作与生态稳定。因此，明确组织价值主张需要从以下几个方面着手：第一，清晰界定组织在生态系统中的角色与功能，突出资源整合与价值创造的差异化优势；第二，分析成员间权力关系的动态特征，设计适应性的权力平衡机制，降低权力约束对价值共创的阻碍；第三，协调联合价值主张与个体价值目标之间的关系，构建动态的目标协同机制，以平衡资源投入与目标实现的冲突。通过上述方式，组织能够在复杂的生态系统中实现资源协同与权力平衡，最大化联合价值主张的实现，推动整体生态系统的可持续发展。

2.3.2 确立组织核心战略

确立组织核心战略是生态战略制定过程中的关键环节，旨在围绕明确的价值主张，构建组织在商业生态系统中的竞争优势和协作机制。核心战略的确立需要以价值共创为导向，聚焦资源整合、能力塑造以及动态适应，以确保组织在生态系统中占据主导地位并实现长期稳定发展。

首先，组织需要明确战略定位，即结合自身资源禀赋、生态系统需求以及市场环境，确定自身在生态系统中的角色与功能。战略定位的核心是找到能够最大化价值共创的切入点，通过差异化优势吸引生态系统成员的参与。例如，一些技术驱动型企业会选择通过创新技术占据生态核心，成为资源整合与分配的主导者。

其次，确立核心战略需要以能力构建为基础，通过技术创新与数字化赋能提升组织的资源整合能力和生态适应能力。智能化能力的构建在此过程中尤为重要，包括智能化组合能力、感知能力与杠杆能力。这些能力能够帮助组织动态感知生态环境的变化，快速调整资源配置，实现多方共赢。某些平台型企业通过构建智能化资源匹配系统，不仅提升了资源整合效率，还强化了生态系统成员之间的协同效应。

最后，刘静华等人（2019）指出，数字化赋能是提升生态系统适应能力的核心途径，通过智能化技术的引入，企业能够提高资源整合效率，优化多主体间的协作关系。核心战略需要具备动态调整机制，以应对商业生态系统的复杂性和不确定性。组织在生态系统中的发展不仅受到外部环境的影响，还会受到成员间权力关系动态变化的影响。因此，核心战略需要定期进行审视与优化，确保其始终符合生态系统的发展需求与自身的长期目标。例如，在市场需求发生剧烈变化时，组织可以通过调整产品组合或拓展新市场，实现战略的快速适配。

通过战略定位、能力构建和动态调整机制的有机结合，组织核心战略能够为价值共创提供清晰的方向和强有力的支撑。这不仅有助于提升组织在生态系统中的地位与影响力，还能实现生态系统整体价值的最大化，推动组织与生态的协同发展。

2.3.3 贯彻组织战略实施

组织战略的实施是将战略意图转化为实际成果的关键阶段，是生态组织实现核心价值主张与战略目标的必经之路。在商业生态系统中，战略实施需要综合考虑多方利益相关者的协作关系，结合资源禀赋、技术优势以及生态动态性，构建完整且高效的实施路径。这一过程不仅包括行动计划的科学设计，还涉及资源保障与优化配置、实施过程的实时监控与反馈优化，以及文化引导与协同强化。

首先，行动计划的科学设计是战略实施的起点。为了确保战略目标的落地，组织需要制订详细的分阶段实施方案，对关键任务进行分解，明确各阶段的具体目标和衡量指标。行动计划的设计应结合组织资源能力与生态系统的动态特征，既要注重实现长期战略目标，也需要兼顾短期效益的平衡。杜鑫等人（2022）认为，科学分解任务并明确关键绩效指标（KPI）是实现战略目标的关键方法。对于智能化能力提升战略，行动计划可以分为技术研发、试点推广和生态协同三个阶段，通过循序渐进的方式推动战略在组织内部和生态系统中的有效落实。此外，在行动计划的执行过程中，应引入责任分工机制，确保每个任务都有明确的负责人和团队支持，从而实现任务推进的高效性和可控性。

其次，资源保障与优化配置是战略实施成功的核心支撑。韦影和宗小云（2021）提出动态资源配置和共享平台的建立是生态系统实现持续协同的有效途径。商业生态系统的复杂性决定了战略实施需要跨越组织边界，整合多方资源以实现共赢。为此，组织需要统筹内部资源（如技术能力、人才团队、财务支持）与外部资源（如生态合作伙伴的技术与市场能力），构建动态的资源协调机制。一些生态型组织通过建立资源共享平台，将自身的数字化工具开放给生态成员，促进了资源在生态系统内部的高效流动与利用。在资源配置过程中，还需要针对生态系统的动态变化设置应急机制，确保在环境波动或资源短缺的情况下，战略实施能够持续推进而不受重大影响。

再次，实施过程的实时监控与反馈优化是战略落地的重要保障。通过构建系统化的监控与评估体系，组织可以对战略实施的进展情况进行动态追踪，并及时识别潜在问题。张璐等人（2019）认为，实时反馈系统可以优化资源配置并提升协同效率，从而确保战略目标的实现。监控指标应涵盖多维度内容，如资源整合效率、成员协同度、市场反馈情况以及战略目标的达成程度。以某生态型平台企业为例，其通过实时数据监测工具对平台内的交易量、资源分布及合作伙伴的参与度进行综合评估，从而确保资源分配与合作进展始终符合生态系统的战略目标。在此基础上，组织应及时根据评估结果对战略实施路径进行优化调整，通过迭代改进不断提升战略执行的效率与效果。

最后，文化引导与协同强化是战略实施得以持续推进的基础条件。胡国栋与王晓杰（2019）认为开放和信任的生态文化能够增强成员的协作意愿，推动战略实施形成合力。在生态系统中，成员的战略认同感和协作意愿对战略实施的成效具有直接影响。组织需要通过营造开放、信任与创新的文化氛围，增强成员间的协作关系与共同使命感。一方面，可以通过培训与交流活动提升成员对战略目标的理解与认同；另一方面，通过建立激励机制与奖励政策，调动生态成员参与战略实施的积极性，形成战略实施的合力。例如，通过将价值共创成果进行合理分配，提升合作伙伴对战略实施的贡献意愿，从而在整个生态系统中形成更强的协作动能。

贯彻组织战略实施是生态组织战略制定的重要环节，其成效直接影响组织能否实现预期的价值目标。通过行动计划的科学设计、资源保障与优化配置、实施过程的实时监控与反馈优化，以及文化引导与协同强化，组织能够确保战略实施的顺利推进并应对生态环境的动态变化。这不仅能够为生态系统内成员创造持续价值，还能强化组织在生态系统中的核心地位，推动整体生态系统实现健康发展与长效运转。

本章小结

本章围绕生态型组织的战略制定路径展开，聚焦三大核心构成要素：明确组织价值主张、确立组织核心战略与贯彻组织战略实施，构成生态战略形成与演化的三维驱动框架。首先，明确组织价值主张奠定了生态战略的方向性基础，组织通过识别自身在生态系统中的角色与功能，构建差异化优势，进而驱动多元主体围绕共同目标开展价值共创与资源整合。在此基础上，生态战略强调多主体协同，打破组织边界，通过资源共享、能力互补与平台型治理机制，构建开放共赢的合作网络，从而增强生态系统的集体适应性与整体协同力。

其次，确立组织核心战略推动生态战略向系统性演进，通过开放-竞争-合作的动态张力，促使组织在复杂环境中快速响应与结构重塑。开放性为外部资源导入与能力融合提供了路径；竞争性激发内部创新活力与价值创造效率；而合作性则保障了多方共赢的运行机制，维持生态系统的稳定与活力。同时，通过生态位动态匹配与角色再平衡机制，实现了生态战略从静态设计向动态演化的过渡。

最后，贯彻组织战略实施赋予生态型组织在不确定环境中的敏捷性与持续进化能力。以数据驱动的反馈机制与场景化实践为支撑，生态组织能够快速识别市场信号，迭代优化价值主张与战略路径，实现从单点突破向系统性跃迁。通过平台化运营与智能化工具的嵌入，生态战略在执行过程中实现了可持续优化，确保在产业融合与技术快速更迭的背景下保持领先地位。

总的来说，生态战略的制定并非线性过程，而是围绕价值定位、协同机制与动态调适三者展开的循环演进过程。这种三位一体的结构不仅推动了战略从理念到落地的有效转化，也构建了生态型组织在复杂动态环境中持续增长与协同演化的战略底盘。随着三大核心要素形成闭环正向反馈，生态战略由此成为组织实现长期竞争优势与可持续发展的关键引擎。

第 3 章 生态型组织的系统治理

生态型组织的治理是当前组织管理理论的重要发展方向,其核心在于协调企业与生态系统之间的互动关系,从而实现组织的可持续发展。随着生态规模的扩大和复杂性的不断提升,主体之间的互动愈发频繁,组织也逐渐暴露出资源分配不均、利益冲突等问题。各主体盘根错节的复杂利益关系要求从整体和动态的角度制定治理原则,构建治理体系,应对生态系统中由于资源和能力相互依赖所带来的冲突。在复杂环境中,治理原则和治理体系共同决定了生态型组织的运行逻辑与发展方向,从而推动生态系统的高效协同与长期发展。本章主要对生态型组织的治理思想和治理原则以及治理体系两部分内容进行论述。

3.1 生态型组织的治理思想和治理原则

在生态型组织的发展进程中,其治理原则在多主体动态博弈的情境下,肩负着实现资源整合与价值共创平衡的重任。它是将抽象的治理思想具体化为可操作、可遵循的准则,指导生态型组织在实际运营中协调各方关系、配置资源等具体活动。治理思想与治理原则的先后顺序,本质上是从"认知层"到"操作层"的过渡。思想奠定治理的理论合法性基础,原则则将其转化为可执行的规则,二者共同构建完整的生态型组织治理逻辑链条。因此,本部分先系统梳理生态型组织的治理思想,再对组织的四项治理原则进行阐述。

3.1.1 生态型组织的治理思想

生态型组织的治理思想囊括了系统观念、价值共创理论视角、资源基础观视角以及可持续发展的治理目的等，下面分别详细论述。

1. 系统观念指导下的治理理念

根据张康之（2020）的观点，工业文明时期诞生的科层制治理，本质上是牛顿机械论在管理学领域的投射，其核心特征在于严格的分工与层级分明，传统治理理念正是在这一背景下形成的。组织治理主要依赖于层级分明、指令传递的管理模式，强调自上而下的决策与控制。各部门和职能单位之间往往以固定的流程和标准进行运作，治理重点在于确保各项规章制度的严格执行和组织内部稳定性的维持。传统治理理念强调稳定与可控，适用于环境变化较小、信息传递较为单向的场景。然而，随着市场环境的不断变化和技术的快速发展，这种僵化、单向的治理方式逐渐暴露出响应滞后、决策层级繁多、信息传递不畅以及资源配置灵活性不足等问题。

相比之下，Keating 等人（2023）则明确辨析了系统治理与传统治理的不同：系统治理理念将组织视为一个由众多相互关联、不断演化的子系统构成的整体，主张打破传统的层级壁垒和信息孤岛，更加强调组织之间的整体性、动态性和互动性。系统治理关注的不仅是内部的流程和层级控制，更注重各部分之间的协同互动以及与外部环境之间的双向反馈。根据 Liu（2024）所表达的观点，组织各部分不仅主动获取外部信息，还能及时传递内部变化给外部合作伙伴，形成自适应、实时互动的生态网络。这种双向反馈机制使组织能够迅速应对市场变化、技术革新和环境挑战，实现资源的灵活配置和高效利用。通过跨部门、跨层级的信息共享和协同决策，打破传统治理中的信息孤岛和层级壁垒，提升整体运营效率和竞争优势。

波士顿咨询公司指出，生态型组织在应对外部危机时，通常展现出更强的响应速度与弹性优势。这类组织依托于分布式权力结构与动态资源配置机制，能够有效缩短决策链条、提升执行效率。相比之下，传统的科层型治理结构在面对突发情境时，常因决策集中与流程冗长而反应迟缓。这一差异体现了两种治理范式的根本区别。正如 Laloux（2014）以及 Hamel 和 Zanini（2020）所表述的，生态型组织可类比为"热带雨林式"系统，虽表面无序，实则蕴含复杂的自组织与动态平衡特性，而传统组织更类似于"瑞士机械表"，强调稳定与可控但缺乏灵活性。

系统治理理念为组织在 VUCA 时代生存和发展提供了新的思路。随着技术的不断进步和社会环境的日益复杂，系统治理将成为组织提升竞争力的关键。

2. 价值共创理论视角下的治理设计

Vargo 和 Lusch（2008）提出，价值共创理论强调主体多元性、动态协同性、多维度价值体系及利益相关者共生关系。这与高杰（2024）提出的，平台组织中核心企业、供应商、用户等多方主体通过技术互补、数据共享实现创新突破的实践特征几乎一致。

在生态型组织中，组织各参与主体一般被划分为核心企业与其他参与者两类。核心企业既是系统资源的掌控者，也是推动价值共创与创新的关键力量，在整个生态系统中扮演着极为重要的角色，主要是负责平台的构建、资源的整合与分配，以及相关规则的制定与落实。而组织内的供应商、合作伙伴、用户等则是其他参与者，他们在组织中各自承担着不同的职责。生态型组织可以说是一种多主体协同合作的组织，不同主体之间具有差异化的资源、角色和目标，这使得其治理结构的设计既要兼顾多元性，又要确保整体系统的协同运作与价值共创。姚艳虹和刘潇（2023）提出，在生态系统中，组织间的互动超越了传统竞争逻辑，价值共创成为推动协同演化的重要动力。价值共创理论强调不同主体之间的互惠关系，借助资源整合与创新机制，生态型组织能够在竞争合作关系中构建稳定的价值网络。

在价值共创理论框架下,生态型组织的治理设计呈现出三重变革特征。

(1)治理目标:从单边控制转向共生共荣

Guangsong等人(2024)指出,传统科层制下的治理以核心企业利润最大化为单一导向,往往导致生态参与者陷入零和博弈。而价值共创理论要求治理目标升级为"系统价值共生",即通过构建资源互补、风险共担、收益共享的协作网络,实现生态整体竞争力的提升。

(2)治理结构:从层级控制转向网络协同

在传统科层制模式下,组织内部的权力和资源配置遵循垂直管理逻辑,强调命令与控制。而在生态型组织中,核心企业需要建立扁平化、开放式的网络协同体系,使供应商、合作伙伴及用户能够高效连接,并在共创价值的过程中形成动态调整的合作关系。这种协同不仅体现在企业内部的跨部门合作中,也体现在企业间的战略联盟、开放式创新和平台化运营模式中。Mbanefo和Grobbelaar(2024)表达的内容也证实了该观点,组织的发展需要中小企业和组织者共同参与,通过整合资源来实现价值共创。

(3)治理机制:从静态规则转向动态调节

在快速变化的市场环境中,传统以固定规则为基础的治理模式难以应对复杂性和不确定性。生态型组织需要建立灵活的治理机制,基于实时数据、参与者反馈和外部环境变化进行动态优化。智能合约、算法治理和数据驱动的决策机制成为生态系统动态调节的重要手段,使治理方式更加精准、透明且高效。

因此,简兆权和秦睿(2021)指出,在设计治理结构时,不仅要关注技术和资源的配置,还要协调利益的分配、信任的建立等。一方面,治理设计应当鼓励各方参与者提供他们在特定领域的核心资源,例如技术能力、创新思想、用户数据等;另一方面,核心企业在资源整合和配置过程中需要确保各方的权益得到保护,避免某一方因资源集中而主导决策,造成资源配置和利益分配的失衡。这种共享机制不仅是促进创新的催化剂,也是保障生态系统可持续发展的关键。

3. 资源基础观视角下的治理设计

从资源基础观(Resource-Based View,RBV)的视角来看,资源作为企业竞争优势的核心来源,在生态型组织的治理设计中具有至关重要的作用。王节祥和蔡宁(2018)认为企业的竞争优势来源于其独特的资源禀赋,这些资源包括有形资产(如资本、设备)和无形资产(如品牌、专利、数据和组织能力)等。而曹仰锋(2019)进一步指出,在生态型组织中,核心企业通过强大的资源整合能力,能够高效配置那些稀缺且不可复制的资源,从而推动生态系统的创新与长期发展。这一观点不仅强调了核心企业在生态系统中的关键作用,也揭示了资源整合对于生态系统可持续竞争力的重要性。

而管理实践表明,生态型组织的竞争优势不仅依赖于核心企业的资源,更来源于整个生态系统中多元主体的资源协同与价值共创。各类合作伙伴、供应商、用户甚至竞争者都可能拥有独特的资源,如技术能力、市场渠道、数据资产、用户洞察等。这些资源的整合与协同不仅能够增强生态系统的整体竞争力,也为系统内各方提供了持续创新的动力。

基于资源基础观,生态型组织的治理设计也呈现出目标、结构和机制的三重变革特征,具体内容如下。

(1)治理目标:从资源控制转向资源共享与共创

传统企业治理往往以核心企业对关键资源的占有与控制为目标,以最大化自身竞争优势为主要导向。在生态型组织中,单一企业难以凭借自身资源取得长期优势,而是需要依赖整个生态系统的共同发展。从单纯的资源控制转向资源共享与共创,这一治理目标的变革体现在多个方面。首先,生态组织需要建立开放的资源共享体系,鼓励供应商、合作伙伴和用户贡献其独特资源,如技术专长、市场渠道、用户数据等。其次,核心企业需要构建合理的激励机制,确保各方贡献资源后能够获得相应回报,从而增强生态系统的吸引力和可持续性。例如,开源软件生态系统通过代码贡献者激励制度,实现了全球开发者的广泛参与与技术共创。

(2)治理结构:从中心化配置转向分布式协同

在传统科层制企业中,资源配置遵循垂直管理逻辑,核心企业掌控资源并进行自上而下的分配。而在生态型组织中,资源禀赋是分布式的,不同主体拥有各自独特的资源与能力,因此其治理结构需要从中心化配置转向分布式协同。分布式协同治理结构的核心在于建立一种去中心化、去层级化的资源整合模式,使生态系统中的所有主体都能在公平的环境里参与资源共享与价值共创。例如,在开放式创新平台上,核心企业不再单独决定技术发展方向,而是通过众包、开放API(应用程序接口)等方式,让开发者、用户和外部合作伙伴共同推动创新进程。这种网络化协同模式不仅能够提升资源整合的效率,还能增强生态系统的整体创新能力和适应性。而且在分布式治理结构中,生态型组织可以利用区块链、智能合约等技术,实现资源流动的透明化与自动化。例如,在去中心化金融(DeFi)生态系统中,资源(如资金和数据)可以在不同主体间自由流动,而无须中心化机构的干预,这极大地提升了治理的灵活性和效率。

(3)治理机制:从静态规则转向动态资源优化

传统企业治理依赖于固定的制度与规则,如明确的资源分配政策、严格的供应链管理规范等。在生态型组织中,由于市场环境和技术变革速度极快,单一静态规则难以适应复杂多变的外部环境。治理机制也需要适应外部环境的变化,从静态规则转向动态资源优化,即基于实时数据、市场反馈和环境变化,灵活调整资源配置方式。

动态资源优化机制的实现依赖于数据驱动的治理方式。例如，大数据和人工智能技术可以帮助生态型组织实时监测市场需求变化，并动态调整资源投放策略。算法治理也是生态系统动态调节的重要手段。例如，在共享经济平台上，平台可以根据供需情况自动调整定价策略，以优化资源利用率。

4．可持续发展的治理目的

在当前复杂多变的商业环境中，对生态型组织进行治理的最终目的就是实现组织的可持续发展。可持续发展理念贯穿于生态型组织的治理实践之中。范如国（2021）提到，只有通过环境、经济和社会目标的协同推进，生态型组织才能构建稳定的治理结构，以确保长期竞争优势。生态系统内部的治理机制不断优化，最终形成具备韧性的可持续发展模式。正如经济学家熊彼特（Joseph A.Schumpeter）所说："创新是经济发展的根本动力。"在这里"创新"就可以理解为治理结构的创新。

随着市场、技术和竞争的不断变化，组织面临着更为严峻的挑战，如何保证组织在长期内的创新能力、资源配置的高效性以及合作机制的稳定性，成为生态型组织成功的关键。因此，治理设计不仅要考虑到现有的资源整合和参与者之间的协调，还要为未来的变革预留足够的空间，确保组织能够适应不断变化的外部环境并实现长期的可持续发展。

以可持续发展为导向的生态型组织治理要求生态型组织的治理不仅关注当前的资源配置与利益平衡，还需要为未来的创新和发展预留空间。Helfat 和 Raubitschek（2018）认为只有在灵活的治理框架下，生态系统中的各主体才能在不断变化的环境中持续创新并保持竞争力。这意味着，生态型组织的治理结构和机制设计必须能够有效应对快速变化的市场环境、技术变革和竞争压力，不仅要为当前的运营提供保障，还要为未来的创新和发展提供动力，确保在资源整合、利益分配、创新协作等方面的平衡与高效，最终实现整个生态系统的长期稳定和可持续增长。

魏江等人（2021）的研究指出，企业需要根据自身的资源禀赋和市场环境选择合适的战略路径，以实现生态系统的可持续发展。生态型组织的治理设计应聚焦于合作、资源共享和创新驱动，特别是在资源配置、利益分配和合作机制方面，要实现灵活性与高效性。治理不仅要优化当前的资源整合和参与者协调，还需要为未来的创新和组织变革预留足够的空间，确保在不断变化的市场环境中持续推动创新和发展。正如周青等人（2024）所提到的，生态型组织只有通过合理的治理结构与机制设计，才能在复杂多变的商业环境中实现多方共赢，并推动整体系统的长效发展。

3.1.2 生态型组织的治理原则

在前文中，我们已经深入探讨了生态型组织治理思想的核心要素，尤其是如何将协同、共享与共创作为治理的基础。为了进一步将这些理念付诸实践，接下来我们将讨论"治理原则"，明确这些原则如何为生态型组织的治理提供具体指导，确保治理思想在实际操作中的落地。

在生态型组织的治理过程中，治理原则不仅有助于保障生态系统各参与主体的合作关系和资源配置的高效性，还能增强组织应对外部环境变化的能力。以下将从组织边界的开放包容、多元主体的协同合作、权力的集中与分散平衡以及资源的公平高效配置等方面探讨生态型组织的治理原则，分析其在实践中如何发挥关键作用，如图 3-1 所示。

1. 组织边界开放包容原则

生态型组织的开放性是其区别于传统组织的关键特征之一。这种开放性不仅表现为对资源和信息的流动性容纳，还包括对多元化合作方式的接纳。焦豪（2023）提出数字平台生态观，强调了数字平台在整合资源、连接多元主体方面的作用，这与生态型组织开放包容的组织边界理念相契合，二者都强调通过开放边界，容纳不同行业、地域和文化背景的参与者，共同促进资源共享与价值创造，从而提升生态系统的适应性和创新能力，更好地应对复杂多变的外部环境。

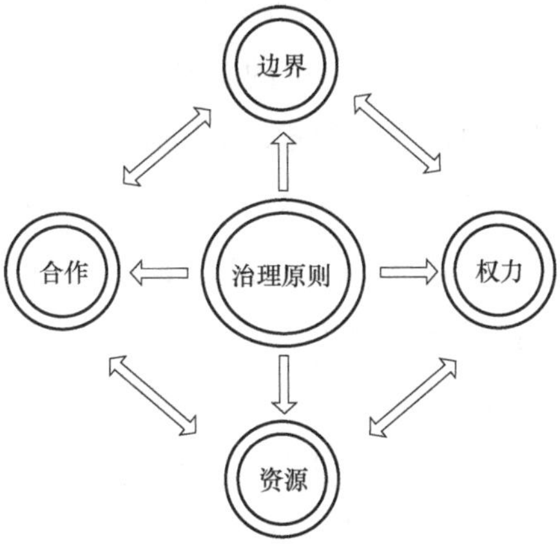

图 3-1　生态型组织的治理原则

通过打造开放包容的组织边界，生态型组织才能够吸引来自不同行业、地域以及拥有各种文化背景的参与者，共同推动资源共享与价值创造。这种开放包容的特性，使得生态型组织能够灵活应对外部环境的变化，提升组织整体的弹性和创新能力。

在市场环境充满不确定性的情况下，开放的边界能够减少组织内外的排他性，让合作更加广泛和深入。为了达成这一目标，生态型组织需要构建灵活的合作机制和容纳机制，无论是在组织文化建设，还是在技术平台搭建方面，都要为开放性提供有力支持。具体来说，组织的开放性不仅是对外部创新的接纳，也是对不同合作模式的包容。无论是跨界合作、技术合作，还是全球化合作，生态型组织都应当通过设立有效的边界管理机制，确保不同主体能够在统一的框架下展开合作。例如，通过跨行业合作平台或创新孵化器的搭建，生态型组织能够通过开放边界将资源与创意汇集到一起，形成集体智慧，并加速创新的产生。

2. 多元主体协同合作原则

生态型组织中的多元主体通常来自不同行业，拥有不同的资源和能力。尽管这些主体在目标和利益上可能存在差异，但协同合作却是推动系统创新和可持续发展的关键。为了使多元主体能够有效协同，需要制定清晰的合作框架和沟通机制，以解决主体间的冲突与利益分配问题。通过设计的协作平台，生态系统中的各参与方能够在统一的战略目标下，发挥各自的优势，推动技术创新、市场开拓等多个方面的进步。

这种协同合作不仅是资源的互补与共享，还需要在项目实施过程中通过适当的决策支持和协调机制，确保合作关系的健康发展。例如，通过建立跨界合作的创新平台和提供公共服务设施，生态系统中的各主体可以共享技术、知识和市场机会，共同推动生态系统的整体发展。在实际操作中，技术赋能是推动多元主体协同合作和创新的关键手段。在生态型组织的治理中，为了更好地促进多元主体的协同合作治理，生态型组织常常借助数字化技术来提高合作的透明度和效率。比如：物联网（IoT）技术能够实现设备之间的互联互通，促进生产、物流和销售等环节数据的实时共享，提升生态系统整体运营效率；大数据分析能够通过挖掘海量数据，提供市场洞察和需求预测，帮助组织更好地理解市场动态，优化产品与服务，增强抗风险能力；人工智能（AI）与机器学习技术为组织提供了自动化决策和流程优化的能力，提升了服务质量和生产效率；区块链技术的去中心化、不可篡改和透明性特点也有效解决了信任问题，促进了多元主体之间的高效协同合作；周青等人（2024）提到数字化平台通过整合各方资源，搭建开放的协作平台，不仅促进了各主体之间的互动与协作，还实现了资源的高效配置与价值共创。这些技术手段共同构成了生态型组织协同合作的技术赋能基础，推动了系统创新与可持续发展。

通过大数据、云计算和人工智能等技术赋能的协同合作，不仅提升了生态型组织的运营效率，也为不同主体提供了更广阔的合作空间和动力，推动了创新和可持续发展。

3. 权力集中分散平衡原则

生态型组织强调权力的合理分配，但同时也保持一定的集中性，确保决策效率。在生态系统中,核心企业与外围企业之间需要形成合作共赢的关系,平衡权力结构,避免过度集中或分散带来的资源浪费。权力分布的方式直接影响系统的运行效率与稳定性。

组织内核心企业通常在资源配置、技术研发和市场推广等方面占据主导地位,这就会导致大部分权力都集中在核心企业手中,从而造成过度集权的现象。但是过度集中的权力容易导致核心企业做出的决策无法充分考虑外围企业的需求与反馈,进而限制了外围企业在技术创新、市场开拓等方面的自主性,从而限制了整个生态系统的创新能力。为了解决过度集权问题,核心企业往往会主动分散权力。权力分散在一定程度上能够增强外围企业的自主性与创新能力。但是,如果核心企业无法精准掌控权力分散的尺度,组织便可能陷入权力过度分散的困境。在多元化的组织架构下,权力过度分散可能导致各参与主体在战略方向、资源配置等诸多关键层面产生严重分歧。而这种分歧会进一步引发各主体目标失衡、信息不对称、决策冲突以及资源浪费等问题接踵而至,最终削弱整个生态系统的执行力与协作效能。

权力的集中与分散保持动态平衡,是实现高效决策和战略实施的关键。为了避免过度集权对创新的抑制,生态型组织应当赋予外围企业更多的自主权,尤其是在技术创新、市场拓展以及日常运营等领域,使外围企业能够依据自身优势和市场动态灵活调整策略与决策。在此基础上,核心企业或组织需要借助平台化管理以及信息共享机制,确保各参与主体在协同合作的框架内既能充分发挥自身优势,提升资源整合效率,又可以避免信息孤岛和资源浪费现象的出现。平台化管理能够有效整合各方资源,信息共享机制则能够确保各主体及时了解资源变化、技术进展与市场趋势,减少决策不确定性和协调成本。许多创新型企业在构建生态系统时,都会通过设立多个治理层次来平衡权力分布。通过设立多个治理层次,核心企业可以在战略决策和资源配置上保持集权,以确保系统协调性和稳定性;而在日常运营、技术创新和市场开拓中,则可下放权力,赋予外围企业更多的自主性。通过这种集中的战略决策与分散的执行和创新权限相结合的治理模式，生态型组织既能保持决策效率与系统的协调性，又能激发外围企业的创新活力，提升生态系统的适应性与竞争力。

4. 资源公平高效配置原则

资源配置是生态型组织治理中的基础性问题。如何在多元主体之间实现资源的公平与高效分配，是维持生态系统活力的重要条件。资源配置的公平性强调所有主体在资源获取上的机会均等，通过保障公平的资源分配机制，激发合作意愿、增强信任基础，并促进各方的长期合作与协同。高效性则注重如何通过科学的匹配机制，使有限资源最大化地发挥效能，提升整体系统的竞争力与创新能力。

生态型组织的资源配置不仅依赖于资源的物理分配，还依赖于资源的流动机制和信息流动的优化。数字化技术的应用，使得资源流动变得更加透明和高效，生态系统中的各个主体能够实时追踪资源流动，确保资源及时、高效地分配到最需要的地方。通过优化资源流动路径，生态型组织不仅能够满足个体主体的需求，还能最大限度地促进整体系统的创新和协同效应，从而推动生态系统的持续发展和动态调整。公平与高效的结合，使得生态型组织在应对外部环境快速变化时具备了灵活性和适应性，同时确保内部资源的合理配置与可持续增长。

在资源配置的过程中，生态型组织需要充分考虑不同主体的多样化和差异化需求。传统的资源配置模式大部分都是基于等量交换原则，通过统一的标准分配资源。但是这种配置方法往往忽略了各主体在能力、需求及战略目标上的差异。与传统资源配置不同，生态型组织侧重于通过精准的需求匹配机制来优化资源配置，这不仅能够更好地满足各方需求，还能确保资源分配的公平性与效率。而且随着大数据和人工智能技术的快速发展，生态型组织能借助数字技术优化资源配置方法，使配置决策更加精准。比如：借助大数据分析深入挖掘各主体的行为模式、市场需求以及资源使用情况，为资源分配提供更有力的依据；通过 AI 优化算法，实时分析大量数据，自动调整资源流动路径和分配比例，从而在多变的需求和资源环境中快速响应。这种基于实时数据的动态调整机制，使生态型组织能够迅速适应市场变化，确保资源流向最需要的地方。

3.2 生态型组织的治理体系

上一部分探讨了对生态型组织进行治理时应该坚持哪些原则，为生态型组织的有效治理筑牢了理念根基。但仅靠对治理原则的了解去治理组织是不现实的，原则只是一个参考点。如何治理？具体应该怎么做？应该构建一个标准的治理体系，作为这些原则落地生根的关键载体。治理体系主要包括治理结构和治理机制两部分。治理结构就像是生态型组织的骨架，分为战略层、运作层和执行层这三个层次，每个层次都有自己的作用，相互配合才能让组织动起来。治理机制就像是给组织注入活力的血液，从资源共享与开放协同、多方合作与协同创新、权力分配与决策制衡、创新激励与持续优化到风险共担与应对，每一项都在解决生态型组织发展过程中遇到的问题，让组织变得更强大、更有韧性。

3.2.1 生态型组织的治理结构

根据马浩等人（2021）的观点，在生态型组织中，治理结构的设计至关重要，因为它决定了组织如何在复杂的合作网络中运作，确保各参与主体能够有效协调、资源得以合理配置、创新得以激发，从而使生态系统能够在动态变化的环境中保持高效运转。生态型组织不是由单一主体组成的传统组织，而是一个由多方主体参与、协同合作的网络系统。因此，生态型组织作为复杂的合作网络如何在灵活性、适应性和高效性之间取得平衡，成为治理结构设计的关键挑战之一。

根据 Mintzberg 提出的组织结构层级划分，将生态型组织的治理结构分为三个层次：战略层、运作层和执行层。每个层次在功能定位上具有独特性，同时各层次相互协同，共同推动生态系统的高效运行与持续创新，如图3-2所示。

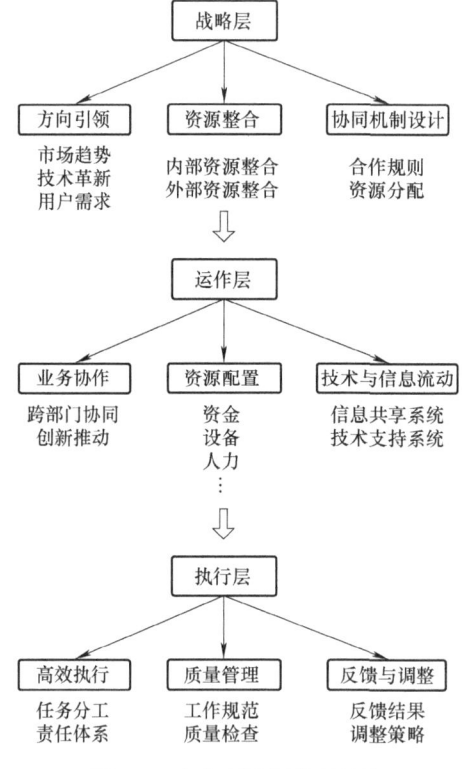

图3-2　生态型组织治理结构

1. 战略层

战略层作为生态型组织的"大脑中枢"，是生态型组织的核心决策层，肩负着引领全局发展的重任。它的核心使命是为整个生态系统明确发展方向、锚定战略目标，同时清晰界定各主体的角色和职责，让生态系统内的每一个参与者都能各司其职，协同共进。

战略层的工作既涉及组织内部的资源整合，又要兼顾外部环境的动态变化。对内，它要对人力、物力、财力、技术、信息等各类资源进行全面梳理和深度整合。对外，战略层需要时刻保持敏锐的市场触觉和宏观视野。市场需求变幻莫测，消费者的喜好可能因新兴潮流而改变；技术创新日新月异，新的科技成果随时可能颠覆传统模式；社会需求也在不断演进，如对环保、社会责任的关注度日益提高。战略层必须充分考虑这些因素，制定出与时俱进的战略，确保组织能够紧跟时代步伐，在复杂的外部环境中稳健前行。

具体来说，战略层的功能包括：

（1）方向引领

方向引领是战略层的核心任务之一。战略层需要通过对市场趋势、技术革新以及用户需求的敏锐洞察力，制定出具有长远眼光的发展规划，确保生态型组织的各方主体朝着共同的目标前进。这要求战略层时刻关注行业动态，深入研究市场变化规律，对新兴技术的发展潜力进行精准评估，充分了解用户不断变化的需求，为组织指明发展方向。

（2）资源整合

技术、人才、信息和组织能力等无形资源与资金、设备等物质资源，共同构成资源整合的关键要素。其中，无形资源对创新潜力和竞争优势起决定性作用。而核心企业作为组织内的主体，核心工作是整合内外部资源，进行有效配置。不仅要确保各主体能够高效利用资源，避免资源过度集中或分散，还要保证各主体有创新动力，共同推动协作。

（3）协同机制设计

战略层作为决策层，在制定决策时首要考量的是不同主体的独特资源、能力以及发展愿景，搭建起契合各方需求的协同框架。一方面，决策层要以长期共赢为导向，规划资源分配，引导各主体在资源共享中发挥自身优势，如技术研发、市场拓展等，实现资源的优化配置；另一方面，基于共同的战略目标，战略层需要制定详细的合作流程和权责界定规则，确保利益分配公平合理，消除合作隐患。通过这一系列举措激发各方参与积极性，促使各方在协同机制下紧密配合，实现组织的高效运作与可持续发展。

战略层的关键职责就是搭建一个兼具灵活性与可持续性的生态系统宏观架构。在这个架构之上，制定行之有效的政策和规划，吸引并引导各方主体，促使它们建立起长期稳定的合作关系，共同推动生态系统的良性发展。战略层的前瞻性与灵活性至关重要，因为它不仅要求确保当前的资源配置能够满足市场需求，还需要预测未来的变化趋势，并为未来的创新与扩展铺平道路。

2. 运作层

运作层作为生态型组织里的执行"主战场"，承担着推动具体项目实施的重任，需要严格把控项目进度、质量和成本；同时负责灵活的资源配置，根据不同项目的特点和需求合理安排人力、物力、财力等资源，把战略层设定的目标和规划转化为实实在在的业务活动与创新实践，这需要运作层的团队精准理解战略意图。为了能够根据实际情况灵活调整项目实施计划，确保各项计划都能顺利落地，运作层还需要搭建有效的协作平台，打破生态型组织内供应商、合作伙伴、内部各部门等众多主体间的沟通与合作阻碍，促进协作。而且运作层肩负持续创新的重任，通过营造创新氛围、组织创新竞赛、开展创新培训等方式激发各主体创新热情，提升创新能力。

运作层的治理功能涵盖技术、知识和信息的顺畅流动与共享，需要关注行业技术动态，引入并推广新技术，搭建平台方便知识和信息的获取与分享，进而提高创新效率。因此，运作层的高效运作对生态型组织的成功至关重要，运作层的关键职能包括：

（1）业务协作

运作层的首要职责是确保各个主体在既定战略目标的框架内进行业务合作，特别是在创新和技术研发领域。为实现这一目标，运作层需要构建高效的协作机制，以解决资源共享、技术合作和创新推进过程中可能出现的利益冲突与协调难题。协作机制的构建应强调跨部门、跨组织的协同,确保信息流通和资源共享的顺畅。

(2)资源配置

资源配置涵盖资金、设备、人力等资源的分配与调度,运作层需要根据战略层的资源整合规划,进行具体的资源配置,并根据实际情况灵活调整。通过优化资源配置,确保各方的创新能力和市场响应能力得到充分发挥,以确保资源及时到位,满足项目需求。

(3)技术与信息流动

信息和技术的快速、准确流动是生态型组织创新的核心。运作层需要确保信息和技术能够顺畅流通,为各方提供实时支持。技术支持系统和信息共享系统是信息流动的关键工具,运作层通过构建统一的技术支持系统,提供技术服务,确保各方能够共享知识和数据,提升合作的透明度与创新效率。通过开放的协作平台,各方能够及时调整技术方案和创新计划,推动整个生态系统的协同进步。

由于市场环境、技术和竞争格局变化迅速,运作层还需要具备高度的灵活性和适应能力,以应对突发的挑战和复杂的外部环境。这一层次的治理设计,需要考虑如何在复杂多变的环境中保持生态系统的高效运转,并确保各方能够顺利达成合作与创新目标。

3. 执行层

执行层是生态型组织里负责把规划和合作"变现"的关键部分。战略层定好了方向,运作层搭好了合作框架,而执行层的任务就是实实在在地通过一个个具体的行动,推进项目的落地实施。执行层通常由项目团队、技术开发人员以及各类合作伙伴等组成,他们在明确的责任分工和操作规范下,按照计划实施任务。执行层的工作成效绝非仅关乎自身,而是与生态型组织的整体发展紧密相连。其执行成果直接决定了生态型组织的整体运行效果,从用户体验到市场口碑,从业务增长到品牌形象，都深受执行层工作质量的影响。执行层也是创新成果转化的关键环节，再前沿的创新理念、再完善的创新规划，若无法在执行层得到有效落实，都难以转化为实际的价值和竞争优势。

为了使生态型组织在激烈的市场竞争中脱颖而出，确保执行层的每个环节能够高效实施、精准实现既定目标至关重要。因此，优化执行层的治理成为生态型组织治理体系中不可或缺的重要一环，执行层的治理目标主要涵盖以下几个方面。

（1）高效执行

高效执行的关键在于构建清晰明确的任务分工机制和责任体系。执行层应该通过严谨的流程把控以及规范化的管理，将各项任务拆分，将大目标拆解为一个个小目标，而且还要保证每一位成员都能精准把握自己的职责范围和具体任务内容，让各环节按照目标和时间规划有条不紊地开展，从而确保项目的每一个阶段都能稳步推进，进而达成预期的成果。避免因责任界限模糊而导致的相互推诿情况，保障整个执行流程的高效与顺畅。

（2）质量管理

在项目执行过程中，执行层承担着把控任务质量的关键职责。为了保证每项任务都能高质量完成，执行层需要制定详尽且清晰的工作规范以及明确的质量标准。一方面，通过制定详尽且清晰的工作规范，让每一步工作都有章可循；另一方面，明确的质量标准可以保障每一项操作都准确无误。除此之外还应建立严格的质量检查标准，对每个环节进行严格把关，只有每个环节都符合要求，才能保证优质的最终成果。

（3）反馈与调整

在实际执行过程中，执行层与战略层、运作层之间的沟通协作至关重要。执行层身处一线，最了解任务推进的实际情况，所以要主动与其他层级保持紧密联系，及时将执行过程中遭遇的问题向上反馈。这些一手信息不仅能为战略调整提供翔实的数据支撑,更能基于实际操作给出切实可行的实践依据。因此,从信息的发出到准确传递,再到及时处理,每一个环节都需要严格把控,这样才能保障信息流转的高效性与准确性,真正发挥反馈与调整在组织运行中的积极作用。

除此之外,在执行层的治理中,良好的组织文化和激励机制也非常重要。通过建立积极向上的文化氛围和合理的激励机制,执行层能够增强团队成员的责任感和创新意识,进一步提高执行效率和项目质量。

3.2.2 生态型组织的治理机制

彼得·德鲁克(Peter Drucker)在《管理的实践》中提出:"管理的本质不在于'知'而在于'行',其验证不在于逻辑,而在于成果。"这一观点强调了在组织治理中的行动导向和实践验证的核心地位,尤其是在生态型组织中,不同主体的行为和合作对组织整体创新及其可持续发展具有至关重要的影响,其治理机制也应当确保各主体在协同运作中创造最大化价值。但有效的治理机制并非仅仅是规则和流程的简单集合,它需要在促进创新、确保资源公平高效配置、协调不同主体利益、管理风险等多个关键领域发挥综合作用,使企业能够在不确定环境下保持持续创新与协同发展。通过优化资源配置、提升协同效率、激励创新、平衡权力分配、增强生态系统的适应能力,从而推动生态型组织的长期稳定和可持续发展。下文将结合阿里巴巴的实践案例,分析阿里巴巴如何通过有效的治理机制,推动生态系统的高效运作和创新发展。

1. 构建资源共享与开放协同体系,提升生态型组织交互效能

资源共享与开放协同是生态型组织中关键的治理机制,有助于通过各方的资源整合和能力互补,推动整个生态系统的健康运转。Gawer 和 Cusumano(2014)认为,核心企业需要搭建一个可以灵活适应市场需求的共享平台,促使不同主体之间实现信息流动、资源共享和技术交流,确保各方能够从生态系统中获得相应的支持。这种开放的协作机制不仅能够提高资源的使用效率,还能激发参与方的创新潜力,促进技术和产品的迭代更新,从而推动整个生态系统的持续发展。

通过建立有效的协同机制,各主体能够在动态环境中迅速调整合作策略,实现资源的高效配置。这一过程中,平台方必须发挥协调者和引领者的作用,确保信息和资源的流通顺畅;同时制定公平的合作规则,避免资源过度集中,防止某一方因资源掌控而形成生态"垄断"局面。这样既能维护生态系统的稳定性,又能促进各方在竞争与合作之间找到最佳平衡。

(1)战略层

阿里巴巴通过深度的市场调研和行业分析,制定了全面且具有前瞻性的资源共享与开放协同战略。在战略规划中,阿里巴巴利用大数据分析,精准识别生态系统的优势与短板,以及合作伙伴的核心需求。平台方明确自身在生态系统中的核心引领地位,同时注重与合作伙伴的平等合作与互利共赢。例如,在数据使用规范的制定过程中,阿里巴巴与商家代表进行多轮研讨,确保平台数据的安全性并满足商家的需求。

(2)运作层

在资源共享机制和协同平台的运营中,阿里巴巴依托强大的技术研发和运营经验,打造了一系列智能化管理工具。以阿里巴巴菜鸟网络为例,为了提升物流效率,阿里巴巴利用物联网、大数据和人工智能等数字技术增强物流信息实时共享的反馈机制,优化货物配送流程。无论是包裹在转运中心的分拣进度,还是在运输途中的具体位置,相关人员都能一目了然。商家与阿里巴巴运营团队和其他合作伙伴则通过商家交流社区和线上协作工具平台进行交流,反馈各方情况并及时调整策略。

(3)执行层

在电商扶贫项目里,阿里巴巴为供应商提供电商培训,帮助供应商掌握电商运营技巧,并在品牌方面给予支持。利用平台的流量优势,阿里巴巴在平台上进行大规模推广,提升农产品的曝光度和销售量。通过销售数据反馈系统，供应商能够获取市场需求信息，以此调整生产策略。这种精细化的合作模式与高效的资源共享方式，不仅提升了生态系统的整体效能，还推动了贫困地区经济发展，增加农民收入。

2. 打造多方合作与协同创新生态，驱动持续价值共创进程

Doz（2019）提出，有效的治理机制需要平衡各方利益，确保合作的透明性和公平性。生态型组织的价值共创并非简单的资源交换，而是通过多方合作和协同创新实现创新性突破与价值积累。各方主体，尤其是核心企业和关键合作伙伴之间，需要建立长期稳定的合作关系，不断推动创新。通过技术共享、知识传播和产品协同，生态型组织能够激发全体成员的创新能力，形成创新合力，推动产品和服务的多元化发展。

此外 Kaplan（2012）提出在多方协同创新的过程中，除了技术合作，市场需求、消费者反馈等外部因素同样对创新路径产生影响。因此，打造一个多层次、跨领域的合作网络，可以有效地促进生态系统内各方的创新互动，加速产品和服务的市场推广，推动整体价值的提升。

（1）战略层

阿里巴巴制定了旨在促进多方合作与协同创新的长期战略。阿里巴巴与一些科研机构联合成立了数字经济创新研究院，聚焦于电商智能推荐算法、区块链在供应链管理中的应用等前沿领域。阿里巴巴投入大量研发资金和技术人才，科研机构则发挥科研专长和学术研究优势，双方共同制订了详细的研究计划和目标，致力于突破行业关键技术瓶颈，推动电商生态的智能化、高效化发展。

（2）运作层

阿里巴巴的阿里云与众多软件开发商合作，共同开发基于云计算的企业级应用。阿里云提供强大的云计算基础设施和技术支持，软件开发商则利用自身的行业经验和开发能力，针对不同行业的需求特点，开发出如财务云管理系统、客户关系管理云平台等多样化应用。通过定期的技术交流会议、联合项目开发团队等形式，双方实现了在技术研发、产品测试、市场推广等环节的紧密协作，促进了云计算应用生态的繁荣。

（3）执行层

在跨境电商业务中，为了提高跨境物流效率和清关速度，阿里巴巴与物流企业共同研发了智能物流调度系统，通过实时共享物流数据和海关信息，实现物流路径的优化和清关流程的简化；与支付机构合作，在支付方式上进行优化创新，保障支付的安全性和便捷性。阿里巴巴还建立了项目进度监控和质量评估机制，发现并解决合作中的问题，确保各方按照既定目标协同推进创新项目，不断提升跨境电商业务的竞争力和用户体验。

3. 创设权力分配与决策制衡机制，保障组织稳定与发展活力

在生态型组织中，权力分配与决策制衡机制的设计至关重要。为了避免资源和决策权力的集中，导致系统内利益失衡和冲突，各主体的权力应当合理分配，并设立有效的决策制衡机制。在这一机制下，核心企业通常承担着战略方向的引领角色，但其决策权应受到其他关键参与方的适当制衡，以防止单一主体过度主导整个生态系统的走向。

权力分配与决策制衡机制应确保各方主体能够在平等、透明的基础上参与决策过程，促进权力分散，避免权力集中引发的生态系统失衡。同时，决策过程中的反馈机制也是该治理体系的重要一环，能够帮助各方及时发现问题并进行调整，从而保障生态系统的长远发展。在实践中，通过设立跨企业的协商平台或决策委员会，核心企业与各合作方共同参与决策，可以实现权力与责任的平衡，避免单方面决策对系统产生负面影响。

（1）战略层

在与众多供应商的合作中，阿里巴巴尽管在平台运营和市场推广方面占据主导地位，但是也赋予了供应商一定的自主决策权。通过与供应

商签订相关合作协议,既保证供应商能根据商品生产规模和市场动态变化自主调整商品定价、管理库存,保障供应商的合法权益,又能保证阿里巴巴对整个供应链的有效管理。

(2)运作层

阿里巴巴的营销活动策划采用了分层决策的机制。总部负责制定总体的营销战略方向和目标,如确定"双 11"购物节的主题和主要优惠政策框架。而各业务部门和地区团队则根据当地市场特点和用户需求,在总部战略框架内自主制订具体的营销执行方案,包括选择适合本地的促销活动形式、合作的本地品牌和媒体渠道等。通过这种分层决策机制,既保证了营销活动的整体一致性和战略目标的实现,又充分发挥了各业务部门和地区团队的主观能动性和市场适应性,提高了营销活动的效果和效率。

(3)执行层

阿里巴巴在与物流企业的合作中,建立了严格的服务质量考核体系。物流企业在遵守阿里巴巴物流服务基本标准的前提下,拥有自主安排运输路线和配送人员的权力。但阿里巴巴会依据考核结果,对物流企业的服务质量进行评估和奖惩。对于服务质量优秀的物流企业,给予更多的订单分配和合作优惠政策;对于服务质量不达标的物流企业,要求其限期整改或减少合作。通过这种方式,在执行层面实现了权力的有效分配和制衡,确保了物流服务的质量和效率,维护了生态系统的稳定运行。

4. 建立创新激励与持续优化机制,推动生态型组织长远稳健发展

创新者通常具有联系、发问、观察、实验和社交五项技能。创新激励机制在生态型组织的治理中扮演着至关重要的角色。为了激励各主体在生态系统中不断探索、创新和优化,组织必须设计有效的激励机制。这些机制不仅包括物质奖励,还应包括非物质的激励手段,如市场准入、技术合作等,确保参与方能够通过创新为整个系统的持续发展提供动力。

随着技术的不断发展和市场环境的变化,生态型组织的治理体系需要不断调整和完善。通过定期审视生态系统中的合作模式、资源配置及价值创造机制,组织能够发现新的优化空间,提升整体效能。创新激励与持续优化机制相辅相成,共同推动生态型组织在动态变化的环境中保持稳定和活力。

(1)战略层

阿里巴巴制定了全面的创新激励与持续优化战略规划。例如,推出"阿里巴巴创新加速计划",鼓励内部员工和外部合作伙伴提出创新的电商解决方案和业务模式。对于入选的创新项目,给予资金支持、技术指导和市场推广资源等全方位的扶持,推动创新项目的快速孵化和成长,为生态系统注入新的活力和竞争力。

(2)运作层

阿里巴巴建立了创新项目评审机制,定期对内部和外部提交的创新项目进行评估和筛选。对于通过评审的项目,按照既定的激励方案给予相应的奖励和支持。同时,建立了创新项目跟踪和反馈机制,在项目实施过程中,持续关注项目进展情况,及时提供技术和资源支持,并根据项目反馈信息对激励措施和项目方向进行调整优化,确保创新项目的顺利推进,取得预期效果。

(3)执行层

阿里巴巴在内部研发团队中推行"创新积分制度",员工每提出一个具有创新性的想法或完成一项创新任务,都能获得相应的积分。这些积分可以兑换培训机会、晋升机会或奖金等奖励。在与外部合作伙伴的合作中,设立"创新合作优秀奖",每年对表现突出的合作伙伴进行表彰和奖励,激励合作伙伴持续投入创新资源,共同推动生态系统的不断优化和发展。

5. 构建风险共担与应对机制,增强生态型组织的韧性与稳健性

风险共担与应对机制是生态型组织治理中的核心组成部分,有助于在复杂多变的外部环境中增强生态系统的抗风险能力和韧性。生态型组织面临的风险种类繁多,如市场波动、技术变革、政策法规调整等不确定性因素,都可能对生态系统的稳定性造成威胁。Kaplan 和 Mikes(2012)提出,在应对这些风险时,核心企业需要牵头建立一套完整的风险识别、评估与应对流程,促进各方主体之间的风险信息共享、责任共担和协同应对,确保各方能够共同应对各种潜在危机,保障生态系统的持续健康运行。

这种协同的风险治理机制能够有效分散单个主体所承受的风险,增强整个生态系统的抗压能力。平台方需要在其中发挥主导作用,制定公平合理的风险分担规则,并依托技术和管理能力进行实时监测与应急响应。通过动态的风险预警和应急响应机制,各方能够在风险爆发之前及时做出反应,调整合作策略和资源配置,确保能够迅速应对突发风险事件,降低风险带来的负面影响。在实际操作中,平台方需要综合考虑各种可能的风险因素,建立多层次的风险应对体系,避免风险集中在个别主体身上,防止局部风险失控而引发系统性危机。同时,通过与合作伙伴的紧密合作,共享风险信息和应对经验,增强生态系统的整体韧性,推动生态系统在不断变化的环境中持续稳定发展。

(1)战略层

阿里巴巴通过市场环境监测、风险分析和大数据技术,识别和评估生态系统所面临的潜在风险,并制定全面的风险共担与应对策略。公司利用风险模型,准确识别政策变化、技术进步和市场波动等风险因素,并针对合作伙伴的脆弱环节进行详细分析。在战略规划过程中,阿里巴巴与合作伙伴共同组建风险应对团队,定期进行风险演练和应急预案的讨论。例如,面对电商行业政策调整的风险,阿里巴巴与商家和物流企业等合作伙伴共同制订应对方案，以确保在政策变化时，生态系统内的各方能够平稳过渡。

（2）运作层

阿里巴巴借助技术和应急管理系统提升风险监控和响应能力。通过智能化的风险监测平台，阿里巴巴实时收集和分析市场数据、行业动态以及合作伙伴的经营数据，从而实现对潜在风险的预警。在应急响应时，阿里巴巴能够迅速协调各方资源，通过应急指挥平台组织实施应急预案，协调商家、物流企业和技术团队等快速展开合作。例如，在某次大规模网络安全事件中，阿里巴巴通过应急指挥平台及时通知相关合作伙伴，并协调安全专家提供技术支持，帮助商家采取必要的防护措施，成功降低了风险损失，确保了生态系统的正常运转。

（3）执行层

在项目合作中，阿里巴巴通过风险共担与应对机制与供应商共同评估项目可能面临的风险，并根据风险类型和影响程度，确定合理的风险分担比例和应对责任。双方共同制定风险管理流程，在合作过程中及时识别并应对潜在风险。例如，在应对原材料价格波动风险时，阿里巴巴与供应商建立了灵活的价格调整机制，根据市场价格的变化动态调整供应链成本，以合理分担风险。此外，阿里巴巴还为供应商提供定期的风险管理培训和应对策略指导，帮助他们提升风险意识和应对能力。

这些治理机制通过多维度的设计，有效促进了生态型组织内各主体之间的协同合作与资源共享。从激励与约束机制的建设到信息共享平台的搭建，再到创新合作的推进和灵活调整机制的实施，每一项措施都为生态系统的稳定和可持续发展提供了强有力的支持。同时，风险共担与应对机制的建立，不仅增强了系统的抗风险能力，还确保了生态系统在面对不确定性时的韧性和恢复力。借助这些有效的治理机制，生态系统能够在复杂的市场环境中保持高效、灵活的运作，促进各方共赢，实现长远发展。

6. 塑造组织文化磁场，汇聚生态型组织治理合力

在生态型组织的治理中，组织文化不仅是员工日常行为的规范，更是推动生态协同与治理合力的重要引擎。文化作为组织的"磁场"，不仅是凝聚各方力量、促进协同治理的核心要素，更为生态型组织的灵活性、创新性与协作性提供了深厚的根基。组织文化塑造了成员的共同价值观和行为模式，从而在战略、运作和执行层面引导着各方主体的合作。良好的组织文化能够增强员工的归属感和凝聚力，提升协作效能，进而推动整个生态系统协同发展。具有共享价值的文化能够有效促进跨部门和跨领域的合作，最大化发挥组织各环节的协同作用。

在面对快速变化的外部环境和内部需求时，生态型组织需要具备高度的适应性与创新能力，而组织文化则为这些能力提供了思想上的支持和行动上的指引。文化还在资源配置和调配中发挥着重要作用，特别是在多方利益主体互动的生态系统中，组织文化能够有效协调各方力量，确保治理的高效运转。

（1）战略层

阿里巴巴秉持"让天下没有难做的生意"这一使命，构建起独特的组织文化。从战略高度出发，这一文化理念引导阿里巴巴明确自身在生态系统中的使命，吸引全球众多商家、开发者和合作伙伴加入。在战略规划时，阿里巴巴依据自身文化内涵，与合作伙伴共同确定发展方向，确保各方在同一战略框架下追求共同目标。比如，在拓展国际市场战略中，阿里巴巴将文化中开放、合作的理念融入其中，与当地企业建立深度合作关系，充分尊重当地文化和市场特点，实现互利共赢。这种基于文化的战略协同，使阿里巴巴生态系统在全球范围内不断拓展，增强了整体竞争力。

（2）运作层

阿里巴巴通过"客户第一、团队合作、拥抱变化"的文化理念，在

运作层面促进各业务板块紧密协作。在日常运营中,当面对业务流程优化或新产品上线等工作时,不同部门员工基于共同的文化价值观,打破部门壁垒,高效沟通协作。例如,在开发新的电商服务产品时,技术部门、市场部门和客服部门围绕"客户第一"的文化理念,以满足客户需求为出发点,协同开展工作。技术团队专注产品功能研发,市场团队精准把握市场需求和客户痛点,客服团队及时收集客户反馈,三方密切配合,确保产品顺利推出并获得市场认可,有效提升了生态系统的运作效率。

(3)执行层

阿里巴巴的组织文化在执行层面激励员工积极创新、勇于担当。在执行具体项目时,员工受文化中"创新"和"担当"精神的鼓舞,充分发挥主观能动性。如在物流配送环节,为解决偏远地区配送难题,物流团队员工依据阿里巴巴创新文化理念,积极探索新的配送模式和技术应用。他们引入智能物流调度系统,结合大数据分析优化配送路线,同时与当地合作伙伴紧密合作,建立自提点和配送点,有效提升了偏远地区的配送效率和服务质量,增强了生态系统的韧性和稳定性。

本章小结

本章系统阐释了生态型组织的治理逻辑,围绕"治理思想和治理原则-治理体系"双维度展开,提出在 VUCA 时代需要以系统观念、价值共创、资源整合与可持续发展为核心,构建动态平衡的治理框架。通过打破传统科层制的僵化模式,生态型组织强调开放协同、资源互通与多元共治,旨在应对复杂环境中的资源冲突与创新挑战,推动生态系统的高效运作与长效发展。

首先,治理思想和治理原则奠定理论基础。以系统观念突破机械式管理,通过双向反馈机制增强组织韧性;价值共创理论推动从单边控制转向共生网络,构建多主体协同创新的开放体系;资源基础观(RBV)

驱动资源共享与分布式配置，激活生态系统的整体竞争力；可持续发展的治理目的则贯穿治理全流程，通过灵活机制为未来创新预留空间，确保环境、经济与社会价值的协同实现。

其次，治理体系构建分层实践架构。战略层作为"大脑中枢"，聚焦方向引领与资源整合，协调内外部动态需求；运作层依托技术平台实现业务协作与资源配置，推动创新成果高效转化；执行层通过高效执行与质量管理，将战略目标拆解为可落地的具体行动。三者协同形成"战略—运作—执行"闭环，辅以资源共享、权力制衡、风险共担等机制，确保治理逻辑的连贯性与执行力。

生态型组织的治理本质是动态平衡的艺术。以阿里巴巴为例，它通过开放协同平台、分层决策机制与数字化工具，验证了治理原则与体系的可行性——战略层把控全局，运作层驱动创新，执行层精准落地，而文化磁场凝聚多方合力。未来，面对技术迭代与全球化挑战，生态型治理需要持续强化灵活性，在坚守价值共生与资源公平的基础上，探索算法治理、数据驱动等新范式，最终实现多方共赢与生态系统的长效进化。

第 4 章
生态型组织的动态发展

生态型组织的演进过程构成现代企业适应环境剧变、强化系统韧性的关键策略，其发展脉络可归纳为三个核心维度：价值共创、协同演化、动态迭代。这些要素共同构筑起复杂环境下组织持续生长的核心架构。

首先，价值共创构成生态型组织内核，多方主体深度协作促进资源整合与创新，企业联动供应商、用户、合作伙伴搭建创新网络，激发价值联合创造行为，塑造互利共生的生态格局；其次，协同演化聚焦动态环境中的适应能力，数据互通、技术协同、产业链整合驱动生态参与者共同进化，系统竞争力与抗风险能力得到系统性增强；最后，动态迭代机制依托市场信号与用户需求快速响应，产品服务体系持续精进，确保组织在多变商业环境中的竞争位势，三股力量交织作用，推动生态型组织向更高阶形态持续跃升。

4.1 生态型组织的价值共创

生态型组织的价值共创涉及明确参与主体以及各主体间的交互关系，继而构建包括战略层、运营层和用户层三者相互推动与支撑的交互网络，增强基于信任网络、技术框架和激励网络的生态交互范式。

Williams 和 Aitken（2011）提出生态型组织的价值共创是一种以多方深度合作为基础的组织管理模式，是驱动技术和经济发展的核心动力，是一个互惠过程。Sönnichsen 等人（2025）认为生态型组织通过多主体协作、服务转型和资源整合，实现了经济、社会和环境的多重效益。Adner 和 Kapoor（2010）提到参与主体的跨边界协作，将价值创造塑造为更加开放的过程，使价值产出的思维逻辑从单独创造逐步转变为与其他资源拥有者的共同创造，使之形成多元主体共生共赢的生态网络。生态型组织以系统思维为核心，注重整体系统的优化，通过共享技术、信息、设施和市场渠道提升资源利用效率；同时实现协同创新，各方从需求定义到解决方案开发全程参与，共同减少重复和资源浪费。此外，用户作为价值共创的重要主体，不再是被动的消费者，而是产品设计、生产和改进过程的积极参与者。通过平台化运营，生态型组织作为枢纽连接供需双方，实现资源互补、节约成本、共同抵御风险；并通过相互之间的依赖、联系从而共同进化以适应外部环境的变化，实现利益相关者共同参与决策，形成更加扁平化的治理结构。

王丽平等人（2017）认为生态型组织的价值共创具有非常显著的优势，其中包括：提升创新能力，并通过整合多方资源与智慧加速其创新进程；增强抗风险的能力，通过多方合作分散潜在风险，以应对复杂环境的变化；促进可持续发展，在创造经济价值的同时兼顾对社会和周围环境的影响；吸引并留住人才和用户，通过共创文化激发利益相关者的深度参与。例如，企业可以让客户和生产者共同参与，以几乎为零的成本协作创造产品和服务的价值，从而获得更高的市场份额，并在竞争中占据优势。

生态型组织实现价值共创目标，需要清晰界定生态愿景与核心价值主张，凝聚共识激发协作动力，形成多方合作的意愿。构建开放平台为参与者提供标准化接口及运行规则，依托大数据与人工智能技术推动数字化转型进程，提升协作效率。建立公平透明的利益分配体系，运用区块链技术实现自动化的收益分配，确保流程透明可信。同时协作文化氛围逐步形成，利益相关方信任度提高，参与者积极性持续提升。

但是，生态型组织在运作中面临多重困境，生态成员协同存在显著障碍、利益分配矛盾难以调和、系统稳定性薄弱、技术风险与数据安全隐患并存等问题。为了实现这一目标，Prahalad 和 Ramaswamy（2004a）提出：运用前沿技术工具与智能化沟通机制提升协作效能；通过建立透明的制度来平衡各方利益，从而高效处理冲突；设计激励机制并签署长期合作协议，提升生态成员的归属感与参与度；强化数据保护措施与信息安全策略，维护所有相关方的权益不受侵犯。

而生态型组织运作时容易遭遇协同复杂性、利益博弈、生态脆弱性及技术安全的风险，为实现既定目标，可借助智能算法与即时通信工具优化协作效能。多边协议框架的引入有利于调节主体间的利益分配，忠诚度维护机制结合长期契约设计降低生态伙伴的流失率，区块链加密技术与访问权限分级制度保障数据主权不受侵害，这类系统性的解决方案使生态网络释放出更大的协同价值，为经济、社会、环境的复合系统提供可持续支撑。

腾讯"数字生态"作为价值共创的典型案例，运用跨领域协同策略与多元价值整合思维（Integrated Thinking Based on Multiple Values），成功构建涵盖企业、政府、开发者及用户的立体化生态矩阵。尼古拉斯·佩帕斯（Nicholas Peppas）提出的智能材料理论在此得到商业验证，社交、支付、娱乐等十二个垂直领域形成交叉赋能格局，微信与 QQ 双平台架构形成资源交换中枢，开放式接口允许第三方开发者接入 API，小程序生态与云计算基础设施的协同发展催生超过 200 万款应用，用户生成内容（UGC）机制将消费者转化为价值生产者，智能合约支持的收益分配模型维持着生态系统的动态均衡。

该生态系统不仅创造了巨大的经济价值，还同时兼顾社会和环境的双重效益，创造的经济效益与 ESG（环境、社会和治理）指标呈现正相关，智慧交通系统降低了 30%的道路拥堵指数，远程医疗平台减少了 60%的无效就诊，碳排放监测模块覆盖了 85%的合作企业。不过生态协同中的数据孤岛现象仍导致 15%的资源错配，隐私计算技术的部署使数据可用不可见，联邦学习框架平衡了商业价值与隐私保护。这种虚实融合的生态系统为传统产业数字化转型提供了可复制的参考路径,特别是制造、能源、农业领域的数字孪生应用,其生态治理经验已被世界经济论坛(World Economic Forum)纳入年度白皮书。

4.1.1 生态型组织的价值共创主体

生态型组织是一种新型的组织模式,呈现为多主体协作联动的创新架构,资源互通与价值共建构成其运行基础。这种模式依托多元参与方的深度协同,在角色分工、资源调配机制中实现生态系统的可持续发展。

1. 核心主体:生态系统的设计者与引领者

生态型组织的主导者是核心主体,主体承担总体设计、战略规划实施与系统架构创建的职责,平台构建、规则制定、愿景描摹构成其核心职能。凭借资源聚合能力与生态治理思维,构建信任纽带并维持生态系统的秩序。如,科技服务业创新生态中的龙头企业常扮演此类角色,通过模块化重组促进服务资源优化配置,驱动价值网络动态循环。武文珍和陈启杰(2012)提到各创新主体实施资源集成,在科技服务业创新生态系统内部共享,实现创新生态系统整体价值共赢,实现优势互补,提升整体竞争力。

2. 共创伙伴:生态系统的执行者与创新者

共创伙伴同核心主体深度联动,构成生态系统的核心单元,在执行与创新中承担关键职能。协同创新网络涵盖供应端合作方、需求端响应者与技术研发机构。举例来说,供应端合作方提供基础产品支持,需求端响应者通过消费数据反哺产品迭代,技术研发机构聚焦关键技术突破。此类组织同核心主体保持战略协同,拥有专业技术壁垒与创新动能。苹果公司产业链精密制造体系、特斯拉用户社区数据反馈闭环,皆体现该模式的现实成效。

3. 用户与客户：价值共创的直接参与者

周青等人（2020）提出价值是由企业和用户共同创造的，且用户是价值共创的核心。用户和客户不只是生态系统的价值接收者，他们也是价值共创的重要参与者，是企业生产过程中的资源。参与主体超越传统消费者定位，在需求表达、内容产出、社区运营维度深度介入系统式的演化。薛子凡（2024）认为在不断互动中实现双方价值观和相关实践的匹配，并借助良好的伙伴关系和具有灵活性的系统结构共创价值。比如：YouTube 创作者群体既充实平台内容库，又通过用户黏性强化生态活力；开放式创新社区则借助动态交互机制，持续调适价值主张与实践路径的契合度。这种双向赋能的特征，推动组织结构向更具弹性的方向演进。

4. 外部支持主体：生态系统发展的间接推动者

生态系统演进依赖外部隐性支撑，这些力量源于政府机构、金融实体及非政府组织（NGO），政策制定、资金供给及基建完善成为主要手段。为了支持生态型组织的持续发展，政府推行政策与资金措施扶持生态型组织，金融机构给予专项融资支持，非政府组织聚焦环保、教育领域创造社会价值，尽管外部支持主体介入有限，其仍为系统长期稳定提供了关键保障。绿色能源产业获得的政策倾斜证明，这类间接参与力量虽未深度介入日常运营，却能有效维护系统稳定性与可持续发展空间。

5. 竞争者：生态系统的外部挑战者与潜在推动者

竞争者构成生态体系的外部威胁，更成为驱动创新变革的动力源。技术迭代与商业策略革新可能促使竞争对手渗入生态圈层，使边界得以重新界定。这种互动催生角色转换，从对立者演变为合作者，推动生态体系优化升级。外部挑战者的加入往往倒逼核心成员保持技术敏感度，维系创新活力。

6. 配套支持主体：生态系统的服务保障者

为确保生态系统高效运作，配套的支持主体提供了关键的技术、服务及支援。这种类型的主体涵盖了基础设施供应者、技术服务提供者以及教育和培训机构。举例来说，云计算、物流和支付服务提供商为生态系统的日常运营提供了必要的支持，而教育机构则通过培训专业人员来提高生态系统的整体效能。配套的支持机构往往依赖于生态系统的持续发展，尽管它们的服务不是核心，但绝对是必不可少的。

7. 生态治理主体：规则与机制的制定者

生态治理主体承担着制定架构体系运行准则、设计配置资源分配模型、设计矛盾调解路径的核心职能，掌控着体系运作的底层逻辑，以确保生态系统的公平性与可持续发展。这类主体既包含核心企业联盟，也涉及第三方监管组织，例如产业协会、标准认证机构等。通过动态平衡多方诉求，治理主体维系着生态体系的公平竞争环境与长期进化潜力；规则迭代与利益调适贯穿整个发展周期，形成独特的生态治理范式。

8. 主体间的关系与互动模式

生态型组织呈现多主体协作的动态复杂性，互动关系涵盖协作关系、动态竞合（Co-Opetition）及共享价值网络。资源共享与能力互补促进生态系统内协同创新，特定场景下部分实体兼具竞争者与合作者双重身份，形成动态共生模式，信息共享与资源整合持续提升系统整体价值。

价值共创体系包含核心企业、共创伙伴、用户群体、外部支持机构、竞争对手、配套服务商及治理机构，多元主体交互协作构建竞争力强、可持续的生态系统。这种网络化结构突破传统组织边界，社会效益、经济产出与环境效益实现三维度协同，角色定位明晰化、协作流程标准化、治理体系规范化成为系统韧性的关键支撑，尤其在技术迭代加速、市场波动频繁的现代商业环境中，动态调适机制保障组织持续创造复合型价值。

4.1.2 生态型组织的主体交互分析

生态系统的交互架构呈现输入（资源-信息-能力）、过程（协作-创新-治理）、输出（经济-社会-环境价值）三元结构，这种框架支撑组织完善交互机制，增强生态竞争优势与持续发展潜能。

多主体深度互动构成生态型组织运作的基础，突破传统供应链线性模式，形成网络化协作体系。资源共享、信息互通、价值共创、治理参与四维联动，驱动系统可持续发展。从基本特征、层次结构、交互类型、驱动机制、挑战与应对策略五个视角展开具体解析。

1. 主体交互的基本特征

非对称性、多向性、动态性构成主体交互的基础特征，价值导向性贯穿始终。资源禀赋与能力差异显著的多元主体，借助协作达成价值互补；交互网络呈现多维立体结构，突破传统供应链上下游限制；关系模式随生态环境演变和技术迭代持续调适；经济价值、社会效益、环境责任构成多维价值共创目标。

2. 主体交互的层次结构

郭瑞雪（2017）认为生态型组织的主体交互存在战略层、运营层与用户层三个分析维度，这三个维度映射着生态系统内不同主体在宏观、中观及微观层面的协作模式与价值实现路径，如图4-1所示。

（1）战略层交互

战略层交互是生态型组织中引领生态系统发展方向的重要层次，战略层交互指导着生态系统的演进轨迹，聚焦整体目标设定、资源整合配置与长期战略规划，核心主体、共创伙伴及治理主体通过共识构建确立生态愿景与价值主张，统一多方目标，界定参与方的角色定位与责任边界，规划系统性风险防控框架。这种交互模式强化了决策机制的科学维度与协调效能。举例来说，华为与全球通信设备供应商在 5G 标准制定中的协同实践具有典型性，推动了生态进化，为行业创新网络提供了战略坐标。

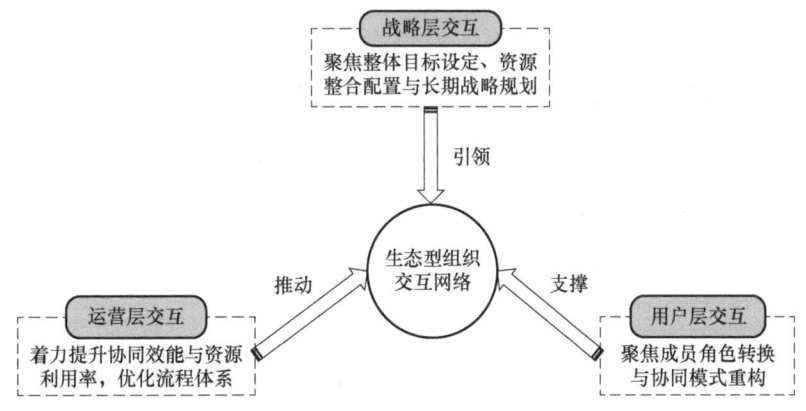

图 4-1　生态型组织交互网络

（2）运营层交互

运营层交互支撑着生态系统的日常运转，着力提升协同效能与资源利用率，核心主体、共创伙伴及配套支持主体共同构建产品服务全链条的衔接机制，建立数据实时共享平台，优化流程体系以压缩运营成本。这种交互范式保障着资源的最优配置。亚马逊与物流服务商的数据协同案例具有启示意义，其配送网络的动态优化不仅提升 48h 达履约率，更形成用户价值增长的良性循环。

（3）用户层交互

生态型组织架构中用户价值共创新维度，聚焦成员角色转换与协同模式重构。用户身份发生本质转变，从单向接受者转变为生态共建者，借助需求反馈、UGC 及社群互动等途径，深度介入系统设计、运营与优化。交互主体涵盖普通用户与核心运营方，核心互动维度包含：实时需求数据驱动产品迭代进程，UGC 资源注入提升系统多样性价值，社群网络效应强化生态黏性与自组织能力。这种深度交互机制催化持续创新势能，同步提升用户归属感与系统响应效率。冉旭（2023）在分析工业互联网平台生态系统知识交互演化机制时，认为特斯拉运营模式具有典型性，车辆运行数据反哺自动驾驶算法训练，OTA（Over-the-Air，空中激活）技术实现软件系统无缝升级，形成用户贡献与技术演进的双向赋能闭环。

3. 主体交互的类型

生态型组织呈现出多元交互形态：资源共享、创新协同、决策共治与用户参与构成主要的动态交互类别：

（1）资源共享型交互借助数据、技术及基础设施共享提升资源利用率

作为生态型组织的底层交互架构，资源共享型交互聚焦主体间资源互补与高效配置，其核心目标在于增强生态系统整体效能及价值创造能力。互补性、开放性、效率性与价值创造构成其核心特征，各类主体依托数据流动、技术互通、设施共用及渠道整合达成协同发展。例如，亚马逊物流数据共享网络缩短配送周期，阿里云服务平台为中小企业提供弹性计算资源，这些实践印证了资源共享机制的有效性。技术迭代催生开放平台模式，经济压力与跨界协作诉求加速资源共享进程，这种模式展现出多重优势：资源周转率提升带来成本缩减，创新要素流动加快推动技术突破，生态网络协同效应持续放大。

然而，数据主权争议与隐私泄露风险成为主要制约因素，利益分配失衡与共享意愿薄弱导致协作壁垒。区块链技术可构建数据安全屏障，透明化利益分配机制与信任体系建设成为关键解决方案。资源共享机制重构了价值网络中的要素配置逻辑，其为多边协作提供基础设施支撑，构成生态组织可持续发展的重要基石。

（2）创新协同型交互促进多方创新主体融合

这种交互模式驱动生态型组织持续创新，多方主体协作整合资源、

技术、智慧，共同开发新产品、新技术及新模式。其特征包含多方参与、资源整合、动态适应与价值导向，涵盖开放式创新、用户驱动创新、跨界协同及技术协同创新等形态。例如，华为联合全球通信设备供应商推进 5G 标准制定，腾讯协同医疗机构构建智慧医疗解决方案。该模式能加快创新速度、控制研发风险、强化生态竞争力，但同时也面临着知识产权归属、利益协调机制、跨组织协作效率等难题。构建透明分配体系、引入数字协同工具、完善信任机制成为关键应对路径。创新协同交互重塑生态系统韧性，整合多维资源与智力网络，为组织持续进化注入底层支撑。

（3）决策共治型交互借助治理机制设计协调多元主体诉求

该模式构成组织治理的核心架构，利益相关方共同参与决策过程，协作机制保障透明度与公正性，维系生态体系稳定性及可持续发展。其核心特征涵盖多元主体介入、运行透明化、动态调适能力，具体实施路径包括利益相关方共治架构、公共事务协调机制、生态监管体系以及矛盾调解程序。合作社通过民主投票确定收益分配方案，腾讯联合政府实施"数字政府"计划构建政企协同治理范式，环保机构与企业共同监管碳排放项目驱动绿色转型进程。这种治理模式强化生态体系抗风险能力，提升决策科学性，促进主体间公平互信，持续激发系统可持续发展动能。实践层面面临决策迟滞、利益博弈、治理资源消耗、权力结构失衡等现实困境，数字化技术工具的应用、透明化规则体系的建立、独立第三方监管机制的引入、资源配置策略的优化构成关键应对方案。作为组织治理的关键支撑，决策共治型交互有效平衡异质性利益主张，巩固生态系统信任基础与长效竞争力，为企业社会责任实践和公共价值创造提供持续赋能。

（4）用户参与型交互激活用户价值创造潜能

用户参与型交互构成生态组织的核心模式，聚焦用户深度卷入价值创造过程，驱动生态系统持续进化。用户角色实现根本转变，从产品使用者升级为生态共建者；反馈建议、用户生成内容（UGC）、技术协同创新及社区协作构成主要参与路径。例如：特斯拉整合行车数据优化 FSD（完全自动驾驶）系统；小米依托社区论坛实施产品快速迭代；YouTube 建立内容收益共享机制。这些案例印证协作创新的实际效能。该模式实现多方价值增值：加速技术革新进程、强化用户归属感、缩减研发试错成本、拓展生态协同网络。但在实践层面，该模式面临多重挑战：用户需求动态变化、UGC 质量波动、隐私保护红线、激励体系可持续性难题。构建需求预测模型实现精准需求捕捉；部署智能审核系统过滤低质内容；采用隐私计算技术保障数据安全；设计阶梯式奖励方案激发持续参与。这些解决方案形成系统性应对策略。这种深度交互机制重塑组织创新能力，优化资源配置效率，培育用户社群认同，为数字生态可持续发展注入持久动能，从而使用户与平台的价值共生关系在动态演进中不断强化。

4．主体交互的驱动机制

生态型组织交互效力由技术支撑、信任纽带与激励逻辑共同塑造，技术驱动构成生态型组织交互的基础，优化协作效率、数据透明度与决策精准度，显著强化交互效果。技术为生态系统注入强大连接能力，数字化平台贯通内外主体协作界面，海量数据采集分析推动资源配置与决策流程优化，区块链及加密技术构筑起交易安全屏障。亚马逊物流系统整合大数据分析与物联网技术，运营效率持续攀升，腾讯云架构支撑数字政务平台，政企协同响应速度提升 40%。

信任机制在多主体协作中具有核心功能，催化资源流动、创新合作与共治决策，这种联结效应削减交互的摩擦阻力，显著提升协同效率，同步增强资源共享意愿，敏感数据安全流转的屏障被打破，生态系统的稳定发展获得持续动能。依托品牌的势能，核心企业构筑起信任引力场，透明化的规则框架维护交易本身的公平，第三方监督评估体系则持续夯实协作网络的信任根基。阿里巴巴开发的"芝麻信用"

系统融入电商交易场景后，平台争议发生率下降，商业生态的良性循环正逐渐形成。

生态系统内多主体交互依赖激励机制维系参与热情，这种机制能够激活协作动能并维持资源投入持续性。经济回报与非经济价值吸引生态成员持续加入，长期激励设计保障交互黏性，收益分配规则平衡多元利益关系。激励手段包含利润分配、奖金兑现、股权配置等经济形式，以及声誉积累、社会资本增值、决策参与等非物质方式。例如：YouTube收益分成机制驱动内容创作者持续产出，平台内容生态持续活跃；侯二秀等人（2022）聚焦创新生态系统治理，认为滴滴出行动态分配机制吸引司机群体，显著提升供需匹配效率。科学设计的激励架构支撑生态系统动态平衡发展，促进合作网络自发性生长。

技术架构、信任网络与激励模型形成三角支撑结构，共同强化生态型组织交互效能。技术架构提供区块链、智能合约等透明工具，强化主体间的信任基础，交互过程具备公开性和安全性；信任网络积累放大激励效应，推动参与意愿指数级增长；激励模型反哺技术采纳行为，促进工具使用深度与交互质量提升。技术应用伴随高成本压力，核心主体推动技术共享服务，降低参与门槛；信任关系虽具极高价值却存在脆弱性，规则透明度与第三方监督机制可巩固其稳定性；激励失衡易导致利益冲突，基于可验证数据构建分配模型可缓解矛盾。这三重机制的协同优化形成自增强循环，为生态系统进化注入持续动力。

生态交互系统的三维支撑架构包含技术架构、信任网络与激励模型，如图4-2所示。技术优化效率和透明度，构建交互基础框架；信任强化合作意愿与提升关系稳定性，确保交互过程流畅；激励机制驱动参与动力与保证分配公平性，维持交互持久运转。这些要素交织产生协同效应，塑造出高效-稳定-可持续的生态交互范式，为组织间价值共创提供底层架构。

主体交互面临的核心困境源自利益差异、复杂网络架构及信任缺失。具体表现为：利益差异阻碍协同共识的达成；复杂网络架构增加协调的难度，提升成本的曲线；信任缺失弱化系统的稳定，削弱协作的动力。针对以上应对策略可沿着三个方向展开：透明化规则体系平衡多元利益诉求，建立动态调节机制；数字化工具重构交互节点，压缩流程层级与交易摩擦；品牌势能与第三方背书形成信任增强回路，培育生态韧性指数。

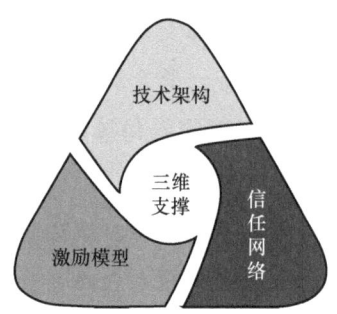

图 4-2　生态交互系统的三维支撑架构

生态型组织的交互网络呈现多层次动态耦合特征。战略维度聚焦资源配置，运营层面强调流程协同，用户界面侧重体验优化，三者共同维系生态系统的整体运转与价值创造网络。区块链技术重塑信任机制，智能合约完善激励相容体系，数据中台提升协同效率，这些创新要素持续扩展生态系统的竞争边界与价值空间，如图 4-3 所示。该理论框架为生态治理提供了模块化设计路径与动态调试方案。

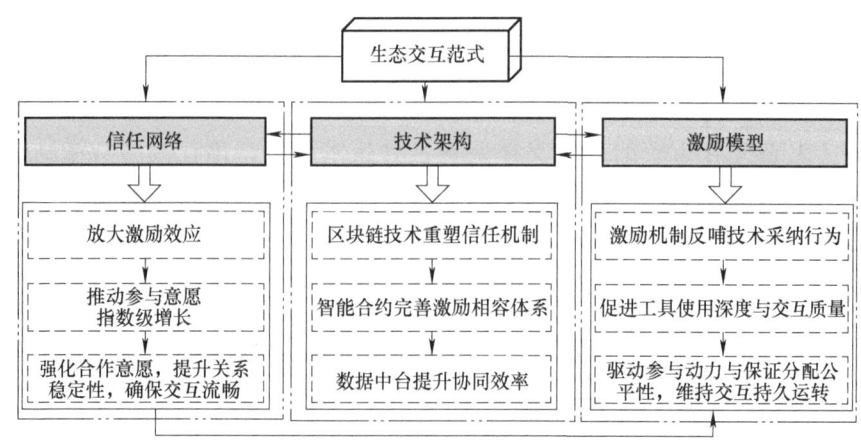

图 4-3　生态型组织的交互网络

5. 主体交互的挑战与应对策略

生态型组织的主体交互面临着利益差异、复杂网络架构及信任缺失等核心问题，利益差异会妨碍合作的进程，复杂网络架构会明显提升协调的成本，信任缺失会损害生态系统的稳定性与协同动力。制定透明公正的规则体系，构建利益平衡机制能够促进多方协调；数字化工具的应用简化协作流程，降低复杂度及运行成本；品牌价值提升与第三方认证机制相结合会增强系统内部信任基础。由此，系统的稳健性和协同效率持续增强。

根据张睿和钱省三（2009）的观点，生态型组织的主体交互是一种高度复杂且动态的多维网络化合作过程。从战略、运营到用户层面，各主体的交互机制各有侧重，但共同服务于生态系统的整体跃进与价值共创。通过技术支持、信任建设和激励设计，生态型组织可以最大化其交互效能，构建一个具有长期竞争力和多维价值网络的生态系统。这一发现为生态型组织的设计和治理提供了理论依据和实践指导。

刘静（2024）提到生态型组织的主体交互呈现高度动态性和复合性特征，属于多维网络化协作模式，战略层面、运营维度、用户场景中的主体交互机制各有侧重，但共同服务于生态系统整体健康度与价值共创目标。技术支持体系构建、信任架构完善、激励机制设计协同作用，能够让生态型组织实现交互效能最大化，塑造具备持续竞争力与多维价值的生态系统，这一框架为生态型组织的设计治理奠定理论基础，提供实践指引。

4.2 生态型组织的协同演化

生态系统中不同组织相互作用、竞争合作，推动共同进化与协同发展，竞合关系成为核心特征，在动态互动中维持生态系统生命力。尤其在区域产业生态系统演化进程中，组织成员间的竞合关系深刻影响系统发展轨迹，构建的竞合协同演化模型深刻揭示了竞争合作对稳定性的作用机制。韩炜和邓渝（2020）认为，竞合协同演化模型有助于模拟和预测区域产业生态系统的组织结构演化，为理解组织成员之间的竞合协同演化机制提供理论依据。主导企业和依附型企业之间的角色关系转化及竞争优势转化，是实现平台可持续发展的关键。闫宽等人（2024）通过分析生态系统内不同角色关系的转化，提出平台型企业生态系统构建的基本原则、核心理念、阶段任务和行动方向，从而实现平台的可持续发展。组织间动态互动的本质在于竞合平衡，这种持续调适过程推动生态系统整体优化，最终形成具有韧性的可持续发展格局。

4.2.1 生态型组织的资源整合互补

全球化与数字化深入演进背景下，企业竞争环境日趋多元化，孤立个体难以适应市场需求的动态演变，生态型组织（Ecosystem Organizations）作为新型架构形态，依托资源整合互补机制达成协同发展目标，增强综合竞争实力。卢珊等人（2021）提出，资源整合与互补不仅是生态型组织生存与发展的关键策略之一，也有助于推动产业创新和可持续增长。

生态型组织借助资源整合与互补构建协同创新生态系统，单一主体资源不足的问题得以解决，多方协作关系逐步建立，整体效能与创新能力同步提升，这种模式已成为推动创新、达成共赢的重要途径。在平台生态系统内，主导企业与互补企业通过异质资源整合重构建立高效协同机制，促进创新生态持续进化。赵艺璇和成琼文（2022）提出资源编排和创业文化在这一过程中发挥着重要的中介和调节作用，为生态系统的稳健运行提供支持。实证研究表明，资源整合互补可有效激发创新活力，加速技术迭代与产品革新进程，提升系统韧性以抵御环境波动风险，依托资源共享框架创造多维价值空间。

1. 生态型组织的资源整合机制

资源整合构成生态型组织成员企业提升资源分配效率、强化系统协同效能的关键路径。这种机制聚焦多重维度：

（1）组织间共生关系

核心企业通过构建"共生型"社会网络，促进跨界资源的获取与整合，在技术、市场和价值创造等层面实现资源互补。马文静等人（2024）强调成员企业之间的共生关系，这种关系是基于共同目标和价值观形成的长期合作模式。Dyer 和 Singh（1998）认为，通过明确战略导向、协同转化机制以及市场化运营模式，生态型组织能够增强创新生态的适应性和可持续性。此外，创新生态系统内的竞合关系也是资源整合的关键动力。主导企业与依附型企业之间的动态互动，随着生态系统结构的演化而不断调整，实现了资源的高效分配和价值创造。典型例证如：阿里巴巴构建的供应链–物流–消费者三位一体电商网络；华为推动全球供应商联盟实现 5G 标准化进程；特斯拉联合电池技术企业加速新能源汽车技术迭代。跨界协同与异质资源耦合为创新生态奠定基础架构，使生态型组织在复杂环境中实现技术协同创新与可持续发展，推动多方共赢价值共创目标的达成。

（2）数字化平台的资源聚合

数字经济浪潮中，生态型组织日益依托数字化平台。这类平台承载着资源整合与价值创造功能，凭借数据驱动机制完成资源聚合优化。数字化平台超越单纯技术工具属性，成为促进资源高效流通、推动多方协同创新的关键枢纽。平台型组织借助数据驱动模式，动态调配聚合后的资源，为生态参与者输出精准化、高效率的支持服务。

平台生态资源整合聚焦两大维度：数据共享与知识流动。在大数据技术赋能作用下，数字化平台构建起跨行业、跨地域资源的共享网络，数据由此超越信息载体范畴，演变为生态协作的基础。知识流动则消解企业内部信息壁垒，依托平台开放性促进知识高效循环，使技术研发与产品迭代速度大大提升。

多元化生态组织借助数字化平台呈现差异化路径，资源聚合优化始终构成其共性特征。如：在电子商务领域，供应链、支付、物流及营销资源被整合重构，形成从商家到消费者的端到端服务体系；智能制造生态部署应用物联网技术，实时采集生产数据优化运营管理，使生产效能获得提升；金融科技生态汇聚支付、风控、信用评估模块，为中小企业注入金融活力，普惠金融发展根基不断夯实。

（3）产业链整合与价值共创

生态型组织发展需要核心技术资源突破与共享，同时依赖产业链深度整合与多方协同，推动高层次价值共创。产业链整合推动供应链优化，数字化供应链管理提升资源配置效率、减少冗余，增强协同能力。利益相关者共同创造价值，使整个生态系统的竞争力与韧性得到持续强化。

2. 生态型组织的资源互补机制

资源互补是生态型组织实现协同竞争和价值共创的关键机制。生态型组织内不同企业在能力、技术、市场渠道等方面形成互补，弥补单一企业资源的局限性，并通过集体创新驱动整体竞争力提升。在数字化与智能化转型升级推动下，资源互补机制依赖多主体核心能力互补，产业生态内知识共享、资源弹性配置成为关键支撑，技术迭代与数据流动加速跨组织协作效率，生态网络动态适应能力显著增强。

（1）核心能力互补

根据张会新（2009）的看法，不同企业在核心能力上存在差异，通过互补合作可以补足短板并获得竞争优势。这种互补关系模式能弥补个体技术缺陷、构建竞争合力。高科技产业典型地呈现了该特征，企业间展开战略合作与跨领域协同，整体技术能力和竞争力得到提升。例如，朱晓红和孙淳（2023）的案例分析表明，C919客机研制过程体现了产业链深度协作特征，项目覆盖空气动力学、航电系统等多元技术领域，飞机制造商联合材料供应商、软件开发商、系统集成商展开多元化协作，突破了单一企业在研发投入、生产规模等方面的局限。跨组织资源调配机制实现复合材料、飞控软件等核心技术的系统整合，为项目推进提供持续保障。

（2）产业生态内知识共享

Teece 等人（2016）提出，知识共享是生态型组织中资源互补的重要方式之一。孙金云和李涛（2016）认为，生态型组织将知识共享作为资源互补的核心路径，开放式创新与合作研发机制推动跨学科知识交互，增强了组织在平台生态系统中的持续系统学习和控制知识流动方向的能力，继而对组织创新能力产生了直接影响。举例来说，华为主导的"云生态"计划具有代表性，开放 5G 通信协议、人工智能算法框架及云计算基础设施，吸引超过 3800 家合作伙伴加入技术联盟。生态成员通过接口标准化实现算力共享与数据互通，既加速了边缘计算、物联网等领域的应用开发，又催生出智能驾驶、工业互联网等融合型创新成果。

（3）资源弹性配置与协同创新

李京红（2024）认为，生态型组织通常具有高度弹性的资源配置方式，可以根据市场需求变化进行动态调整，以提高适应能力。龙跃等人（2024）基于共演理论，认为创业生态圈内的组织需要在资源、技术、能力等方面实现互补，以适应市场的快速变化。新能源汽车产业是资源互补与协同创新的典型案例。该行业的快速发展依赖于电池生产商、整车制造商和充电桩企业的紧密协作。

资源互补机制涵盖核心能力匹配、知识流动网络构建、弹性资源协调三个维度，企业间协同竞争关系由此强化，产业生态系统的创新韧性被激活。整合过程中，核心能力互补助力企业突破资源瓶颈，知识共享加速创新要素扩散，弹性配置策略维持市场波动中的系统稳定性。数字化与智能化技术深化应用将推动资源互补机制迭代，拓展价值创造的潜在边界。

3. 资源整合互补的挑战与管理机制

生态型组织在运行过程中，资源整合互补机制能有效提升其竞争力，反之利益分配不均可能引发成员企业竞争加剧，影响资源整合效果，导致治理机制失效。开放式治理模式构建透明化合作框架，数字技术重塑资源配置逻辑，形成数据决策机制，动态联盟模式依托灵活架构应对环境冲击。数字技术与平台经济持续迭代，资源整合互补机制将呈现智能特征与精细化趋势，为商业生态型组织注入新型支撑力。

4.2.2 生态型组织的主体协同演化

生态系统内多方主体通过互动与竞合关系推动系统优化，这种协同演化具有动态复杂性。依赖企业、政府机构、社会组织及个体形成的价值网络，资源整合与网络协作构成可持续发展的基础，价值共创机制贯穿生态演进全过程。

生态愿景与价值主张驱动合作意愿，开放平台通过技术接口与规则设计扩大参与者规模。陈超（2024）提到大数据与人工智能技术提升协作的效率和决策精准度；利益分配机制保障主体间公平性，合作文化增强信任纽带。但协同演化也面临多重阻力：主体协调成本高、利益博弈引发冲突、生态脆弱性凸显、数据安全风险扩散。为解决组织协同难题，技术工具与沟通机制需要协同发力，透明规则设计可有效化解利益冲突，激励政策与长期契约能提升成员归属感，数据安全架构可保障系统稳健运行。以平台型企业为例，其协同演化需要关注主导企业和依附型企业之间的角色关系转化，通过利益相关者的角色动态调整，实现资源整合与价值共创。此外，Afuah（2003）有关战略性新兴产业集群的协同演化研究表明，"自组织+他组织"的协同模式，通过政府的适度介入与市场化主体的自组织协调，可以提升系统的演化均衡性和协作效率。

总体而言，生态型组织协同演化呈现复杂动态的系统过程，多元主体需要保持深度交互与持续投入。科学机制构建、技术能力嵌入、信任关系培育形成三位一体的支撑体系,这种复合驱动模式使组织在应对环境扰动时,既能维持生态稳定性,又能拓展经济-社会-环境三重价值空间。

4.3 生态型组织的动态迭代

动态迭代机制包含渐进优化与突变跃迁的双重属性,是贯穿组织生命周期的自我修复与自我革新的过程。环境适应导向的渐进优化奠定组织韧性基础,关键节点触发的突变跃迁释放跨越式发展势能。演化路径涵盖动态调适与迭代升级两个维度:前者聚焦资源要素的持续重组,后者强调系统架构的范式转换。两种机制相互耦合形成复合动力,推动组织在不确定性环境中实现创新扩散、资源配置优化与可持续发展目标。

4.3.1 生态型组织的动态演进

生态型组织属于新型组织形态,注重动态演进中同环境的互动适应,演进过程需要内部结构调整与资源配置提升,同时外部环境的持续变化可以直接塑造组织战略、文化及价值取向。动态演进展现组织追求可持续发展的核心特质,借助适应性创新、协同合作机制,持续调整结构以应对挑战与机遇。

1. 动态适应与创新驱动

生态型组织的核心特征在于动态适应能力,程卓等人(2024)指出,在外部环境不确定性增加的情况下,生态型组织具备通过持续创新与灵活调整策略应对外部变化的能力。全球化进程与技术迭代相互交织,商业系统正面临前所未有的非线性挑战。生态型组织必须实时解析市场波动曲线、技术跃迁轨迹及社会变迁图谱,持续实施战略调谐来维系生存阈值与竞争势能。

在此过程中,资源聚合与范式迁移构成组织进化的核心要素。例如，通用电气的战略转型颇具示范效应，这家百年工业巨头从机械制造实体蜕变为生态型组织。其变革包含三个核心层：产品体系低碳化重构、清洁能源技术矩阵研发、价值网络拓扑结构调整。传统设备生产被替换为能源管理集成方案，产业链各节点植入环境效益评估模块。战略重构既强化了企业市场控制力，又孵化出多个技术标准制定权。当全球碳税政策形成连锁反应时，模块化业务架构使其能快速重组技术组合，这种应变能力折射出更深层的组织进化逻辑：适应性变革已突破技术升级维度，转化为包含文化基因编码、战略弹性设计、资源拓扑分配的系统工程。

生态型组织的创新驱动，源于多维要素耦合效应。环境监测精度与战略预判能力构成持续创新的双螺旋结构，这类组织必须构建动态稳定态，既消解外部冲击带来的熵增，又激活组织内部的自组织机制。弹性战略范式与创新生态网络产生协同效应，形成具备反脆弱特征的核心竞争力，这种优势并非固定不变的防御工事，而是随环境扰动持续迭代的耗散结构。

2. 协同合作与网络效应

生态型组织的核心要素之一体现于内外协同合作机制，促进资源互通与创新协同，多元合作网络构建起应对环境复杂性的缓冲架构。杨冬梅等人（2006）认为多元合作网络为组织提供了平台，连接企业、政府机构、非政府组织、社会团体，深度互动应对全球化挑战。通过协同合作，组织在动态调整中实现资源配置优化，同步增强环境适应性与战略竞争力。这种合作模式的另一个显著特征是通过合作创新和知识共享，以跨组织知识流动催生责任型创新范式。现代企业逐渐超越经济绩效框架，将环境社会价值纳入战略维度，生态型组织的创新体现在技术突破、组织文化重塑、运营模式优化、治理结构革新等方面。举例来说，IBM（国际商业机器公司）"智慧地球"计划联合全球伙伴推进智能城市建设，该计划以开放创新机制促进资源共享，推动智能技术与可持续发展的深度融合，此类实践不仅强化企业市场地位，更在碳减排、资源循环利用等领域形成示范效应，构建起经济价值与社会效益的双重实现路径。

此外，协同合作的网络效应构成生态型组织持续发展的核心动能，网络价值伴随着参与者数量增加呈现非线性增长。这种指数级扩展在跨组织协作中尤为突出，合作伙伴规模扩大直接加速知识流动速率，提升创新效能。不同主体在技术转移与经验借鉴过程中实现业务领域的突破，衍生多维社会经济效益，技术迭代与市场响应效率在互动中持续增强，环境动荡期的网络覆盖度与连接强度往往决定组织韧性水平。苹果（Apple）公司供应链体系印证网络效应的运行逻辑，其与全球供应商构建的协作体系超越单一企业创新的边界，供应链整体协同驱动技术的突破与产品迭代周期的缩短，这种共生模式既强化企业竞争优势又催化产业链能级跃迁。硬件制造商与软件开发者共享技术标准，半导体企业与设计团队同步研发进程，最终实现商业价值与社会效能的叠加释放。

生态型组织的协同合作机制与网络效应构成现代商业系统的运行基石，跨领域资源的整合有效消解环境复杂性带来的决策压力，知识协同创新链与责任共担机制同步推进，环境治理指标与技术创新路线在合作中达成平衡，产业生态的可持续发展路径逐渐清晰。跨界网络形成的自适应能力正在重构全球商业竞争格局，平台型企业与中小创新体的协同范式持续产出可复制的解决方案。

3. 反馈机制与持续改进

生态型组织动态演进过程中，反馈机制构成核心的支撑要素。该机制不仅提升了组织感知外部环境的能力，还能识别系统内外的失衡因素，基于实时数据实施精准调适策略。面对多维环境变量时，生态型组织依托结构化反馈网络捕捉动态信息，修正战略框架与运营逻辑，维持系统演进势能。这一调适过程涵盖外部市场波动、技术迭代、政策调整的应对，整合内部效能评估、资源拓扑、成员协同度的多维反馈数据。

反馈回路驱动生态型组织完成周期性自优化，在应对外部扰动过程中同步提升内部协同效率，形成持续进化动能。组织的成功不仅取决于其对当前环境的适应能力，还取决于自身在不断变化的环境中持续创新的能力。这种创新势能往往源于对反馈信号的解构能力，依托信息熵减机制重塑战略图谱与执行路径。例如，Patagonia（巴塔哥尼亚）公司搭建环保行动与用户反馈的共生系统，构建起价值增值的迭代闭环。该户外品牌将环境可持续性嵌入决策中枢，客户体验数据重塑产品基因序列，生态审计体系重构生产函数。在这种双重反馈架构下，企业实现经济价值与生态足迹的逆向生长，产品形态进化与供应链拓扑均显现出动态反馈的烙印。

生态型组织的战略调整与创新路径深受反馈机制影响，企业创新能力同反馈机制有效性存在直接关联。在技术创新与市场创新过程中，及时获取反馈可精准识别潜在需求与技术突破点，这是企业在激烈竞争中占据先机的关键。苹果（Apple）公司开发新产品时维持着与用户的高频互动，用户反馈持续驱动产品优化与版本迭代，市场导向的创新机制确保其输出始终匹配消费端需求的革新性产品。

而在组织文化建构中，反馈机制发挥着催化作用，尤其在聚焦社会责任与可持续发展的生态型组织里，文化建设构成驱动持续改良的核心要素。组织文化塑造既需要管理层战略决策，更仰仗反馈机制的系统化运作，员工与利益相关者的意见表达被充分激活，开放包容、敏捷适应的文化特质在组织内部自然生长，为创新延续与长远发展提供底层支撑。在 Ben & Jerry's（本杰里）冰淇淋公司里，搭建起覆盖顾客、供应商及社区的立体化互动网络，协同共生的反馈体系有效推进产品研发与社会责任实践的双向优化。

综上所述，反馈机制是生态型组织动态演进的核心要素之一。内部反馈和外部反馈的实时捕捉使组织具备识别潜在矛盾与调节系统失配的能力，驱动持续性改良循环。Patagonia（巴塔哥尼亚）与 Apple 的运营实践揭示，这种机制既保障发展的可持续性，又催化创新能力与市场位势的协同跃升。构建并促进高效反馈系统迭代,成为生态型组织在剧变环境中平衡竞争优势与社会责任的关键路径。

4. 可持续性导向与长期战略

生态型组织的动态演进反映在对外部环境变化的适应能力,以及战略导向下长期性目标与可持续性目标的内在结合。生态型组织经常将可持续发展设定为核心战略目标,在经济活动、环境效益、社会价值之间持续寻求平衡,战略导向支撑其在多变的市场环境中实现稳定的发展。可持续性战略不仅涉及资源的高效利用,更涵盖社会责任、环境保护,以及长期创新的系统性、全方位的推进。

生态型组织的可持续性战略在创造经济效益的同时,也关注环境效益与社会价值的同步提升,促进经营过程突破短期利益局限,转向资源的长期利用、碳排放控制及社会影响正向引导的复合视角。将可持续发展战略嵌入发展规划,既增强组织在市场中的竞争力,又降低对生态环境的损害,为社会发展注入持久动力,这种模式使生态型组织在全球商业格局中占据独特优势。典型案例如联合利华公司推行"可持续生活计划"(Sustainable Living Plan),推动全球可持续发展目标,促进资源效率提升与环境足迹缩减成为实践重点,产品可持续性优化反向驱动品牌价值增长。该战略使联合利华实现资源利用与生产效率的双重升级,全球市场内消费者认同度显著攀升,市场份额持续扩张。长期战略印证可持续导向与商业成功兼容的可能性,为同业提供可参照的实施范本。

生态型组织实施可持续战略时,往往融合创新驱动与技术演进。特斯拉作为电动汽车领域标杆企业,其战略布局涵盖绿色能源产品开发、产业链可持续运营双重维度。董明等人(2017)认为技术创新推动电池技术突破,全球布局可再生能源基础设施,加速能源转型进程,这种策略既拓展了企业市场空间,又带动了电动汽车与可再生能源产业协同发展。

可持续战略的落地需要特定组织文化支撑与多元利益主体参与。研究显示，成功案例中，组织普遍构建了创新与责任并重的文化生态。本杰里（Ben & Jerry's）冰淇淋公司采用开放式合作模式，携手利益相关方深化企业社会责任（CSR）实践，借助透明化运营与社会倡议强化品牌黏性。该企业在环境保护、社会公平、劳工权益等多维领域均建立了示范性标准。

综上所述，生态型组织的战略前瞻性构成其市场竞争优势核心。经济效益、环境效益、社会责任三维整合机制，使组织在技术变革与全球化浪潮中实现持续发展。联合利华可持续生活计划与特斯拉能源整合方案，共同印证了战略实施的双重效益，既增强企业核心竞争力，又在全球可持续发展进程中承担关键角色。这种发展范式正在重构商业文明的底层逻辑，形成不可逆转的产业演进趋势。

4.3.2 生态型组织的迭代跃升

生态型组织的迭代跃升是指组织在经过一系列渐进式优化和自我调整后，在某一关键节点上通过突破性变革，完成业务模式、组织结构或价值创造方式的跨越式发展。这一跃升不仅依赖于技术创新或商业模式的变革，还与市场格局、政策环境及产业链整合等因素密切相关。与动态演进的渐进式优化过程不同，迭代跃升通常表现为更为剧烈的变化，往往是由外部或内部的重大变革触发，并能够在短时间内实现组织的跨越式成长。

1. 生态型组织迭代跃升的关键驱动因素

生态型组织层级跨越指渐进优化与自我调适后的突破时刻，突破式革新推动业务形态、架构体系或价值创造机制实现层级跨越。这一跃升依托技术革新与模式创新，市场格局调整、政策环境变迁、产业链整合同样形成合力。相较动态演进的渐进优化路径，层级跨越常呈现剧烈震荡特征，即外部剧变或内部颠覆性要素催化，短周期内达成组织能级跃迁。

驱动生态型组织层级跨越的核心要素不仅重构传统发展轨迹，更深度重塑架构网络、流程体系与价值链生态。

（1）技术革命浪潮的渗透

颠覆性技术的规模化应用成为关键催化剂。新技术集群的成熟显著增强市场竞争位势，例如区块链技术成熟推动数字金融生态系统重构，去中心化交易平台逐步建立，传统金融运行框架发生深刻转变。该技术不仅提供分布式解决方案，更为新兴企业构建开放透明的竞技场，数字金融产业由此获得跃迁动能。

（2）市场格局重塑

市场竞争格局的剧烈变化也是生态型组织进行迭代跃升的重要原因。随着技术进步和消费者需求的变化，传统行业往往面临重大的市场结构变化，这时，能够迅速响应并调整战略的企业将可能实现跨越式发展。例如，随着流媒体技术的迅猛发展，Netflix 从一家传统的 DVD（数字通用光盘）租赁公司跃升为全球流媒体巨头，其商业模式的创新与技术的紧密结合推动了其在媒体行业中的迭代跃升。Netflix 利用数字平台和个性化推荐算法的优势，不仅突破了传统媒体行业的限制，还创造了一个全新的娱乐产业生态。

（3）政策驱动的变革

政府政策和行业监管的变化亦可成为生态型组织进行迭代跃升的动力来源。政策变动往往会迫使企业重新调整战略，以适应新的法规要求或行业标准。例如，随着全球碳中和目标的推进，新能源汽车产业迎来了前所未有的发展机遇，传统汽车制造商纷纷调整战略，向新能源车领域转型，以响应政策号召。政策驱动的变革为新能源汽车产业提供了巨大的市场需求，也为相关企业的技术创新和产业整合提供了新的动力。

（4）产业链整合与生态重构

产业链整合与生态重构也是生态型组织迭代跃升的重要路径之一。

随着市场需求的不断变化,许多企业通过主动整合上下游资源,形成更为高效的产业链,从而提升整体竞争力。例如,阿里巴巴通过投资物流、支付、云计算等多个领域,成功构建了一个综合性的商业生态系统,使得其不仅是一个电子商务平台,而是涵盖了整个零售、支付和云计算等多领域的综合性企业。这种跨领域的战略布局和生态系统重构为阿里巴巴的迭代跃升奠定了基础,推动其成为全球领先的科技企业。

2. 生态型组织迭代跃升的战略路径

生态型组织的迭代跃升不仅依赖于外部环境的变化,还需要通过一定的战略路径实现。以下几种路径已被证明是生态型组织成功实现跨越式发展的关键途径。

(1)商业模式创新(Business Model Innovation)

商业模式创新是生态型组织实现迭代跃升的重要途径之一。通过对价值创造、传递和获取方式的创新,企业能够打破传统业务模式的束缚,实现跨越式成长。例如,拼多多通过社交电商模式的创新,成功突破了传统电商的瓶颈,迅速占领了市场份额,成为中国最大的电商平台之一。拼多多通过"社交+电商"的新型模式,借助社交平台的强大传播效应,使得用户购买行为与社交网络紧密结合,进一步促进了平台的快速增长。

(2)产业跨界融合(Cross-Industry Integration)

产业跨界融合是生态型组织进行迭代跃升的另一重要途径。当不同产业之间的技术和市场开始融合时,生态型组织可以通过跨界合作和整合,开辟新的业务领域。例如,许多互联网企业纷纷进入金融、健康、教育等传统行业,形成全新的跨界生态组合。这种跨行业的整合与创新不仅为企业提供了新的盈利模式,还推动了新兴产业的形成和发展。

(3)平台化跃迁(Platformization Transition)

平台化跃迁是现代企业实现迭代跃升的常见路径。通过将企业自身发展成为一个开放平台，企业能够吸引更多的生态伙伴加入，进而实现指数级增长。例如，苹果公司通过其 App Store 生态系统吸引了大量第三方开发者，为 iOS 生态带来了源源不断的创新和内容，从而推动了其平台化发展的快速增长。平台化不仅带来了更多的商业机会，也使得苹果公司能够在不同领域之间形成相互依赖的生态圈，增强了市场竞争力。

生态型组织的迭代跃升呈现动态复杂性特征，颠覆性技术涌现、市场结构裂变、政策法规迭代、产业链重组构成关键驱动要素。商业模式重构、产业边界消融、平台化转型等机制协同作用，促使组织在有限周期内完成层级跃迁。解析此类演化逻辑与实施路径，对企业维持商业生态系统活力、应对环境不确定性具有战略价值，最终导向生态繁荣的可持续状态。

本章小结

本章围绕生态型组织的动态发展展开，聚焦三大核心维度要素——价值共创、协同演化与动态迭代，构成组织进化路径的三角支撑结构。

首先，价值共创构成生态网络运转的基石，强调多元主体通过深度协同合作与资源共享形成共生关系。通过平台化运营加速创新进程，提升资源使用效能，分散系统性风险，这种相互依存的关系网络演化出共生共赢的创新网络。

其次，协同演化维度揭示组织在动态环境中的适应机制，数据共享通道的打通与技术协作网络的构建和跨产业链协同效应，提升了生态主体的整体竞争力。生态系统内共生关系强化了各成员间的技术耦合度，推动了技术跃迁与创新的突破。而各生态主体在持续互动中优化结构配置、市场适应能力与抗风险阈值，这种自组织特征使生态系统保持动态的平衡。

最后，动态迭代机制赋予了组织敏捷响应的能力，市场信号捕捉系统与实时反馈回路构成了战略调整的基础设施，实时监控用户需求并结合深度数据分析，确保产品服务快速优化升级，而竞争环境的剧烈变动被转化为迭代驱动力，这种持续进化能力成为生态型组织维持其竞争优势的关键要素。

  总的来说，生态型组织的动态发展呈现高度集成化特征，价值共创、协同演化与动态迭代三大核心要素有机结合，这种三位一体的结构不仅推动了创新资源的整合，还强化了复杂环境中的应变韧性，奠定了长期可持续发展的根基。当三大要素形成正向反馈循环时，组织不仅实现竞争力的跃升，更能实现适应数字时代的进化型生态系统架构的可持续发展。

第 5 章 技术赋能的生态型组织发展

5.1 新兴技术商业应用

在新兴技术不断推动产业变革的背景下，本章将重点探讨人工智能与物联网等新兴技术在商业领域的典型应用与发展趋势，以展现其在生态型组织发展中的关键赋能作用。

5.1.1 AI 数字商业应用

在国家的高度重视与政策支持下，人工智能（AI）作为具有战略引领作用的前沿科技，正从国家战略发展的高度引领新一轮科技革命与产业变革。人工智能（AI）是一种利用计算机程序模拟人类智能行为的技术，其核心在于模拟和增强人类智能。屈婧（2024）在其研究中指出，通过机器学习、深度学习、自然语言处理等方法，使计算机具备自主学习、推理和决策的能力。AI 技术的发展，提高了数据处理的效率，使得工具能更加精准地理解人类语言和行为模式。在数字化时代，人工智能已经深入渗透到商业的各个层面，深刻改变了企业的生产方式、经营模式以及市场环境，推动商业模式的创新实践，成为促进各行业发展的关键动力。

AI 广泛应用于各类商业领域，包括金融、工业、医疗、零售、营销、教育、安全和农业等。AI 数字技术还被用于企业管理的各项工作，如市场营销、人力资源、财会管理、创新管理、战略管理、组织行为、生产运营等。AI 数字技术的应用大幅度提升了信息的获取和处理速度，大数据、云计算等技术使海量数据得以实时收集、存储和分析，为企业提供了前所未有的决策依据。孙怡文等人（2024）提到，AI 数字技术的应用增强了信息的互联互通性，网络技术的发展使企业能够跨越时空界限，实现全球化运营和协同合作。此外，姜丽莎等人（2024）指出，智能化水平不断提升，AI、机器学习等先进技术的应用，促使企业管理由经验驱动向数据驱动转型，业务流程自动化程度提高。

从组织视角看，人工智能的智能化与自动化特性可促进组织架构的弹性优化及管理效能的增强。通过人工智能技术与业务流程的深度融合，实现业务流程的自动化运作，能够有效削减人力支出，并显著提升运营效能。张志学等人（2024）表示 AI 技术的应用能够驱动传统层级化的组织管理结构向扁平化和网络化转变，提高组织内部的沟通效率与协作能力，促进跨区域和不同时区团队的无差别合作。从企业内部管理决策来看，应用 AI 技术可以对员工信息和行为数据进行分析，提供精准的员工绩效评估和培训需求，为工商管理提供更加科学和有效的人力资源决策依据。张怡文（2023）验证了从企业外部战略决策的角度，通过大数据分析的市场感知收集和处理有效数据信息，可以及时发现和把握市场动态和潜在商机，从而适时调整企业发展战略方向。此外，人工智能在竞争情报与预测分析领域的应用，能够提升企业对竞争对手策略与行为的洞察能力，通过自动化采集与智能分析竞品数据，识别潜在威胁与机遇，并借助模拟预测技术预先规划与制定针对性策略。同时，人工智能还可以通过个性化营销、精准推荐及智能客服系统，提供更为便捷高效的客户服务，从而提升客户满意度与忠诚度（李萌，2023）。

具体来说，人工智能技术的应用为企业管理带来了智能化升级，如通过 AI 辅助管理工具进行自动化办公、智能客服、预测分析等，高文霞（2024）的研究指出人工智能技术显著提升了管理效能与决策精准度。廖衡（2022）的研究证实"互联网+"商业模式的深度融合使线上线下一体化经营成为可能，企业可以通过电商平台、社交营销、移动支付等方式，打破地域限制，拓宽销售渠道，实现客户关系的精细化管理和服务品质的全面提升。企业若能有效把握并应对这些机遇，将有可能在数字化浪潮中脱颖而出，重构自身的竞争力和生命力。

5.1.2 物联网商业应用

物联网技术最初起源于传媒领域的演进，第三次信息科技革命为其诞生创造了条件。物联网深度融入人们的日常生活中，使人们能够突破时间与空间的限制，随时随地实现信息交互，其广泛应用为人们提供了真正高效且便捷的信息服务支持。

在物联网时代，具有代表性的创新商业模式之一是物联网生态企业，即通过突破传统行业和品类之间的界限，推动多边动态合作的新型企业形态（张喆 等，2023）。相较于传统行业和互联网行业，物联网生态企业在价值创造模式上展现出独特性。2018 年，海尔首次提出"生态品牌"概念。随后，Kantar 和牛津大学赛德商学院（2020）联合发布的《物联网生态品牌白皮书》从资源整合的角度对物联网生态品牌进行了界定，认为其是一种能够打破行业及品类壁垒，有效促进多方协同合作的商业模式。这一模式以用户需求为核心，依托各生态方的资源，实现快速响应用户需求，并构建灵活开放的生态体系。从创新模式来看，物联网生态企业的创新并非仅依赖规模扩张或范围拓展，而是通过开放平台引入多方资源，并持续与用户保持交互。路江涌（2019）指出开放平台引入多方资源以获取生态收入和多重盈利，实现边际收益递增。此外，从价值创造的角度分析，物联网生态企业由多个关键要素构成，包括核心行动主体、相互作用机制以及内部运营环境。张喆等人（2023）表示这些要素在不同层次（微观、中观、宏观）的相互作用下，促进整个生态系统价值的涌现，即通过增强用户价值、延长用户生命周期，从而延续企业的生命周期，并最终提升企业的整体价值。

欧盟是全球最早关注物联网应用发展的区域性组织，率先系统化提出物联网发展与管理规划，并建立了较为完善的激励政策体系。日本也规划推动物联网在智能交通、远程医疗、远程教育和环境监测等社会服务领域的应用。2009 年，欧盟委员会正式发布物联网战略规划文件。2008 年，IBM 提出了基于物联网技术的"智慧地球"发展理念。韩国则通过了《物联网基础设施构建基本规划》，以促进物联网服务发展，营造良好的物联网生态环境。尽管当前物联网的应用仍主要集中在 RFID（射频识别）技术上，但物联网已对经济运营管理模式和商业模式产生了深远影响。例如：零售业的沃尔玛引入 RFID 标签，实现全电子化的快速响应供应管理模式，提高了供应链效率；制造业的米其林借助 RFID 技术，实现产品从生产、物流、零售到维护的全程跟踪管理，大幅提升后市场服务水平；谢家平等人（2015）的研究提到，欧盟通过 RFID 和传感器等物联网技术，在食品生产、加工和流通的各环节建立可追溯系统，完善食品安全管理与监控体系。

在中国，温氏食品集团股份有限公司将物联网技术应用于农产品行业，依托"养殖农户一卡通"信息管理系统，实现对各地养殖户和加工工厂的实时监控，并自动收集传感器监测数据，将用户、卡片、读卡设备与管理需求紧密结合，构建"公司+农户"的创新商业模式。而上海来伊份股份有限公司则对供应商的整个生产供应流程实施实时监控，以确保产品的安全与可靠性。

同时，物联网的跨越式发展正在推动多个不同领域的企业展开深度交叉合作，这种跨行业的协同创新为某些领域带来了突破性技术，并加速了物联网背景下商业模式的革新与转型。以科技行业与医疗行业的融合为例，苹果公司近期发布了其健康研究平台，在短短 24h 内，便有数以万计的 iPhone 用户积极参与了由美国知名医疗机构主导的五项研究项目。其中：哈佛大学附属癌症中心通过收集乳腺癌幸存者的体能水平与情绪数据，深入评估化疗对患者的长期影响；迈克尔·波特（2014）指出斯坦福大学主导了一项利用 iPhone 内置传感器探究体育活动与心脏病之间关联的研究项目。随着移动设备为健康评估开辟了全新途径，科技行业对医疗健康领域的渗透程度显著加深。此外，谷歌也通过投资两家专注于医疗数据独立研究的公司，利用超过 85 万名用户的基因信息，重点研究与年龄相关的疾病，以应对全球人口老龄化所带来的日益增长的健康需求挑战。这一系列案例表明，物联网技术的快速发展正在重塑传统行业的边界，并为跨领域合作与创新提供了广阔的空间。

从全球范围内物联网的商业应用与运营管理实践来看，深入研究物联网的应用模式为传统企业在物联网背景下的发展提供了重要的理论指导与实践支持。物联网的兴起不仅推动了传统企业的数字化转型，更深刻地改变了其商业模式的本质。其中，王新新和张佳佳（2021）表示单一企业往往难以仅凭自身能力为顾客提供具有创新性的产品与服务，而必须依赖供应链及价值网络中的其他合作伙伴，共同实现服务价值的提升与增值。

随着物联网这一新兴技术的兴起，企业需要通过物联网技术与商业模式的深度融合，探索跨领域的协同创新路径，为顾客提供全新的服务体验与解决方案。这种创新不仅能够帮助企业实现服务价值的显著提升，还能为其开辟新的利润增长点，从而在激烈的市场竞争中占据有利地位。因此，通过物联网与商业模式的有机结合，企业能够更好地适应数字化时代的需求，构建更具竞争力的商业生态体系。

5.1.3 新兴技术商业应用案例分析

从百度智能云对媒体行业的数智化赋能，到小米 AIoT 在智慧生活和智慧社区领域的探索，再到海尔智家对智慧家庭场景的持续升级，它们不仅为企业自身开辟了新的发展路径，也为社会创造了更多价值。这些成功实践为更多企业在数字经济浪潮下的转型与创新提供了极具价值的参考范式，有望推动更多行业结合新兴技术进行变革，创造出更多符合时代需求的商业应用场景。

1. 人工智能商业应用案例——百度智能云

作为 AI 原生云的领先代表，百度智能云是主要 AI 技术供应商之一。基于强大的 AI 技术能力，百度智能云面向媒体打造了应用于全场景、全流程的产品工具和行业解决方案，赋能媒体行业数智化转型升级，打造云智一体、全场景、全流程的智能媒体解决方案。在 2021 年 7 月召开的"2021 智能经济高峰论坛"上，百度智能云发布了"云智一体"架构 2.0，包括"数字化底座、智能化引擎和全场景应用"。百度首席技术官王海峰指出，数字经济包括数字化转型和智能化升级，产业智能化是数字经济发展的新阶段。百度智能云的"云智一体"中的"云"帮助企业的数据、信息和业务向云端转移，为数字化转型提供安全、稳定、灵活的数字基础。"智能化引擎"为企业智能转型升级提供领先的创新技术和平台，帮助企业用人工智能构建整个业务能力基础设施，使企业数字智能转型升级"一步到位"。

2. 人工智能+物联网商业应用案例——小米 AIoT

作为消费电子及智能制造行业的翘楚，小米重新定义了 AIoT 智慧生活。AIoT 一般指人工智能物联网（AI+IoT）。通过物联网技术与人工智能的融合，小米形成智能生态系统。该系统实现了不同智能终端设备、不同系统平台和不同应用场景之间的相互集成和联系。目前，小米已形成"硬件+新零售+互联网"的"铁人三项"模式，拥有实业+投资的完善生态链产品组合。随着企业业务的全球化发展，小米已经凸显了数字化转型升级趋势，并开始借助人工智能、大数据、云计算等数字技术提高企业效率、提高产品质量，打造"技术小米"。通过不断加强物联网的核心能力建设，结合当前大规模 5G 的发展趋势，小米坚持以"连接"为基础，以"东西"为核心，构建 5G+AIoT 的核心能力，全面促进万物的互联、物联网的整合和人机协同。

在数字经济应用场景方面，除智慧小区、智慧公寓的建设之外，小米总部还积极响应湖北省新基建号召，助力打造国内领先的智慧社区样板"长江青年城"。长江青年城是在武汉"百万大学生留汉创业就业工程"政策背景下，由卓尔控股有限公司（以下简称卓尔）、小米和北京金山云网络技术有限公司（以下简称金山云）共同打造的国内第一个大型互联网青年社区。其中，小米联合金山云为长江青年城提供了从设备、平台到应用、服务的全流程解决方案，为破解互联网社区建设难题提供了支持。这个项目以小米 AIoT 核心技术平台和金山云智慧人居管理平台为基础，通过打造创新的 AIoT 核心技术、云计算与大数据技术、室内外数据交互技术、人脸识别技术，搭建提供社区公共服务、家庭服务、第三方服务的智慧社区系统性方案，对外进行硬件生态与软件生态立体赋能，全方位打造未来智能人居场景。该项目在创新性和示范性上均有体现。长江青年城的智慧社区由卓尔、小米和金山云三方共同推进，卓尔是传统地产商的代表，小米提供智能家居，金山云则代表新一代的云服务、大数据，三方合力，共同推进一个新的智慧社区系统性方案在武汉落地，这是一种模式上的创新。支撑模式创新实际上是许多技术要素的创新。比如视觉的互联互动等，都是未来要去突破的技术创新。

3. 物联网商业应用案例——海尔智家

海尔智家所主打的智慧家庭经历了单机智能阶段、协作智能阶段，目前正进入决策智能阶段，未来将以实现高度自主智能和泛在智能为核心目标。从 2016 年开始，IoT 技术开始逐步与智能家居相融合，成为智能家居的技术基石。技术应用的核心是搭建家居产品或设备的互联互通，以此构建满足消费者需求的智能家居或应用场景。随着人工智能技术应用的不断深入，家居场景进入决策智能阶段，海尔适时推出了海尔智家，以智家大脑为基础实现感知能力的全面提升，时刻以用户反馈为引导，积极学习消费者生活习惯。以智慧空调为例，其能够感知室内温度以及 PM2.5 数据等，根据用户使用习惯自动设定设备运行程序，并根据室外雾霾天气等自动运行空气净化功能，从而赋予设备智能决策能力。海尔智家目前瞄准高度主动智能，将泛在智能作为终极目标，全面构建家庭-社区-城市全场景融合，未来将继续依靠 UhomeOS 3.0（智慧家庭全场景操作系统 3.0）的技术支持，通过 AI、IoT、大数据等信息技术的持续赋能，继续为用户构建智慧家庭。

5.2 技术赋能机理分析

本节围绕技术赋能过程中的协同机制，从核心要素与层次两个维度，系统分析技术赋能主体之间的作用机制与互动模式。

5.2.1 技术赋能主体协同的核心要素

技术赋能（Technology Empowerment）在主体协同中的机理分析涉及多个层面的互动，包括技术、个体主体、组织主体和社会环境的耦合作用。在大数据时代，随着数据知识资源的持续扩展及新兴技术工具的不断涌现，赋能的内涵得到了重新定义，其核心从传统的赋权转向以提升企业核心价值为导向的创新实践。具体而言，刘平峰等人（2021）论述了企业通过提供必要的环境基础和技术支持，为企业自身、员工及用户赋予生产、竞争和创新能力，从而最大程度激发个体智慧与潜能，精准洞察客户需求，并通过创造性手段推动产品升级和服务优化。

技术赋能主体协同主要包含数字技术、工具与平台、数据与知识、智能自动化四个核心要素，这些要素相互协同，共同推动企业数字化转型和智能化升级。

1. 数字技术

新一代信息技术的进步为企业的数字化转型升级及全链路优化构建提供了坚实的技术基础与丰富的应用场景。在开放系统环境中，数字化转型成为企业发展及供应链优化的新常态和新动力。王静（2022）在其研究中提出了数字化转型涵盖技术实现与应用场景两个核心逻辑，广泛应用于互联网、物联网、大数据分析等领域，推动数据的采集、管理、存储、分析及应用技术的创新，促进生产和生活等多领域数字化应用场景的构建与发展。数字化转型升级及优化的核心在于"人本主义",即通过场景化的创新设计,重新构建并优化生产方式和生活方式。具体而言,这种转型体现在两个维度:其一,在生产方式上,数字化技术通过数据的高效采集、分析与优化,推动了决策过程的智能化与精准化,从而实现了生产流程的全面革新与效率提升;其二,在生活方式上,数字化技术通过数据的深度感知与交互体验,重塑了人们的日常生活模式,使其更加个性化、便捷化与智能化。这种双重维度的变革不仅提升了生产效率与生活质量,还进一步推动了社会经济的可持续发展,为人类社会的进步注入新的动力。

尚立龙(2022)指出,数字技术正在以前所未有的速度深刻改变着整个社会结构与商业生态。作为现代商业的核心驱动力,数字技术不可避免地融入了以人工智能(AI)、区块链(Blockchain)、云计算(Cloud Computing)和大数据(Big Data)为代表的 ABCD 技术浪潮之中。在此背景下,"数字化转型"已成为全球学术界研究的核心议题之一。例如,Mikalef 和 Gupta(2021)等学者基于企业资源基础理论与组织环境理论,通过开发用于评估企业人工智能能力的工具,深入探讨了人工智能能力与组织创造力及企业绩效之间的内在关联。尚立龙(2022)的研究表明,人工智能的应用能够通过大数据的支持优化决策过程,显著提升决策效率,同时促进组织内部信息的流动与共享,降低企业与市场之间的协调成本,从而有效增强组织的创造力并推动企业整体绩效的提升。这一研究成果不仅为数字化转型的理论框架提供了实证支持,也为企业在数字化浪潮中的战略布局与实践提供了重要的理论依据。

2. 工具与平台

先进的工具和平台为企业提供灵活、安全、高效的计算与存储能力,使业务流程更加敏捷和可扩展。例如,SaaS(软件即服务)模式凭借成本低廉、便捷高效及强协同效应等优势,可以有效降低企业的信息化支出,并针对部分企业在应用软件方面的难点提供解决方案。例如,陈睿哲（2023）提到 SaaS 的发展有助于提升我国企业软件的市场渗透率，进一步推动企业信息化水平的持续提升。而区块链技术则确保数据的安全性与透明度，增强信任机制，促进企业做出更合理的投资决策，优化资金配置，降低融资成本。

对于众多正在推进数字化转型的企业而言，其核心需求在于获得更加专业化、系统化的"产业赋能与智能升级"支持。这一目标的实现要求 SaaS 企业不仅要具备深厚的技术积累，还需要拥有丰富的行业经验与产业洞察力，以此帮助企业完成从供应链到硬件设施等多维度的数字化转型。王海平等人（2024）以客如云为例，表示该公司在过去数年间通过"硬件+软件"深度融合的模式，成功为餐饮行业提供了全面的数字化解决方案，并因此被阿里巴巴纳入其餐饮生态布局，成为阿里巴巴在餐饮领域的重要战略组成部分。再如医渡科技有限公司，其专注于为医疗机构提供大数据驱动的解决方案，并于 2021 年 1 月成功在中国香港上市，市销率（PS）高达 45 倍，刘俊卿和贺文晓（2022）表示医渡科技有限公司案例充分体现了市场对其业务模式与发展潜力的高度认可。随着互联网巨头逐步完成社会整体数字化基础设施的构建，细分产业的数字化转型需求正日益清晰化与多样化。这些明确的需求不仅为 SaaS 企业提供了新的发展机遇，同时也对其提出了更高的要求，激励 SaaS 企业不断优化业务模型，探索更具专业性与创新性的服务模式，以适应不断变化的市场环境，开拓新的业务增长点。

如今，中国 SaaS 市场正呈现出多元化、生态化和智能化的发展趋势。其中，生态化已成为必然趋势，SaaS 企业正加速构建开放合作的产业生态，以提升服务能力和市场竞争力。同时，资本的持续加持推动了行业的快速发展，促使更多企业加大技术投入与产品创新。在市场格局上，"大而泛、小而精"并存，大型 SaaS 平台提供全链路、一体化服务，而细分领域的 SaaS 产品则凭借专业化和深度定制赢得市场。未来，SaaS 行业将朝着定制化、集成化和智能化方向演进，满足企业对个性化解决方案的需求，提高数据协同与自动化水平，助力企业实现更高效的数字化转型。

3. 数据与知识

数据已成为企业的核心资产,高效的数据管理和知识沉淀至关重要。通过数据挖掘和智能分析,企业可以通过拓宽信息来源实现精准营销、供应链优化、风险控制等目标。同时,信息流的共享促进了跨部门、跨组织的协同作业,提升了整体运营效率。

从企业财务管理的角度来看,信息流的共享和智能分析对提升会计信息价值至关重要。邓晰隆和易加斌(2020)指出,在传统会计模式下,会计数据的获取主要依赖于企业内部的信息系统,由于会计信息系统具有较高的封闭性,外部数据的接入与整合面临较大障碍。然而,随着云计算技术的广泛应用,财务系统的构建得以突破传统局限,迁移至云端平台,从而实现数据的实时交互与智能化分析。这一技术革新为企业财务管理带来了双重变革:其一,企业能够与供应商、合作伙伴及客户实现数据的无缝共享与高效获取,通过整合上下游企业的多维度数据资源,提高交易记录的准确性与完整性,显著提升会计信息的处理效率与可靠性;其二,企业内部业务数据能够实现实时记录、传输与智能化分析,彻底打破业务与财务之间的信息壁垒,促进资源的全面共享与协同利用,进而推动财务管理向精细化、智能化方向迈进。这种基于云计算技术的财务管理模式在提升企业运营效率的同时,还为财务管理的数字化转型提供了强有力的技术支撑。

4. 智能自动化

自动化技术可以通过流程优化和智能化操作,减少人为干预,提高工作效率。例如:RPA(机器人流程自动化)能够完成大量重复性任务;AI驱动的智能客服可以提升客户服务体验;智能制造则提高了生产线的自动化程度,助力企业降本增效;而人工智能与财务理论的结合形成了一种新的财务管理模式,曾霞(2020)的研究表明新的财务管理模式有助于实现高层次、综合性、多种可能性的资源优化。在财务智能化时代，信息技术不仅可以在数据收集和处理方面取代人类，还能通过机器深度学习加强财务数据智能化的分析和运用，帮助企业精准决策，提高财务智能水平。

综合来看，技术赋能的四大核心要素——数字技术、工具与平台、数据与知识以及智能自动化，共同构建了企业数字化发展的关键支柱。它们相互作用，相辅相成，为企业赋能，推动商业模式的创新与升级。通过技术赋能核心要素的共同作用，企业能够打破信息孤岛，实现跨部门、跨产业的高效协同，提升内部运作效率的同时，强化外部资源整合的能力。这不仅优化了企业的业务流程，还提升了其市场应变能力，使其能够在快速变化的市场环境中占据优势。最终，这一体系的构建将帮助企业更具竞争力，同时也为企业可持续发展奠定了坚实的基础，助力企业在数字经济时代实现长期稳健增长。

5.2.2 技术赋能主体协同的层次

以物联网、大数据、云计算和人工智能为代表的新一代信息技术的创新发展，加速了与传统产业的深度融合，推动产业互联网的转型升级。例如，葛明磊等人（2018）表示工业、农业、交通和物流等实体行业正与互联网深度结合，催生了海尔卡奥斯、树根互联、煤亮子等产业互联网平台的实践探索。产业互联网平台依托新一代信息技术构建产业"基础设施"，通过产业数据积累、知识沉淀、流程优化及产业人才优势，为产业链内各经济体赋能，使产业链相关主体在平台上获得能力提升、资源配置优化以及金融支持，从而有效解决实体企业在资金短缺、技术瓶颈和资源不足等方面的困境，提升整体产业链效率，并助推产业升级。基于以上学者的研究，技术赋能下的主体协同可以分为个体、组织与平台、产业链三个层次。

1. 个体层面

技术赋能改变了个体的工作方式与价值创造模式。数字化工具、智能分析系统和自动化技术的广泛应用，使个体能够更高效地获取信息、优化决策并提升生产力。孙新波等人（2020）将研究视角聚焦于"人"，将其作为技术赋能的主体与对象，深入探讨被赋能者在技术赋能前后所展现的能力变化。这一研究范畴涵盖了领导赋能、员工赋能以及顾客赋能等多个维度。Srivastava 等人（2006）指出领导赋能是指领导者通过向下属授权，激发其工作主动性与内在动机，从而显著提升其自我效能感；吴沁沁和周代数（2025）表明员工赋能强调通过数字信息技术的应用，赋予员工更多的工作自主权，同时促进员工之间的信息沟通，进一步增强其工作积极性与自我效能感；吴义爽等人（2016）提到顾客赋能侧重于将更多的主动权赋予顾客，以促进企业与顾客之间的良性互动，通过鼓励顾客参与产品定制与体验，实现企业与顾客之间的价值共创。此外，孙新波等人（2020）指出，人工智能驱动的智能助手能够帮助员工高效处理重复性、机械化的任务，使其能够将更多精力投入到更具创造性与战略性的工作中，从而最大化其个人价值与组织贡献。这种以"人"为核心的技术赋能研究表明，远程协作工具的普及打破了时空限制，增强了个体之间的跨区域协作能力。

2. 组织与平台层面

在组织内部，技术赋能促使企业从传统的线性管理模式向数据驱动、智能协同的模式转型。云计算、SaaS（软件即服务）等技术的应用，使企业能够构建更加开放、灵活的协作环境，实现不同业务部门之间的信息共享与流程优化。邱泽奇（2021）的研究指出，数字平台企业（Digital Platform Enterprises，DPE）是指依托数字技术进行生产与服务活动，并为其他企业的生产与服务提供支持的企业组织形式。作为传统组织形态在数字时代的创新性演变，DPE 已成为数字社会结构中不可或缺的重要组成部分。从组织要素的视角来看，DPE 的参与者已超越了传统岗位承担者的单一角色，其目标也不再局限于单纯的营利性追求，组织结构亦不再由传统业务逻辑主导，其技术核心从传统的生产技术转向以数字技术为底层支撑、以数据为驱动力的新型范式。邱泽奇（2021）表示这种新型组织形式通过构建产品与服务的闭环生态系统，为兼顾效率与公平提供了全新的可能性与实现路径。近年来，学术界与实践领域对这类企业的描述呈现出多样化的情境性特征。例如，在中文语境中，DPE 被赋予了多种称谓，如"平台""市场平台""电商平台""网络平台""网络交易平台""互联网平台"以及"平台组织"等。再如英文语境里的数字平台（Digital Platforms）、数字经济（Digital Economy）、平台经济（Platform Economy）、平台生态系统（Platform Ecosystem）等。这些多样化的命名方式不仅反映了 DPE 在不同领域与场景中的广泛应用，也体现了其在数字经济中的多维价值与复杂特性。DPE 的兴起标志着组织形态在数字时代的深刻变革，其以数据为核心驱动力，通过技术赋能与生态构建，正在重塑现代经济与社会的基本运行逻辑。陈玲（2010）指出，基于数字化平台的管理模式，不仅提高了内部运营效率，还增强了企业与外部合作伙伴之间的互动，提升了供应链管理、客户关系维护等关键业务的智能化水平。

3. 产业链层面

在更广阔的产业生态中，技术赋能推动了供应链、生产链与价值链的协同发展。大数据、区块链、物联网等技术的深度应用，使企业能够跨组织、跨行业共享关键信息，提高供应链的透明度与可追溯性。数字赋能行为贯穿整个产业链，并体现在多个环节：在合作端，企业依托互联网、数字金融及信息系统，增强与合作伙伴的信息共享与研发协同作用，充分发挥创新网络效应；在生产端，企业应用数字技术与智能制造变革生产模式，提升生产的柔性与效率，同时利用网络与信息系统优化管理模式，提高管理效能；张倩肖等人（2023）提出在客户端，企业通过互联网商业模式适应数字营销，并借助数字金融连接客户端口，以满足消费者的新消费需求。这些要素共同构成了数字赋能的综合体系。

智能制造、工业互联网等技术的普及，使得产业链上下游企业之间的数据流转更加顺畅，推动资源的高效配置与业务模式的创新。通过技术驱动的产业链协同，企业不仅能提升整体运营效率，还能促进产业生态的可持续发展。针对数字资源整合所驱动的商业模式创新，郑小碧等人（2020）在其研究中指出，数字经济的兴起从根本上改变了传统静态化理论框架下的商业行为逻辑与技术依据。通过数据与知识资源的深度整合与高效共享，企业能够实现边际报酬递增效应，这一现象为新产业整合理论奠定了知识基础观的核心支撑。数字经济不仅重构了企业与消费者之间的互动关系，还显著缩短了二者之间的距离，使得企业能够更加精准地捕捉消费者需求并快速响应市场变化。在这一背景下，企业的盈利目标逐渐从传统的规模经济转向以"熊彼特创新租金"为核心的价值创造模式，即以创新驱动的高附加值收益为主要追求（师磊 等，2024）。同时，消费者价值导向成为新产业链整合理论的核心逻辑起点，强调以消费者需求为中心，推动产业链各环节的协同优化与价值重塑。

5.2.3 技术赋能主体协同机理分析

在数字化转型背景下，技术赋能不仅优化了个体、组织和产业链的运作模式，而且重塑了各主体之间的协同机理。通过信息流的共享、数据的智能分析与决策优化，技术推动主体之间形成更紧密、高效的协作关系。基于此，主体协同的机理可从生态化协同、信息共享与知识协同、智能决策与优化调度、资源整合与生态优化四个方面进行分析。

1. 生态化协同——构建开放共享的数字化生态

生态化协同作为产业互联网演进的高级阶段，代表了产业主体在复杂生态系统中实现多维度、多角色互利共生的新型发展范式。在这一生态化协同框架下，生态圈内汇聚了多样参与者，通过构建合理的价值分配机制与多元化的价值创造路径，充分释放生态红利，从而推动产业整体效率与创新能力的显著提升。在数字化转型的驱动下，企业正经历从传统封闭式运营模式向开放协同生态系统的深刻转变。技术赋能不仅重塑了企业内部的运营逻辑，还使得个体、组织以及产业链之间的传统边界逐渐消融，形成更加紧密、灵活且动态化的合作关系。通过云计算、区块链和 API 等技术，企业可以与供应商、客户、合作伙伴建立互联互通的生态体系，实现信息、资源和能力的共享。例如，平台型企业通过 SaaS 赋能中小企业，使其能低成本接入行业生态，提高整体协同效率。此外，跨行业、跨领域的数据互联也促进了新业务模式的诞生，推动产业升级和商业模式创新。

2. 信息共享与知识协同——增强数据流动性，提升智能化水平

信息流的高效流通是数字化协同的核心。技术通过数据挖掘、知识图谱、区块链等方式打破信息壁垒，实现跨主体的信息共享，提高协同效率。传统模式下，企业内部各部门、不同组织间的数据往往是割裂的，造成信息孤岛，影响决策质量。而在技术赋能下，数据采集、存储、处理和分析能力显著提升，使信息共享更加透明、高效。云计算、大数据、物联网等技术支持企业构建实时的数据交互体系，确保信息在不同主体间流通并转化为可执行的知识。例如：智能财务系统可以实时获取企业经营数据，并结合行业趋势分析，实现精细化管理；医药行业的 EHS（环境、健康、安全）管理可以利用大数据分析平台，实现与不同部门和外部监管机构的信息共享，提高安全管理水平；AI 驱动的知识管理系统能够自动提取有价值的信息，促进个体与组织之间的经验传承，提高决策的科学性和精准度。

3. 智能决策与优化调度——数据驱动，提高协作效率

智能化技术的引入使企业能够从被动响应转向主动预测，实现更高效的资源配置和决策优化。在数据驱动的环境中，AI 算法和机器学习可以帮助企业分析历史数据，预测未来趋势，并基于实时信息调整生产、供应链和运营策略。例如：在智能制造领域，企业可以通过工业互联网实时监测设备状态，预判可能的故障并进行预防性维护，提高生产效率并降低损耗；在电商无货源模式中，智能选品系统可以根据市场趋势自动优化供应链，提高上下游协作效率；在供应链管理中，基于数据分析的智能调度系统能够优化物流路线，提高交付效率，降低库存成本；在市场营销和客户管理方面，AI 算法可根据用户行为分析个性化需求，精准推荐产品和服务，提升客户体验和业务转化率。

4．资源整合与生态优化——提升产业链协同与可持续发展能力

技术赋能推动企业间的资源共享与整合，使整个产业生态更加智能化和高效化。产业互联网平台型企业依托平台化和智慧化阶段积累的服务商资源、产业链数据和专业知识，以新兴技术的应用为核心，将产业思维深度融合于生态化服务中。林楠等人（2022）提出通过有效整合"物"与"人"的服务资源，推动技术与人才的互动，构建数字化、可视化、智能化的产业链信用体系和流通体系，促进在生态融合环境里，信息的全流程互通与全方位协同发展，从而实现生态赋能。生态赋能指产业互联网平台赋予用户全流程溯源与全方位协同发展的能力。孙新波等人（2020）指出通过生态互联新兴技术，整合产业链各方资源，构建智能化的生态服务体系，并创造与释放更多生态红利。此外，林楠等人（2022）以钢铁产业互联网平台欧冶云商为例，该企业将产业资源、新兴技术与产业思维紧密结合，以平台化和智慧化积累的服务商资源、产业链数据及钢铁行业知识为基础，通过新兴技术应用，深度嵌入产业思维，始终聚焦"生态化协同"这一阶段性关键任务，整合"物"与"人"的服务资源，构建产业链数字化、可视化、智能化的信用与流通体系，推动全流程信息互通和全方位协同发展，最终通过生态共赢促进产业链的全面升级。

此外，区块链技术能够保证供应链数据的透明性和可追溯性，从而增强合作伙伴之间的信任。物联网技术使得企业间的设备能够互联互通，从而提升生产效率。数字孪生技术则通过模拟复杂的业务流程，帮助企业优化其运营模式。例如：温广辉等人（2021）提出在新能源行业，通过智能电网技术将不同的能源供应商进行整合，实现了分布式能源的高效管理，提升了能源的利用效率；余基洋（2024）研究指出数字化协同促进了绿色制造、低碳经济的发展，使企业能够在追求商业价值的同时兼顾可持续发展目标，推动产业生态的长期健康发展。

技术赋能下的主体协同已经从简单的业务对接演变为深度融合的生态协同。通过生态化协同、信息共享与知识协同、智能决策与优化调度、资源整合与生态优化四个核心机制的协同优化，企业能够突破传统组织边界，实现数据驱动、智能化决策，从而提高运营效率和竞争力。同时，技术赋能推动产业链的整体升级，为企业在数字经济时代构建更具韧性的可持续发展模式提供了坚实支撑。未来，随着数字技术的深入应用，技术赋能主体协同的机理将进一步完善，企业的数字化转型也将进入更加智能化、精准化和生态化的阶段。

5.3 技术赋能路径分析

深入剖析技术赋能的内在逻辑与演进机制，可以从能力整合路径与能力重构路径入手，系统阐释技术赋能在不同阶段所呈现的实现方式与作用机制。

5.3.1 技术赋能能力整合路径分析

在技术赋能背景下，主体的能力整合路径涉及资源重组、知识共享、智能协作等多个方面。不同主体（个人、组织、产业）通过技术手段实现能力的优化配置，以提升创新力、竞争力和协同效率。本节从能力整合的核心要素和典型路径两个方面进行分析。

1. 能力整合的四个核心要素

在技术赋能背景下，能力整合涉及多个关键要素，不同主体通过技术手段优化配置资源，以提升创新力、竞争力和协同效率。具体而言，技术赋能能力整合主要包括数据驱动（Data-Driven）、智能决策（AI-Driven Decision Making）、协同网络（Collaborative Networks）和自动化执行（Process Automation）四个核心要素，如图 5-1 所示。

1. 数据驱动	2. 智能决策	3. 协同网络	4. 自动化执行
大数据分析 数据挖掘 知识图谱 数据资源获取与利用	机器学习 自然语言处理 智能决策支持系统 市场渗透与整合能力	供应链效率提升 区块链技术 IoT（物联网） 信息孤岛减少	RPA（机器人流程自动化） 智能机器人 业务流程自动化 劳动效率提升

图 5-1 技术赋能能力整合关系图

（1）数据驱动（Data-Driven）

通过大数据分析、数据挖掘、知识图谱及数据资源获取与利用等技术的应用，实现信息的高效流动与价值的深度挖掘。张国胜等人（2021）的研究指出，在数字技术的驱动下，技术组织与生产管理实现全面融合，促使企业重新配置各生产要素的组合方式，构建新的生产函数，从而显著提升生产效率。然而，数据本身并不能自动为企业创造额外价值。戴翔和张雨（2021）提到数字赋能的核心在于强调数据资源的获取与利用，以及支撑这一过程的数字技术能力。数字赋能可以理解为通过数据资源的获取、内容分析及新技术应用的综合场景化实践，以场景为界面识别并利用大数据资源，为赋能对象提供能力提升与价值创造所需的知识（如机会与资源等），最终实现赋能价值的过程。

依据资源整合理论，数字赋能在合作端通过将数据资源整合为新型生产要素以推动生产函数的革新。首先，张倩肖等人（2023）指出在数字赋能的生产函数框架中，数据作为一种关键生产要素，具备指数级增值的显著优势。首先，数据不仅能够用于提升技术质量，还能推动原有技术的升级与高级化发展，以此提高全要素生产率。其次，数字技术水平的提升直接提高了数据的利用效率，推动企业技术水平的整体进步，最终驱动全要素生产率持续增长。最后，数字技术与传统生产要素的深度融合，能够产生区别于传统技术的新型增长效应，帮助提升资源优化配置的效率，为企业创造更大的价值。

（2）智能决策（AI-Driven Decision Making）

数字技术在客户端和生产端展现出了与传统技术截然不同的强大赋能作用。首先，数字赋能蕴含着显著的规模经济效应。企业通过运用数字资本，能够迅速扩大数据优势，并在其经营范围内形成规模化效益。这种优势不仅能够提升企业的生产效率，还能增强其在跨行业领域的影响力和竞争力。其次，吕铁等人（2021）指出，数字技术通过打破传统市场的时空壁垒，帮助企业打破地理和时间的限制，使其能够通过平台化界面直接与消费者进行对接，进而扩大销售热点，提升企业的市场渗透能力和整合能力。此外，企业还能够借助机器学习、自然语言处理等先进技术，优化对业务主体的认知及决策过程，进一步提升决策的智能化水平。这些技术的应用，不仅改变了企业的运营模式，也推动了其在市场中更加灵活和高效的战略布局，最终帮助企业在竞争环境中增强整体竞争力。

（3）协同网络（Collaborative Networks）

企业通过数字赋能不仅能提高对数据资源利用能力，还能拓展数据使用的广度和深度，以达到促进数据深加工和精准应用的效果。在此过程中，企业可以更好地利用数据资源，选择更加专业化的分工模式，实现在各个环节中高效的资源配置。李琦等人（2021）指出数字技术赋能帮助企业在管理决策方面实施更精准的策略，尤其是在提升供应链效率方面，数字化管理能够精细化各个供应链环节的运作，减少资源浪费和运营成本。通过这种方式，企业在产业链中的整合水平得以显著提升，更好地发挥其数据资源优势，形成独特的竞争力。同时，张倩肖等人（2023）提到数字赋能也促进了企业对全要素生产率的提升，帮助企业在提高资源使用效率的基础上，实现可持续增长与发展。例如：通过区块链、IoT（物联网）、智能合约等技术，企业可以优化主体间的交互模式，减少信息孤岛；且赵明光（2025）的研究指出借助设备之间的连接进行远程监控和智能决策，能显著提高智能制造的质量和效率。这些转变使得企业能够在激烈的市场竞争中占据有利位置，为未来的可持续发展奠定基础。

（4）自动化执行（Process Automation）

数字赋能不仅具有显著的管理效率提升效应，还使企业能够借助信息技术实现内部沟通的低障碍与低成本化，有效减少信息传递中的摩擦与损耗，推动组织结构的扁平化与平台化转型，全面提升企业的管理效能。通过引入 RPA（机器人流程自动化）、智能机器人等先进技术，企业能够显著提升业务流程的自动化水平，最大限度地减少人为干预，降低操作错误率，提高整体运营效率。此外，数字赋能还展现出显著的劳动效率提升效应，企业能够通过数字技术的应用，优化劳动力资源的配置，增强服务性人力资本的积累与利用效率。需要特别指出的是，企业在生产流程中加大对数字化与服务化的投入，不仅提高了单位劳动产出，还通过优化劳动分工与资源配置，进一步提升劳动效率，为全要素生产率的持续增长提供强劲动力。这种以数字技术为核心的能力正在重塑企业的生产与管理范式。

2. 能力整合的典型路径

在技术赋能能力整合的过程中，典型路径为主体提供了可行的实现方式。不同主体可以根据自身资源禀赋和发展需求，选择合适的路径进行能力优化与提升。围绕上文提到的四种能力整合的核心要素总结出三种主要的能力整合路径，并就此展开论述，如图5-2所示。

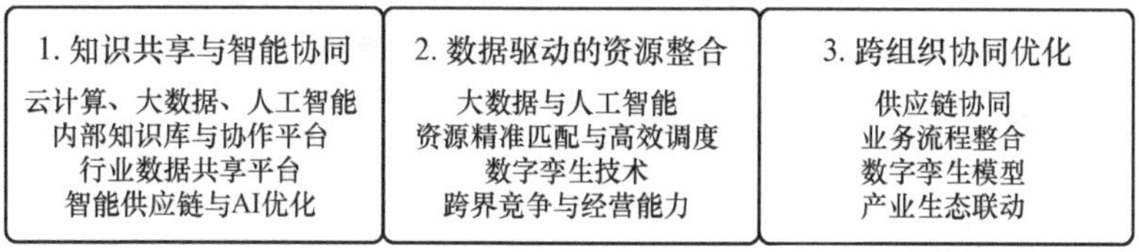

1. 知识共享与智能协同	2. 数据驱动的资源整合	3. 跨组织协同优化
云计算、大数据、人工智能 内部知识库与协作平台 行业数据共享平台 智能供应链与AI优化	大数据与人工智能 资源精准匹配与高效调度 数字孪生技术 跨界竞争与经营能力	供应链协同 业务流程整合 数字孪生模型 产业生态联动

图 5-2 能力整合典型路径关系图

（1）知识共享与智能协同

知识共享依托云计算、大数据、人工智能等技术打破信息壁垒，促进个体、组织和产业链之间的信息流动和创新能力提升。企业可以通过构建内部知识库与协作平台，实现跨部门信息共享；产业链可以借助行业数据共享平台、区块链技术等进行资源整合，推动开放式创新。同时，随着技术赋能能力的整合，企业通过 AI、自动化流程、智能供应链等手段优化协作模式，提高工作效率和决策精准度以达到智能协同的目标。比如，数字技术和劳动力的组合，可以大幅度提高劳动者技能和劳动生产效率，通过智慧算法和风险预测模型等为资本带来更加丰厚的回报，从而延伸出劳动赋能型技术和资本赋能型技术，驱动生产要素迭代升级，在这一过程中实现全要素生产率的增长。

（2）数据驱动的资源整合

数据驱动的资源整合依托大数据、人工智能等数字技术，实现资源的精准匹配与高效调度，使个体、组织和产业链能够在动态环境中优化资源利用，提高创新能力和竞争力。罗均梅等人（2025）指出，数据不仅帮助企业打破传统资源配置的局限性，还促进跨主体的资源协同，推动产业链向智能化、精细化和生态化方向发展。数字赋能存在范围经济效应，企业对不同领域资源实现新的整合和再生产，聚焦用户热点，迅速响应新消费，从而提升跨界竞争和经营能力。而数字孪生技术作为一种先进的信息建模方法，则为创新生态系统中的参与者提供了一种新的交互模式。张振刚等人（2025）指出，在无缝对接情况下，通过创建物理资产的虚拟复制品，实现了现实与数字世界的无缝对接，从而提升了系统成员之间的沟通效率和协作水平。这种数据驱动的可供性使得核心企业和互补者之间可以进行更为精确和实时的数据交换，进而促进资源流动与整合，加速互补创新的进程。

（3）跨组织协同优化

跨组织协同优化是实现企业间资源共享、信息互通和智能化协作的核心能力。技术赋能下的跨组织协同优化通过供应链协同、业务流程整合和产业生态联动以打破传统的组织边界，实现高效协作。罗均梅等人

（2025）又提到，在企业创新生态系统中，核心企业通过共建共享数字孪生模型，打破数据壁垒，促进跨组织协同合作，共同分析和应对智能制造在产业和行业层面的复杂挑战。数字孪生的可供性强调了技术与组织目标之间的协同演进，使数字孪生的交互性、融合性、重构性及进化性等特性与实际应用场景中的连通性、完整性、灵活性及智能化完美契合，不仅提升了技术的实用性和广泛适用性，还促进了技术应用主体间的数据共享、沟通和协作，加速了主体间的资源整合，为价值共创奠定了坚实基础。

综上，技术赋能能力整合路径主要围绕知识共享与智能协同、数据驱动的资源整合和跨组织协同优化展开，各主体通过技术手段优化能力配置，提高创新力、竞争力和协同效率。随着人工智能、区块链、物联网等前沿技术的深入应用，能力整合的模式将进一步深化，推动企业和产业迈向更高效、智能、可持续的发展阶段。

5.3.2 技术赋能能力重构路径分析

在当前技术快速发展的背景下，技术赋能已成为推动组织、产业和社会变革的重要动力。然而，技术赋能并非简单的技术引入，而是涉及能力的重构，以适应新的生产、管理和服务模式。本节将从技术赋能能力的重构逻辑角度出发，分析技术赋能能力的重构路径。

1. 技术赋能能力的重构逻辑

（1）能力匹配逻辑

数字技术的引入通常会催生组织内部的适应性变革，引起资源要素的重构与优化。资源基础观（RBV）提出，企业的资源体系是由有形和无形资源组合而成的"资源束"（Resource Bundle），这些资源成为组织转型与发展的基础性支撑。在引入数字技术以推动适应性变革的过程中，企业需要在原有资源的基础上进行适当的资源配置，并选择适合的转型模式。然而，资源的演进通常具有路径依赖的特性，意味着它受到过去决策的制约，且存在一定的组织惯性。虽然数字技术的引入能够促使企业在结构和流程等方面进行变革，但组织内部的刚性仍然可能成为变革过程中的障碍。此外，马鸿佳等人（2024）在其关于资源编排理论（Resource Orchestration Theory）的研究中指出，企业对资源和能力的有效配置和利用比拥有资源和能力本身更为重要。通过合理的资源编排，企业能够抓住更多的市场机会，从而构建竞争优势。在数字化背景下，数字资源的编排规律与传统规律有显著区别，数字资源和能力成了企业赢得竞争优势的关键。牛璐等人（2024）提出企业需要将数字资源与传统资源结合，进行有效的配置、整合与利用，以最大化资源和能力的价值。

然而技术赋能并非一刀切，而是基于目标对象的特点进行适配。不同组织或产业的技术应用场景不同，因此需要结合具体业务需求进行能力重构。马鸿佳等人（2024）采用了 fsQCA（模糊集定性比较分析）方法，通过对中国 392 家中小制造企业的调查数据进行组态分析，研究了中小制造企业如何利用数字机会及其资源配置。其分析中选择了五种传统资源和能力，包括实物资源、关系资源、制造能力、营销能力和创新能力，以及两种数字资源和能力，即大数据资源和数字平台能力。应用组态思维，配置了七种要素，深入探讨了中小制造企业如何通过数字机会进行资源组态，揭示了影响数字机会利用的核心条件及其复杂的互动关系。主要结论如下：①七种资源单独并不足以成为中小制造企业数字机会利用的必要条件，但数字平台能力作为一个关键条件在各路径中发挥了普遍的作用；②数字机会的利用路径存在三种主要类型，分别是"内向型""外向型"和"内外兼顾型"，每条路径对应不同的资源配置方式，均需要将传统资源和数字资源相结合；③进一步对高技术企业的分析显示，存在两条路径，分别是"渐进型"和"突破型"，这两条路径代表了两种不同的模式，并且两类资源相互补充，协同作用显著。

首先，能力匹配逻辑要遵循适配性原则。技术要符合组织的实际情况，避免"技术空转"。比如，周文辉等人（2020）提出，新创企业在不同阶段对资源需求的差异较大，获取匹配的创业资源才能提高孵化有效性，孵化器服务能力要与新创企业生命周期相匹配。其次，能力匹配逻辑采用渐进式升级。从基础能力构建到高级智能应用，分阶段推进。刘意等人（2018）从大数据驱动的视觉角度，提出大数据驱动的运营、快速迭代与规则制定等交互使研发决策从依靠人的经验判断转变为人与数据相结合，从而构建新型动态能力。

（2）价值共创逻辑

技术赋能不仅提升效率，还创造新的价值。重构路径需要打破传统科层体系，建立多主体协作共创模式。因此，为了最大化数字孪生的潜力，核心企业应当构建一个包容性合作框架，罗均梅等人（2025）认为通过高效协同不同主体的互补性资源，放大网络效应，推进互利共赢的互补创新格局，从而实现价值共创的加速发展。

在现代企业创新生态系统中，价值共创是一个复杂的过程，它不仅涉及价值创新，还涉及不同主体资源的整合与互补。张振刚等人（2024）指出，生态系统内的价值共创很大程度上依赖于核心企业是否能够有效整合来自互补企业的资源、能力和创新。

随着数字经济蓬勃发展，企业创新生态系统已成为驱动企业创新的关键平台，而价值共创成为其保持活力与竞争力的核心源泉。创新生态系统被界定为一种旨在联结并整合多元主体的协同合作网络，其目标在于共同为客户提供解决方案，从而实现价值的创造与输出。基于生态系统的研究情境，价值共创可以被理解为各价值创造主体通过多向互动、服务交换以及资源整合等方式，共同实现价值创造的动态过程。特别是在智能制造浪潮中，企业创新生态系统对数字技术的依赖愈发显著，亟须探索与先进技术相匹配的价值共创模式，以激发源源不断的创新动能。关于数字技术如何推动创新生态系统中的价值共创，现有研究主要围绕两个维度进行。一方面，数字技术被视为价值创造的资源基础，通过有效整合这些资源，释放其潜在价值；另一方面，数字技术被视为促进价值共创的重要工具，积极影响着生态系统中各主体间的关系，进而推动价值共创的实现。在复杂的企业创新生态系统中，单个企业的能力总是有限的。只有当多个企业或组织能够相互补充优势资源，形成技术、市场、资源和战略等多层面的互补时，才能实现整体效益的最大化。数字孪生技术以其卓越的数据采集与处理能力，为这种互补性创新提供了强大的技术支持。通过数字孪生可供性，企业能够更敏锐地捕捉和利用不同场景中其他参与主体的资源，实现资源共享与协同合作，从而推动价值共创的深化与拓展。海尔集团的卡奥斯 COSMOPlat 是一个典型案例，展示了通过数字孪生技术实现多方参与者之间的实时数据交换和协同工作，推动产品的快速迭代和优化。

（3）生态协同逻辑

技术赋能不是孤立的，而是一个生态化过程，需要构建技术、数据、人才、市场等多方面的协同机制。作为数字经济时代数实融合的关键技术，数字孪生集成了大数据、云计算、人工智能等前沿科技，拥有虚拟映射、数字仿真及智能分析等多重功能。它不仅能够推动单个企业的生产效率和创新潜能，还能促进企业间数据的集成与共享，从而在产品开发、制造和运营等领域实现全面协作。随着智能制造场景的不断扩展，企业面临发展多系统联动优化控制的需求，这促使企业更倾向于在集群或创新生态系统中通过协作与资源共享来部署数字孪生技术，以应对资源密集的需求挑战和单个企业的资源约束。

2. 技术赋能能力的重构路径

（1）数字基础设施建设能力重构

数字基础设施不仅是信息化时代的基石，更是智能化社会发展的核心支撑。技术赋能下的数字基础设施不再仅局限于传统的 IT 系统，而是涵盖云计算、5G 网络、物联网（IoT）、区块链、人工智能（AI）和大数据等新一代信息技术。这些技术共同作用，使数字基础设施从被动支撑向主动赋能、从孤立系统向融合生态转变,为企业和产业的智能化协作提供高效、稳定的技术保障。比如,云计算技术作为数字经济的重要技术支撑,得到了大中小型企业的广泛青睐。它整合现有的网络化、虚拟化和服务导向架构等技术,通过网络架构将服务提供给终端使用者,邓晰隆等人(2020)认为云计算解决了企业应用成本昂贵与系统复杂等难题。

(2)数据驱动决策

技术赋能下,企业不再仅依赖经验和主观判断,而是通过数字技术实现数据的高效采集、分析、预测和优化,从而提高决策的科学性和精准性。数据驱动决策的能力重构,使企业能够在复杂的市场环境中更快地响应变化,利用数据挖掘对客户需求进行分类和聚合,从而提高资源配置效率,增强市场竞争力,建构更高效、更智能的大数据时代业务发展范式。杨宇萍等人(2020)认为,大数据分析能帮助组织从数据中挖掘价值,从而实现精准营销、智能供应链优化等;而李俊峰等人(2023)指出,利用人工智能赋能,将 NLP(自然语言处理)用于智能客服,可以提高智能客服对短文本的理解能力,从而提升智能客服的服务质量。

(3)平台化生态构建

平台化生态构建是技术赋能背景下协同创新能力重构的重要路径。传统的企业运营模式正向平台化、生态化转型,单一企业难以独立应对快速变化的市场需求,而依托技术赋能构建的平台型生态系统,李勇坚(2025)论证了平台化生态可以打破行业边界、整合产业资源、促进跨组织协同、提升整体价值链效率。平台化生态构建不仅适用于互联网企业,也正在制造、金融、零售、医疗、教育等多个行业加速落地,成为推动数字化转型的核心引擎。通过建设数字经济平台,打造开放式技术生态,使用云计算赋能提供基础算力支持,运用大数据与 AI 驱动精准决策,利用区块链增强数据安全与供应链透明度,如京东数字科技集团、阿里云的产业互联网模式构建了覆盖零售、金融、物流、城市计算等多个领域的数字经济平台。

3. 典型案例

下面将就典型生态型组织如何通过技术赋能重构多元化能力进行案例解析并梳理相应的管理启示。

（1）案例1：海尔的"灯塔工厂"

海尔集团自2019年年末起积极践行生态品牌战略，连续7年以唯一物联网生态品牌的身份荣登BrandZ全球百强品牌榜单，处于物联网领域的领先地位。海尔通过工业互联网平台COSMOPlat，赋能制造业进行数字化转型，实现大规模定制，提高生产灵活性和效率。罗均梅等人（2025）强调海尔不仅重视前沿数字技术如数字孪生的应用，同时还成功培育了卡奥斯在内的七大子生态系统，成为制造业智能化转型升级的典范。这些子生态系统在行业生态构建、资源整合及协同创新方面展现了非凡的实力与独特的优势，尤其注重主体间互补资源的构建与互补创新实践的推进，共同促进了整个生态系统的价值创造。

（2）案例2：韩都衣舍的"智汇蓝海孵化平台"

韩都衣舍自2008年创立以来发展迅速，并成为互联网服装行业的领军企业。由"代购韩国服装"到"升级供应链代购韩国服装款式"再到"升级系统成为互联网服装品牌孵化平台"，随着韩都衣舍业务的不断升级，也在影响着韩都衣舍的竞争优势。竞争优势的改变也使韩都衣舍成功孕育出新业务中的核心能力，从动态能力到核心能力，再到竞争优势，最后到主要业务不断变更，毕小青等人（2023）认为，韩都衣舍持续优化的竞争优势使其从一个淘宝小店逐渐发展成为2016年的互联网第一服装品牌。在其技术赋能期，面临结构性要素失衡，韩都衣舍通过协同式适配策略，成立了智汇蓝海孵化平台，全面导入韩都衣舍数字化组织能力与运营能力，整合外部优质资源，赋能创业企业，形成数字化共创能力。

本章小结

本章探讨了技术赋能的生态型组织发展,包括新兴技术商业应用、技术赋能机理分析及技术赋能路径分析。随着信息技术的发展,技术不再是一个单一的支持工具,而是推动组织变革和发展的核心动力。技术的赋能不仅改变了传统工作方式,也使得企业的组织结构、文化及其管理方式发生了深刻的变革,推动了组织的生态型发展。技术赋能为生态型组织发展提供了强大支持,使其在创新、适应性、员工参与等方面表现得更加突出。

首先,技术赋能极大地提升了组织商业行为的创新性。在数字化时代,信息的流动变得更加高效和透明,组织成员可以通过实时共享信息进行跨部门协作,推动创新思维的迸发。特别是大数据、人工智能和云计算等科技的运用,帮助组织更快速响应市场需求,进行更精准决策,从而提升竞争力。同时,组织还可以利用数据和算法分析实现更为科学的预测和决策。

其次,技术赋能促进了组织商业行为的灵活性和适应性。技术的赋能促使组织能够更加快速地调整战略、优化流程,实现跨地域、跨时区的协作与管理。通过信息技术,企业能够实现快速的产品迭代和服务更新,提升对市场变化的响应速度。因此,技术赋能不再局限于提升组织内部管理效率,它更成为商业战略决策中的关键工具,帮助企业保持在竞争中的优势。

最后,技术赋能对组织文化和员工角色的变化也产生了深远的影响。在一个技术赋能的生态型组织中,员工不再单纯地执行任务,而是成为知识的创造者和信息的传递者。技术工具的普及使得员工在信息的获取、分析和应用上更具自主性,改变了他们的工作方式和思维方式。

然而,如何平衡技术的优势与可能带来的挑战,以及如何提升组织整体的技术素养,依然是生态型组织未来发展中的重要课题。只有不断创新并合理应对挑战,生态型组织才能在数字化时代中立于不败之地。

第6章 海尔生态链群的管理案例启示

随着全球经济的快速发展，消费者需求发生了显著变化，市场竞争也变得更加复杂。过去主要关注功能性的产品已无法满足当下消费者对多样化、个性化和高品质的需求。同时，互联网、物联网和人工智能等数字技术的飞速发展，不仅推动了技术革新和产业转型，还使企业从工业时代进入智能化时代，这迫使企业重新审视自身的管理模式与运营方式。对于企业来说，传统的管理模式和组织架构面临巨大的挑战。如何更快、更好地响应市场需求成为每一家企业必须思考的问题。在这种背景下，海尔创始人张瑞敏率先提出"人单合一"管理创新模式，重构企业与用户关系，打破了传统层级管理逻辑。借助"人单合一"，海尔实现了小微组织动态协作和用户价值的深度挖掘，为企业生态化发展奠定基础。海尔提出"链群合约"管理机制，作为"人单合一"的延伸与升级。通过"人单合一"与"链群合约"的有效结合，海尔突破传统行业边界，构建以用户需求为导向的动态生态系统。海尔在实现自身数字化、智能化转型的同时，也为全球企业提供了应对数字化变革的新管理模式。本章主要对海尔的"人单合一"生态战略以及海尔链群合约生态进行分析和论述。

6.1 海尔"人单合一"生态战略解析

本节主要对海尔"人单合一"生态战略进行深度解析——从"人单合一"的概念、理论与实践,到全球化、网络化以及生态化三阶段的生态战略演进轨迹分析。

过去的企业管理通常依赖于金字塔式的层级结构,员工的角色更多是执行者,他们的创造力和主动性常常被压制。在这种模式下,市场环境的剧烈变化和消费者需求的迅速转变,使得企业不能及时应对市场的变化,用户需求也没有得到充分的关注,企业难以快速响应用户需求。为了打破这种局限,海尔集团创始人张瑞敏提出了"人单合一"企业发展战略。

海尔集团首创的"人单合一"生态战略,通过重构员工价值、用户价值与企业价值的共生关系,开创了物联网时代"自组织、自驱动、自进化"的生态型管理模式,为中国企业突破传统管理范式、实现可持续价值增长提供了创新样本。要有效借鉴海尔集团的管理创新经验,必须系统解构"人单合一"战略的本质属性、理论逻辑与实践路径。通过重构"员工-用户-价值"的共生关系(What),依托自组织理论与动态能力理论解决传统科层制下的创新抑制问题(Why),并以全球化、网络化、生态化的三阶段跃迁实现组织能力升级(How)。只有深入把握其"价值共创、动态适应、生态协同"的战略内核,才能在企业数字化转型中实现规模扩张与质量提升。

6.1.1 "人单合一"概述

作为一项具有突破性的管理创新,海尔通过持续迭代的战略框架,将管理哲学转化为可操作的实践体系,本小节将围绕理论基础、战略构建与实施成效三个维度对"人单合一"生态战略进行展开。

1. 理论基础:如何形成"人单合一"战略

在第七届人单合一模式引领论坛上,张瑞敏指出"人单合一"从本质上来说，就是员工、用户、价值三者合一，如图 6-1 所示。具体而言，"人"的转变实现了员工自我价值最大化，让员工从被动执行者转变为积极的价值创造者；"单"的聚焦着重于实现用户价值的最大化，精准把握用户需求并提供极致体验。而"合一"所蕴含的价值共创理念，则是将员工价值与用户价值紧密相连，使之相互促进、协同发展。这一理念的践行打破了传统的组织边界，促使企业形成一种全新的管理模式，即始终坚持以用户为中心，通过企业自组织与自驱动的活力机制实现动态性、开放性的可持续发展。

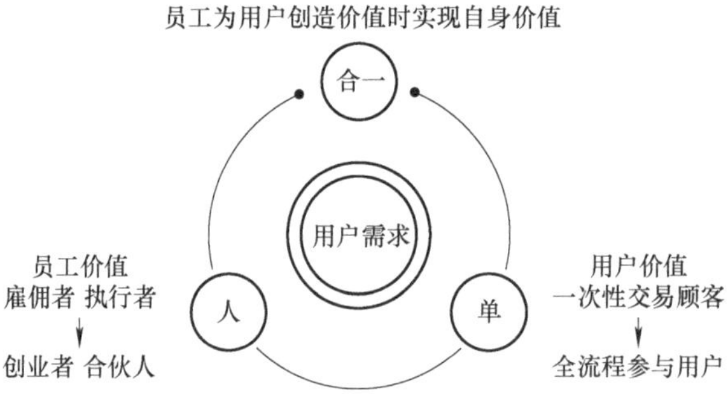

图 6-1 "人单合一"模式图

这种理念不仅是海尔转型的关键，也反映了更广泛的管理思想创新。它融合了自组织理论、动态能力理论等现代管理理念，强调企业要赋予员工更多的自主权和创新空间，进而增强企业应对变化的能力。

2. 战略构建：从理念到实践的推进

温馨等人（2025）指出，"人单合一"战略的构建是一个系统性过程，它贯穿于全球化、网络化与生态化三个发展阶段。每个阶段的推进都建立在前期阶段的基础上，形成了逐步深化和不断优化的战略体系。

在全球化战略的初期，海尔将"人单合一"的重点放在业务结构改革上，尤其是在提高各业务单元自主性这方面。为了更好地适应各地市场的需求，海尔给了各个业务单元更多的自主权，让它们能够灵活应对本地的变化。这样一来，海尔在全球市场上的反应速度得到了大幅提升，也增强了员工的主动性和创新意识。同时，海尔推出的"人单酬"机制成为激励员工创新的重要方式。通过将员工的绩效与市场需求直接挂钩，海尔不仅激发了员工根据实际需求提出创新方案，也确保公司能在全球化过程中快速反应，推出更加符合当地市场需求的产品和服务。

进入网络化战略发展阶段后，海尔着重于平台化转型，推动了资源的整合与信息的流通。通过实施"三化"（企业平台化、用户个性化、员工创客化）战略，海尔实现了全球范围内的协同创新与资源共享。在这一阶段，海尔将工业互联网平台作为重要的战略工具，推动了整个运营体系的数字化转型。在此过程中，海尔通过"用户付薪制"强化了员工对市场和用户需求的敏感度，从而推动了创新的深度与广度。数据应用逐渐成为公司核心竞争力的组成部分，帮助海尔在产品研发与服务优化上实现精准的个性化。

在生态化发展阶段，海尔推动小微组织向生态化方向发展，更加注重以小微团队为单位、以灵活变动为特点的运营模式。生态化发展阶段的小微组织不仅被赋予了更大范围的自主创新和决策权，还能够根据市场需求和用户反馈的意见快速调整运营策略。员工的主动性和创新能力不仅得到提升，而且还能使企业在复杂的市场环境中保持竞争优势。除此之外，海尔还通过激励机制和技术融合创新，进一步深化了其"人单合一"战略的实施效果。

3. 实施成效：创新驱动与战略落地

海尔主要通过自组织自驱动创新实践机制、场景驱动创新与用户反馈协同发展，以及动态开放格局引领合作创新三条实践路径来实现创新驱动发展战略，下面分别就具体内容进行分析。

（1）自组织自驱动创新实践机制

在"人单合一"生态战略的推动下，海尔智家员工从传统的执行者转变为自主创新的创业者。员工通过被赋予的权力，自由组建小微团队并独立进行决策。这种模式不仅加快了产品创新的速度,还增强了团队的创新活力。在智能安防领域,海尔智家的一个小微团队通过收集用户反馈意见,发现用户对智能门锁监控系统的安全性和智能化方面的需求比较多。团队在接收到用户反馈后,推出了具有人脸识别功能的智能门锁和具有智能分析功能的监控系统。通过这种自驱动的创新实践,海尔智家能够快速响应市场变化,推出符合市场需求的产品。

(2)场景驱动创新与用户反馈协同发展

海尔智家主要是通过顾客的日常生活场景,给顾客提供个性化的智慧家庭解决方案,打造多个场景化产品,驱动产品和服务的创新。比如:智能冰箱可以通过智能识别系统识别冰箱中放置食材的种类和新鲜度,还可以根据冰箱中现有的食材以及用户的饮食习惯为用户推荐食谱;智能空调可以根据用户的使用习惯自动调节室内温度设置,为用户提供一个舒适的生活体验。为了保证产品能够符合用户的需求,海尔智家通过线上社区、线下服务中心等渠道收集用户反馈并对产品进行优化。

(3)动态开放格局引领合作创新

除内部创新外,海尔智家还非常重视开放合作与跨界创新。通过与外部伙伴的合作,推动企业的技术创新以及产品的升级。与在人工智能领域处于领先地位的企业合作,海尔智家把语音识别和自然语言处理技术应用到智能音箱、智能电视等设备上,使用户在家居控制方面获得了更为便捷的体验;与家居企业进行合作,共同打造一体化的整体家居解决方案,为用户提供一站式家居生活体验;与知名家居品牌合作,推出具备时尚设计与智能科技元素的卧室套装,从床垫到窗帘都实现智能化。通过和外部伙伴的合作,整合多方资源,使海尔智家在提升产品智能化水平的同时,也有力地促进了整体家居生态的创新发展。

海尔智家通过自组织自驱动的创新模式、场景驱动的产品创新以及与外部伙伴的合作创新机制,成功实现了企业创新和可持续发展。通过这些措施，海尔智家不仅提升了用户体验，激发了员工的创新力，还推动了智能家居和智慧家庭生态系统的全面升级。

6.1.2 "人单合一"生态战略的演进轨迹

"人单合一"生态战略历经不断的发展与演变，已经成功迈过了全球化、网络化两个关键发展阶段，目前正稳步迈进生态化发展阶段，每个阶段的发展转变都是对上一阶段的补充与完善，在组织架构、激励机制和技术应用等各个方面均呈现出显著的变化与进步，见表 6-1。不管是哪个阶段都为中国制造企业带来了从工业革命时代到如今开拓国际市场、建立协同网络乃至塑造可持续生态系统的创新发展之路，尤其是发展过程中组织形态的新范式、新启蒙和新引擎，在推动中国企业积极进行数字化转型的过程中，助力中国企业在新时代达成转型升级并实现价值共创。

表 6-1 海尔"人单合一"生态战略

阶 段	全球化阶段	网络化阶段	生态化阶段
时间	2007—2012 年	2012—2019 年	2019 年至今
启动标志	"自主经营体"概念提出	"工业互联网"战略的提出	生态品牌展战略的启动
核心思想	打破传统层级，以员工自主经营激发企业活力	构建平台促进利益相关方协同合作，实现资源共享与价值共创	打造全生态价值共创共享网络，实现企业可持续发展与生态化创新
组织架构	倒三角自主经营体	小微组织	小微组织生态化
激励机制	人单酬机制	用户付薪制	多形式激励全生态
技术应用	大数据分析技术	云计算、人工智能、大数据分析	物联网、云计算、人工智能、区块链、5G 等融合

1. 全球化战略发展阶段

2007 年 4 月 26 日，海尔正式开启"再造 1000 天，全力打造信息化时代的海尔"的行动，旨在通过组织再造、流程再造以及人的再造，从体系层面构建一套全新的商业运营架构，推动海尔从企业的信息化迈向信息化的企业，进而实现由制造业向服务业的成功转变，这也标志着海尔"人单合一"生态战略正式进入"人单合一"1.0 阶段，即全球化战略发展阶段。张瑞敏在 2013 年海尔商业模式创新全球论坛上指出："在信息化时代，企业应该让每个人都是自己的 CEO（首席执行官），所以这是我们企业的一个目标，让每个人成为自己的 CEO，自主经营体就是他自主经营，自己来做。"也就是在这个阶段，张瑞敏首次提出了"自主经营体"的概念，并将其分为一级经营体、二级经营体和三级经营体三类，如图 6-2 所示。

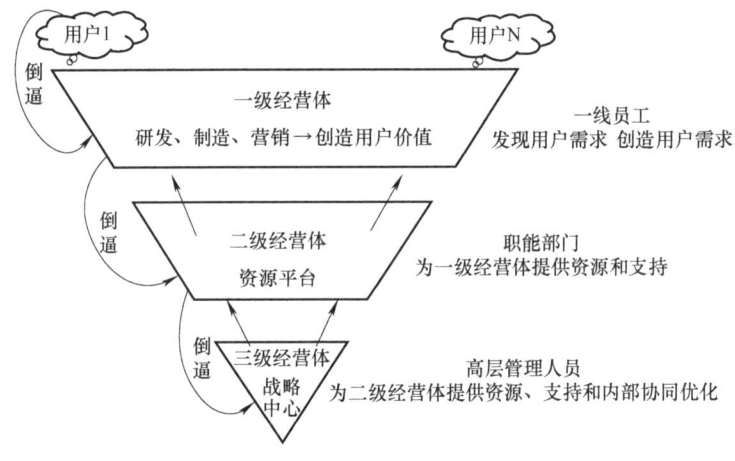

图 6-2　海尔"倒三角"组织结构对比

其中，一级经营体从端到端直接面对用户，主要包括研发、制造、营销的一线员工；二级经营体则为一级经营体提供资源和支持，确保一级经营体高效运作，主要包括财务、战略、企业文化、人力资源、供应链等；而三级经营体由高层管理人员构成，主要为企业的发展创造机会并指明方向。截至 2012 年年底，海尔集团通过组织架构调整，将企业整体划分为 23 个大型自主经营体。其中，较小的自主经营体平均每个约 36 人。

（1）自主经营体架构变革与人才创新

在金字塔型的传统组织模式中，员工与用户之间受到层级限制，往往需要中间管理层或专门的客户服务部门来与用户进行沟通和交流,这可能导致信息传递的延迟和失真,以及决策流程冗长和反应迟缓,如图 6-3 所示。而倒三角形的自主经营体网络化架构彻底改变了传统组织架构的缺陷,员工能够以自主经营体为单元直接面对用户,对其需求能够快速做出反应。

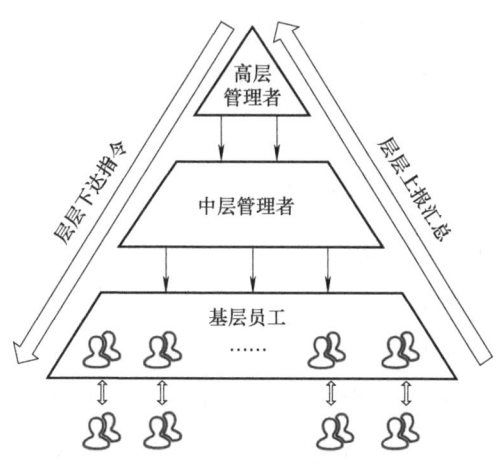

图 6-3　传统组织结构

就产品销售而言,销售人员能直接和用户进行交流,快速了解用户对产品功能、外观等方面的需求并及时做出回应,提供多种个性化方案。员工从被动执行者变成用户价值创造者,推动他们积极改良产品和服务。这种架构彻底变革了传统组织的弊端,让员工成为自己的 CEO,能以自主经营体直接对接用户、快速响应需求,极大地激发了员工的积极性和创造力。

为了推进自主经营体的发展,一方面海尔大力引进具有国际视野和丰富经验的高端人才,尤其是在工业互联网、信息技术、制造业等领域的专业人才。通过在全球范围内构建多元化的人才团队,开展国际化的人才培养项目,选拔公司内部优秀员工赴国外培训学习并与国际先进企业交流合作,不断充实人才力量,为自主经营体注入新的活力和智慧。另一方面海尔对员工的角色进行创新性划分,引入了"在册员工"与"在线员工"的新分类体系。"在册员工"依据正式劳动合同与海尔建立稳固的雇佣关系，而"在线员工"则借助特定平台或项目与海尔紧密协作。例如，在产品研发项目中，"在线员工"中的设计专家能够突破地域和雇佣关系的限制，远程参与外观设计并提供独特创意。这种模式使得自主经营体能够广泛汇聚各方智慧和资源，成功打造出更为开放的网络型组织，从而更好地适应市场变化的多样需求，充分彰显了海尔在全球化背景下组织架构的创新与变革，不断拓展组织边界，推动企业在新的发展阶段实现跨越升级。

（2）人单酬机制激励员工创造价值

与此同时，海尔改变了传统的固定薪酬模式，提出了人单酬机制，将员工的薪酬与其是否满足了用户的需求相匹配，而且员工在一定条件下所拥有的自主决策权能够决定自己是否需要主动寻找更多为用户创造价值的机会，并随时根据自己的意愿和用户的需求进行动态性调整，同时员工的薪酬与完成订单的数量紧密挂钩，完成的订单越多、质量越高，薪酬相应越高。人单酬机制也能使员工清楚地知道自己薪酬的来源。在海尔的创新发展过程中，企业内部财务部门发生的薪酬变革极具代表性，尤其是在人单酬制度下实行"人人抢单"机制，彻底打破了传统地域定岗的固定薪酬模式。在新的制度下，费用、应收、应付、税票等各个模块全部开放为自助抢单模式，员工能够根据自己的工作能力和兴趣，挑选适合自己的任务。而且在"人单合一"生态战略模式下，财务部门员工的薪酬不再受制于上级的片面主观评定抑或企业既定的固定支付形式，而是切实与"一单一酬"的人单酬机制以及用户付薪机制紧密相连。在人单酬薪酬激励制度下，员工清楚地认识到只有抢到并快速满足用户的需求，才能为企业创造价值并获得相应薪酬回报。例如，在费用核算模块，那些擅长数据分析的员工往往会更偏向于选取数据规模大、复杂程度高的核算项目。因为通过对这些数据进行精准分析，他们能够为企业提出更具价值的成本控制建议，进而获得更高的薪酬回报。与此同时，当面对复杂的费用核算项目时，员工们会组建临时工作小组，共同攻克难题。如此一来，不但能够更好地完成任务，还可以相互学习、携手进步，从而提升整个团队的专业能力与工作水平。

由于员工的收入直接取决于用户的满意度，因此员工能够清楚知道每一项工作任务对收入的具体影响。比如在应收模块，员工成功催收一笔款项并获得用户对收款效率和服务态度的好评，其收入会相应增加，而且员工可以直观地了解到这种好评是如何转化为实际收入的。这种动态透明并具有一定自主性的薪酬机制促使员工不断自我驱动，积极提升服务质量和工作效率。但是在这个阶段，企业对员工的奖励主要还是物质激励，谁能最大限度地满足用户的需求并为其创造出该条件下的最大价值，谁的直接经济回报就越多。

（3）全球化初期的数据探索与技术尝试

在全球数据整合的浪潮中，海尔携手全球合作伙伴，广泛搜集工业领域的海量数据，利用尚处于成长阶段的大数据分析技术，初步洞察全球市场的潜在需求与未来趋势，为产品研发策略与市场版图扩张指明了方向。虽然物联网技术应用尚待完善，海尔仍积极尝试构建与用户间的直接连接，收集设备运行参数及用户习惯数据，深度解析用户需求，为产品的迭代升级与服务体验的持续优化提供了坚实的数据支撑。与此同时，海尔深化开展国际技术合作，广泛收集海外领先的工业互联网技术与解决方案，通过实践中的不断探索与调整，逐步提升自身技术创新能力。此外，海尔还主动融入国际技术标准制定体系，不仅增强了在全球技术领域的发言权与影响力，更推动了行业标准的向前发展。面对新兴技术，如区块链等，海尔亦勇于尝试，将其初步应用于数据安全与追溯领域，虽处于探索初期，但在保障数据安全性、增强信任度及实现数据确权方面已展现出积极成效，为海尔在全球化征途中的稳健前行提供了不可或缺的技术动力，推动企业不断攀登新的高峰。

2. 网络化战略发展阶段

虽然海尔在"人单合一"第一阶段已经实现了市场链模式的构建，将企业与市场连接起来，形成自主经营体。但是家电行业进入存量时代，市场环境复杂多变，用户需求升级；同时，信息技术的发展也要求企业的发展与其相适应，上一阶段战略在发展过程中的弊端也不断呈现，为了进一步释放企业的创新活力，企业不得不转变发展战略，以深化对用户需求的理解和响应为基础，以构建更加扁平化的组织结构为框架，运用更加成熟的方法策略和先进的技术将服务理念深入贯穿于企业的各个环节，促进组织的可持续性发展。2012年，张瑞敏在海尔集团创业28周年纪念庆典暨第五个发展阶段战略主题发布会上总结了创业28年来的发展历程，并提出海尔由互联工厂向"工业互联网"转变的发展战略，并根据互联网时代的特点提出了海尔集团的第五个发展阶段战略主题——网络化战略。这也标志着海尔"人单合一"生态战略正式进入了2.0阶段，即网络化战略发展阶段。在网络化战略发展阶段，海尔主打企业平台化转型与"三化"实践、用户付薪制强化员工服务意识、深化数据应用与智能服务等多项举措。

（1）企业平台化转型与"三化"实践

在全球化阶段，海尔虽然实现了从工具人到自主人，从科层制到自组织的转变，但是在一定程度上仍然保留了传统的层级结构。为了彻底消除层级观念，以张瑞敏为代表的海尔集团管理层提出了"零边界"的概念，搭建各利益相关方共生、共创、共赢的企业生态系统平台，即打破产品和生态的边界，实现体验的零边界和生态的零边界，如图6-4所示。

张瑞敏在海尔集团2014年互联网创新交互大会上指出，互联网时代企业面临的最大挑战和机遇是零距离和网络化。零距离要求企业与用户、员工、合作方的关系要变成合作共赢的生态圈；网络化则要求企业打破边界，构建开放、扁平化、网络化的组织结构。在网络化阶段，海尔通过转化、吸收、内生等手段，将第一阶段的自主经营体改变为小微

第 6 章 海尔生态链群的管理案例启示

组织,这类组织作为企业经营发展的基本单元是由企业员工根据自己的意愿和工作内容由 5~9 人自行组建而成的小团体,整合了各部门的资源和能力,部门之间的界限被打破。虽然自主经营体有一定的决策权和自主权,但整体上仍然属于海尔集团内部的一个组成部分,其决策和运营受到集团一定程度的管控;而小微组织可以独立决策、自主经营,拥有自己的CEO,甚至拥有独立的法人地位,相当于一个小型的子公司。管理者更多地扮演平台搭建者和资源整合者的角色,为员工和创业团队提供支持,而非传统的指挥和控制角色。员工不再受严格的层级限制,能够更自由地跨越部门和层级开展工作,使得企业内部的垂直边界逐渐模糊。同时,企业不单单是与外部供应商、经销商等传统的商业伙伴进行合作,并以简单的买卖交易、契约关系为主,将合作伙伴看作企业生产经营链条上的一个环节,为海尔的产品生产和销售提供支持,被动地响应海尔的需求;而是通过广泛吸纳技术提供商、创业公司、用户等多种类型外部合作伙伴,构建开放、无边界的生态体系,并搭建了共享服务平台和产业平台,为外部合作伙伴提供了资源和技术支持,吸引他们参与海尔的生态系统,实现资源共享和价值共创。企业与外部伙伴的合作日益聚焦于价值共创,通过整合各自的优势资源,共同为用户提供更优质的产品与服务。在此过程中,合作各方不仅共享由协作带来的价值与收益,也推动了组织边界的逐渐模糊,构建起开放、协同、共赢的生态体系。

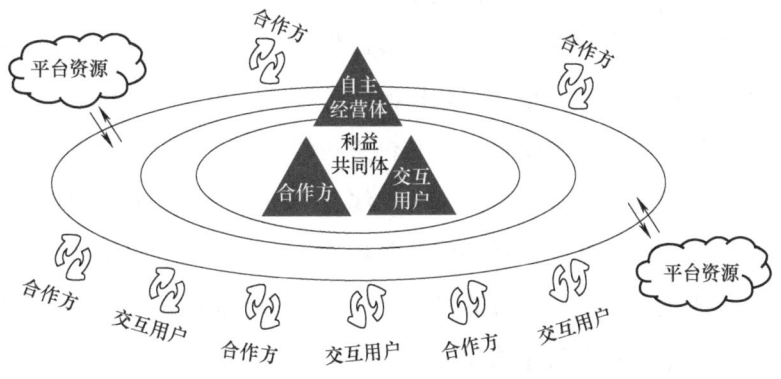

图 6-4 小微组织运营模式

除了推出企业平台化这一举措，张瑞敏还提出了用户个性化和员工创客化，将员工划分为平台主、小微主和创客三类，见表6-2。

表6-2 网络化阶段员工分类

类型	特点
平台主 平台的管理者和运营者	具有较强的资源整合能力和平台运营能力 着眼于全局和长远发展，关注平台的整体生态建设
小微主 小微创业团队的负责人	对市场和用户需求有敏锐的洞察力 具备较强的组织协调和创新能力 承担一定的经营风险，有较强的责任心和使命感
创客 创新创业的个体	富有创新精神和专业能力 具有较强的执行力和自我驱动力 能够灵活适应市场变化和项目需求

其中，平台主不再是传统意义上的管理者，而是成为资源供应和服务的核心枢纽。其不仅需要构建并优化涵盖技术、数据和资源调配等方面的平台基础设施与服务体系，制定确保平台公平、高效运行的规则和运营策略，整合优质资源以促进平台生态的繁荣发展，而且还需要为小微主、创客提供培训与指导。而且作为价值桥梁，平台主还需要平衡用户需求、创客利益与外部期望，推动各方协同共进，实现平台整体价值的最大化提升。而小微主作为创意汇聚的团队领导者，主要负责明确团队的业务指向和目标，制订并组织实施经营计划，合理分配任务和资源以保障项目的顺利推进，紧密联系用户以优化产品或服务，并且要对团队业绩负责，实现盈利和可持续发展。作为团队的引领者，小微主需要激发团队的创新活力，整合团队资源，带领团队在平台上高效运作，积极响应市场和用户需求变化，与平台主和创客紧密合作，促使团队价值与企业目标相互融合。创客则是以在线员工的身份，成为创业者与合伙人，实现了从传统雇佣关系到创业角色的转变。他们按照小微主的安排完成诸如研发、营销、服务等具体工作任务，不断提升自身的专业技能和素质，积极贡献创新想法和建议，推动业务改进与创新。创客充分发挥自身的创造力和积极性，在平台上积极探索创新，与小微主和其他创

客密切协作，共同为用户创造价值，同时追求自身利益的实现，为企业的创新发展注入活力。

这种模式通过赋权让一线员工拥有实实在在的决策权、用人权、分配权，形成了"自下而上"的倒逼机制，倒逼管理体系的改进，在"控制"与"自主"之间寻找到新的平衡点，从而激发每个员工的活力，让每个员工成为创新的主体，直接面对用户，创造用户价值，并在此过程中实现自己的价值分享。比如，在海尔的智能家电研发领域，原本负责整体研发规划的资深管理人员转型为平台主，如负责智能家电研发平台的经理人。平台主专注于搭建技术研发平台，整合内外资源，引入先进的研发技术和人才，为各小微团队提供研发基础设施和技术支持。而在具体的智能冰箱产品线中，原部门经理转变为小微主，带领团队深入调研市场对智能冰箱的功能、外观等需求，快速决策产品的研发方向和营销策略，推动智能冰箱小微的业务发展。基层的技术骨干和员工则成为创客，他们在小微主的带领下，积极发挥自身专业优势。比如，负责智能冰箱制冷技术优化的员工，作为创客，专注于制冷技术的创新，与团队成员协同合作，为提升智能冰箱的性能贡献力量。与全球化阶段的用户需求作比较，在这个阶段用户需求的广度得到了极大的拓展。其范畴已远远超越产品自身，全面囊括了产品全流程的服务和体验需求，如购买阶段的便捷性与透明度、使用过程中的舒适度与功能性保障以及维护时期的高效性与专业性服务等整个生命周期的服务体验。同时，用户需求在深度和个性化方面也有了质的飞跃。用户不再仅仅是产品的被动接受者，而是积极参与到产品的设计、生产以及营销等多个环节之中，以此来保证产品能够契合自身的个性化需求，与自身的生活方式和价值观相互匹配，"三化"的提出正是对这一需求的回答。

相较于传统组织那种遵循线性流程、依次推进的串联模式，企业平台化后的并联模式打破了传统流程的线性限制，使得用户的需求能够快速地传递到企业内部的每一个环节中。比如，用户希望智能空调能够根据不同的睡眠阶段自动调节温度和风速，以提供更舒适的睡眠环境。通过卡奥斯 COSMOPlat，上述需求通过某个程序被反映后可以即时被研发、生产、营销、售后等多个相关部门同时接收，如图 6-5 所示。

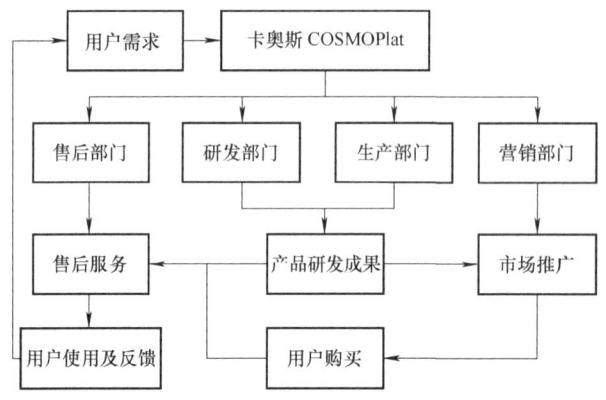

图 6-5　卡奥斯 COSMOPlat 流程

研发部门迅速开展技术研究，探索实现这一功能的创新方案；生产部门同步评估生产线的调整和优化，确保能够高效生产具备该功能的产品；营销部门则着手制定相应的市场推广策略，向用户宣传这一即将推出的新功能；售后部门也提前准备好相关的服务支持和培训，以便更好地为用户解答使用过程中的疑问。在这个过程中，员工作为创客变成了用户与企业之间的沟通桥梁，他们摆脱传统工作局限，主动与用户进行全方位的沟通和深入交流，找到用户真正想要的。

（2）用户付薪制强化员工服务意识

在"人单合一"生态战略从全球化战略发展阶段向网络化战略发展阶段演进时，薪酬激励机制也得到了发展，从原来实行"一人一单、一单一酬"的人单酬薪酬机制转变为用户付薪制，见表 6-3。

表 6-3　不同机制下的"人人抢单"制度

对比维度	人单酬机制	用户付薪制
抢单模式	根据个人能力与兴趣选任务	根据用户及市场需求选任务
薪酬关联	薪酬与订单数量、质量挂钩	薪酬与订单数量、质量和用户挂钩
激励机制	以物质激励为主，注重自身经济回报	物质激励与长期激励结合，注重用户价值创造

（续）

对比维度	人单酬机制	用户付薪制
用户导向	用户需求并非决定因素	用户需求是决定因素，应放在首位
团队协作	按照任务需求组建临时小组	更注重团队协作，提升能力满足用户需求
动态调整	根据自身能力、兴趣及任务变化调整策略	根据市场和用户需求变化调整策略

这种机制的核心在于将员工薪酬与用户需求和市场需求紧密联系起来，让员工直接面对市场压力，获得市场化的强激励。员工的薪酬不是由企业直接支付的，而是由用户或市场需求直接决定的。在用户付薪制下，海尔财务部门实行的"人人抢单"机制也得到了优化。在人单酬机制下，虽然会考虑到用户需求，但它并不是唯一的决定因素。在人单酬机制下，员工依靠专业数据分析能力对各项费用精细梳理核算，如果可以为企业节省开支，就可以获得薪酬奖励。但是在用户付薪制下，除了能为企业节省开支，还需要得到用户对企业成本管理优化的认可。比如在应收模块，只有当用户对收款效率和服务态度满意并给予好评时，员工才能获取薪酬。这就使得员工将满足用户需求列为首要任务，着重提升用户体验，主动为用户持续提供优质服务，积极化解用户问题，以获取用户长期认可与薪酬支付。在售后服务环节，需要保证员工能够及时响应用户需求，迅速解决问题，并持续跟踪使用体验，确保用户对产品和服务满意。

而且与第一阶段主要为物质激励不同，在该阶段企业注重内部竞争与合作激励，增加股权期权等长期激励方式。不仅激励企业内部员工，还关注与小微组织有紧密合作关系的外部合作伙伴，更加注重用户价值创造和小微组织的业绩表现。

（3）深化数据应用与智能服务

当时尚未成熟的物联网、大数据分析等信息技术，随着时代的发展也在一定程度上得到了进步。在这个阶段，海尔还引入了云计算和人工智能。全球化阶段数据的应用相对局限，对用户需求的洞察还不够深入，基本上都是对用户的基本信息、产品的销售数据等进行收集和分析，而且根据收集的数据进行决策时仍较多依赖传统的经验和直觉。在这一阶段，一方面企业利用更加成熟的大数据分析技术和人工智能自画像技术，扩大了用户需求数据收集的范围和分析内容，并结合云计算技术对收集到的用户行为信息、情感需求、社交关系等多维度数据进行深度挖掘和分析，深入了解用户的需求和偏好，自动识别并做出能为用户提供个性化产品推荐和服务的决策。比如，卡萨帝空调"舒适家"智慧场景利用智慧家大数据和人工智能算法，智家大脑就能综合做出合理判断。根据用户所在地区的气候特点、室内空气环境以及该地区用户的使用习惯等，对多重条件进行综合分析后，智家大脑平台就可以自动制订精确到地区和月份的空气调节方案。在南方潮湿区域，用户往往对空调的除湿功能以及运行时的低噪声有着更高的关注度；而在北方干燥地带，用户则可能更加重视空调的加湿功能以及快速制热的能力。基于对这些数据的深入分析，智家大脑会针对不同地区的用户量身定制侧重室内湿度自动调整除湿模式或者加湿功能以及快速升温性能的不同功能特点的空调调节方案。与此同时，根据用户的使用时间习惯，例如一些用户习惯于在夜间长时间使用空调，智家大脑为这类用户优化了睡眠模式，降低了噪声并调整了出风角度，为其提供更为优质的睡眠环境。另一方面，企业还能将大数据技术应用到资源供应或产品生产等环节中。比如：利用这些技术监测原材料供应情况、物流信息等供应链数据，确保原材料的及时供应，避免存货积压或不足情况的发生；用户通过全天 24h 在线服务的智能客服咨询相关产品，或向企业反映产品物流、质量以及售后服务等问题。

3. 生态化战略发展阶段

虽然网络化阶段不管是在服务型企业转型，还是在数字技术的应用方面，相较于全球化阶段都有了大幅度的提升，但是随着经济的发展和科技的进步，以用户为中心的发展理念的完成进度永远赶不上用户需求朝着个性化、多样化、高端化发展的速度。为了企业的可持续发展,"人单合一"生态战略必须在合适的时间做出符合时代要求的改变。2019年12月26日,在海尔集团创业35周年暨第六个发展阶段战略主题和企业文化发布仪式上,海尔集团正式开启了第六个战略阶段——生态品牌战略阶段,也就是"人单合一"3.0阶段。这个阶段将2.0阶段共享平台升级为共赢进化,形成了一个基于自我创业精神、自主组织能力和自我驱动机制的并联生态体系。生态化发展阶段聚焦于小微组织生态化发展的蜕变、生态化激励促进员工全面发展以及技术融合创新推动生态战略深化等方面,具体内容如下。

(1)小微组织生态化发展的蜕变

小微组织是网络化阶段的产物,在发展初期,它还不够成熟。在早期网络化阶段,海尔主要和发达国家及地区的企业合作,合作内容局限在产品供应链的基础部分,如原材料采购时采用技术引进,还有共享销售渠道、联合进行市场推广等方面。生态化战略实施后,海尔的合作生态不仅打破了地域限制,在合作深度和广度上都有了质的提升,而且组织架构还呈现出了生态化的发展趋势。

海尔在生态化阶段建立了一个开放、协同的生态系统——HOPE平台,进一步强化了价值共创网络。HOPE平台不仅为海尔内部的小微组织提供了丰富资源和支持,也向外部创业者开放,吸引了大量创新项目和人才,整合技术、资金、人才等各方资源,实现了资源的优化配置和共享。通过HOPE平台,海尔的合作对象不再只是传统市场伙伴,还拓展到了国际顶尖科研机构,双方一起开展前沿技术的探索和研发。通过共享研发资源、知识产权和市场信息,新技术从实验室走向市场的速度大大加快。这既提升了海尔的技术创新能力,也让海尔在全球市场树立起科技引领者的形象。同时,海尔积极倡导并践行"用户至上"的服务理念,将用户价值从产品价值提升为场景价值。通过数据驱动的个性化服务方案,不断提升用户体验,增强用户黏性。

海尔HOPE平台运营模式如图6-6所示。

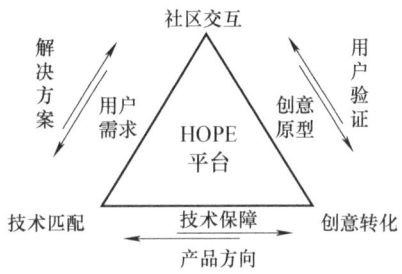

图6-6　海尔HOPE平台运营模式

随着小微组织的持续发展与创新，企业员工在角色、培养方式以及内部流动性方面展现出多元化、生态化和自由化的鲜明特点。上一阶段小微组织中的员工角色虽已开始呈现多元化趋势，但还是局限于企业内部不同岗位之间的转换，在外部资源整合以及与用户的深度合作方面相对欠缺，内外部员工的流动范围也受到一定限制。而且员工培养主要以企业内部培训和岗位轮换为主，学习资源较为有限，培养方式较为单一。

在生态化发展阶段，员工不再局限于单一的专业领域，而是能够在不同职能间灵活转换，与外部用户以及合作伙伴进行互动，共同创造价值。就拿海创汇平台来说，它是一个以创新为驱动力的孵化器，完全打破了传统职场对角色的定义，构建起了一个多元融合、跨界合作的全新生态环境。在这个平台中，每位员工都以技术为基础，同时承担起市场推广者、用户洞察者等多种角色。以智能硬件项目为例，技术人员在进行技术创新的过程中，会主动走进用户群体当中。通过面对面的交流方式，精准地把握用户的需求，从而确保产品能够紧贴市场的实际需求。

海创汇始终坚信实践出真知，鼓励员工依据个人兴趣与项目需求自由流动，尤其重视员工实战经验的积累。为此，海创汇建立了灵活的内部项目流动机制，搭建起了一个全方位的学习与发展平台，通过线上课程、线下研讨会、行业专家讲座等多种形式，为员工提供丰富多样的学习资源。员工可以以导师、顾问或者合伙人的身份参与到创业项目的策划、执行以及管理工作中。通过与创业者的深入交流，员工自身也能够汲取最前沿的创新思维和市场洞察信息，拓宽自身的视野，加速个人的成长进程，从而实现个人与企业的双赢。

（2）生态化激励促进员工全面发展

为了保证员工角色多元化、培养生态化、流动自由化的稳定发展，企业还提出了一系列完善的激励机制。与网络化阶段主要围绕小微组织和内部员工进行激励不同，在生态化阶段，激励范围从内部扩展到了外部，着重强调生态共赢，将激励重点放在整个生态系统的价值创造上。不仅关注员工和小微组织的业绩，还注重外部合作伙伴、用户以及社会的价值创造，包括内部员工、小微组织、外部合作伙伴、用户、科研机构等。在此阶段，企业开始注重精神激励和职业发展激励，并强化了股权激励。例如，企业通过表彰优秀员工、举办荣誉活动及设立特定荣誉称号，公开表彰突出者，增强员工荣誉感与自豪感，营造良好企业文化氛围，强调团队合作与创新进取的价值观，提升员工归属感。同时为员工制定个性化职业发展规划，依能力和兴趣提供不同发展路径，开展内部培训和人才培养计划，提升员工专业技能与综合素质，为其职业发展奠定基础。而且股权激励的范围从中小管理层扩大到普通基层员工，除购买股票期权和限制性股票外，还引入了员工持股计划、虚拟股票等激励方式。海尔的"日日顺物流"充分展现了"人单合一"在网络化生态阶段企业在激励机制方面的特色。

在精神激励方面，海尔一直都强调"诚信生态、共赢进化"的精神。为此，日日顺物流加大宣传力度，建立了一套荣誉与认可体系。企业专门设置了"最佳服务团队""创新先锋"等荣誉奖项，当员工的行为以及工作成果与这些价值观相符时，或者团队和个人在提升物流服务质量、创新业务模式等方面表现优异时，企业会定期开展公开表彰活动。员工获得这些荣誉或赞扬后，能感受到自己的工作被企业高度认可，从而在精神层面获得满足感。这样一来，员工会更加坚定地践行企业的文化价值观,在企业内部营造出积极向上的工作氛围,推动企业文化建设。

在职业发展激励方面,日日顺物流为了提升员工的专业能力和综合素养,制定了一套完整的培训体系,并为员工提供了一个内部创业平台。在内部创业平台搭建上,如果员工有出色的物流项目构思或业务创新思路,都可以申请成为内部创业者。一旦申请通过,企业就会提供资源支持与专业指导。这种机制不仅让员工有机会实现自己的职业抱负,更为他们拓展了广阔的职业发展空间,激发了员工的创新热情和工作积极性。在培训体系建设上,日日顺物流定期邀请行业专家、高校教授为员工开展培训。在培训中表现优异的员工,企业会给予晋升机会或安排更重要的工作任务,从而形成良好的学习与成长氛围,为员工的职业发展筑牢根基,推动员工与企业共同成长、共同进步。

在股权激励方面,日日顺物流有着明确的股权分配机制。对于在公司运营中发挥关键作用的核心员工和在创业进程中表现突出的创业团队,企业会按照特定的评估标准,给予一定比例的股权奖励。当员工获得股权成为企业股东后,他们会意识到自身利益与企业的发展紧密相连,身份和心态都会转变。如果企业的运营效率提高,企业的市场价值也会增加,那么自己持有的股权价值也会不断增长,从而增强他们对企业的归属感和忠诚度,促使他们主动地参与到企业的决策与管理事务中。

(3)技术融合创新推动生态战略深化

在生态化战略发展阶段,除了继续在全球化和网络化这两个阶段加强物联网、云计算、人工智能等数字技术的应用,大数据分析和用户自画像技术也成为这个阶段最为关键的决策辅助技术。区块链、5G 等高端技术的融合创新同样至关重要。区块链能够通过分布式账本与加密算法保障数据安全可信,而 5G 则可以通过低延迟、高带宽的技术特点实现数据快速传输和设备高效互联。比如在海尔生态系统中,可以借助 5G 让大量智能设备及传感器快速接入物联网，使得产品在生产、物流、销售等环节产生的大量数据能快速传递到区块链系统，为区块链数据交互创造出一个高速稳定通道，而且还可以利用区块链的加密性和不可篡改性存储管理数据，确保数据完整真实。

海尔正通过"人单合一"生态战略的深化与技术创新的融合，不断推动企业的数字化转型与商业模式的创新，以数据为驱动、以技术为引领，开创出更加广阔的市场空间与商业生态。

6.2 海尔链群合约生态解读与管理启示

人单合一管理模式的实施虽然在一定程度上释放了员工的活力，但是随着小微组织的自由扩张以及相互之间互动频率提高，也导致发展无序、竞争内耗、缺乏协作、资源整合利用不充分等问题的出现。这不仅削弱了原本应带来的效益增长，还阻碍了人单合一模式在全球范围内的广泛实践与推广。企业由传统的科层制向自组织结构的转型，虽赋予了各单元更大的灵活性，却也凸显了自组织间一致性与协同性的难题。同时，自组织倾向于独立运作，难以形成统一步调，跨组织的深度融合与协作变得尤为困难。特别是在企业边界持续拓宽，业务范围从单一行业向多元化生态系统延伸的背景下，如何促进小微企业之间的高效合作，构建生态内的共生共荣机制，确保组织的长期稳定发展，成为亟待解决的关键问题。

为此，张瑞敏于 2019 年首次提出了人单合一基础上的"链群合约"管理理念，为人单合一模式的可持续发展指明了崭新的方向。作为应对物联网时代挑战、深化人单合一模式的新路径，这一概念的提出不仅是对传统管理框架的革新，更是海尔在物联网生态中探索组织进化范式的实践探索。正如张瑞敏先生所言，链群合约是海尔在物联网时代构建生态进化蓝图的现实映照，它为人单合一模式的持续进化与全球拓展开辟了新航道。

本节主要从链群合约生态的内涵及运作机制，以及链群合约生态价值创造机制两个方面来对"链群合约"生态战略进行深入分析。

6.2.1 链群合约生态的内涵及运作机制

本部分先对生态链群合约中的一些关键概念，如"链群""合约""链群合约生态"等进行解释，然后以"郑合链群"为例，详细讲解"链群合约生态"运作机制。

链群："链"指生态链，是指由多个环节或节点共同组成的一个完整生态系统或产业链。链中的每一个环节都有相对应的小微负责，这些小微组织来自不同的业务领域，拥有不同的专业技能和资源优势。"群"就是指每个环节上所有小微的集合体。而"链群"就是所有小微组织共同构成的动态生态型组织，按照用户需求可以将其分为"体验链群"和"创单链群"两大类。

合约：广义来讲，它既可以是一份协议，也可以是一份文件，或是其他为了确定各自的权利和义务而订立的共同遵守的条文。但是在链群合约中，"合约"特指合作方之间签订的一份对赌契约。"合约"体现为链群合约各节点并非独立的，而需要互相协同、共同合作才能实现价值创造。它不是静态的契约，而是围绕同一目标的动态的合约，可以随时适应外部环境的变化。

链群合约生态：是指所有小微组织都以链群合约作为合作的规范和准则，通过组织之间的交流互动而构建的具有动态适应性、协同共生性以及创新驱动性的商业生态系统。动态适应性是指链群合约生态中的企业能敏锐感知并快速响应市场变化，灵活调整组织架构、业务流程与资源配置，通过持续学习不断提升适应能力，始终与市场动态紧密契合。协同共生性体现在小微组织间相互依存，通过资源共享、优势互补实现互利共赢，在创新与应对风险时协同合作，共同推动生态系统价值最大化，形成紧密相连的利益共同体。创新驱动就是以创新为核心动力贯穿企业运营各环节，培育创新文化激发员工创造力，构建开放式创新体系整合内外部资源,持续推动产品、服务及商业模式创新,引领企业发展。

接下来以"郑合链群"为例,从小微组织的活力、数字化平台的支撑、合约机制的设计与执行,以及用户参与和反馈四个方面解释说明链群合约生态的运作过程。

"郑合链群"由郑州商圈链群和合肥互联工厂链群(创单链群)两部分构成。郑州商圈链群作为体验链群直接对接用户,通过与用户互动收集意见,并将信息整合反馈给创单链群;而合肥互联工厂作为创单链群需要以郑州商圈链群反馈的信息为依据进行产品升级,以满足市场需求。比如,郑州商圈体验店的员工在和用户平时的交流互动中发现,用户对具备空气净化、水质净化及健康管理功能的智能家电需求增加,并且在产品咨询时对空气净化效率、水质检测功能以及智能健康管理系统的兼容性这些功能提及得较多。基于这些信息,郑州商圈的体验店将其整理成报告并反馈给合肥互联工厂。合肥互联工厂根据报告调整产品生产计划和规格,确保新产品在功能、外观设计及用户体验等方面能满足消费者的个性化需求。

在体验链群和创单链群这一互动过程中,体验链群中的小微组织凭借其敏锐的洞察力为创单链群指明了市场方向,创单链群中的小微组织则凭借体验链群提供的信息迅速投入产品的研发与生产。在这个过程中,双方需要通过合约明确各时间段内需要完成的目标,并明确各个小微组织以及组织内部成员的责任和相关约束条款。除此之外,还需要根据各个小微组织的目标和责任以及项目进展和实际需求合理分配资源。比如:对负责产品研发任务的小微组织分配更多的技术人才和研发资金;对负责产品生产的小微组织要确保其有能满足生产需要的设备和原材料,避免出现资源冲突和短缺问题。这种协同模式实现了链群之间的无缝对接,确保产品能够以极快的速度响应市场需求,实现高品质交付。

数字开发平台作为小微组织互动的平台基础,通过支撑链群内小微组织活动的平台合作机制，成功吸引了互补者的加入。通过与外部创新资源的合作与交流，平台不断扩大了链群的资源整合能力和影响力，还提高了用户的服务体验。各参与者在共创共享共赢理念下通过紧密合作，在产品、服务等方面创造出更大的价值。特别是合约内的利益共享机制，通过搭建交流平台、组织创新大赛等形式，促进创意与资源的自由流动与高效整合，鼓励小微组织之间的跨界合作和知识共享，为各小微组织提供了强大的创新驱动力。

在海尔打造的郑合链群生态中，创新作为核心驱动因素，不仅是推动海尔可持续发展的核心动力，更是取得市场领先地位与竞争优势的关键所在；不仅渗透于产品研发的每一个细节，还贯穿整个链群运营之中。在企业运营模式和商业模式方面，郑合链群与高校、科研机构、供应商、经销商等各方建立了紧密的合作关系，通过构建开放合作的生态系统与打造灵活高效的运营模式，突破了传统框架；结合线上线下的优势，开创了融合式的新零售模式，不仅提升了用户体验与满意度，还提高了市场份额与品牌影响力。郑合链群通过在各个方面的协同创新实践，为链群合约生态的发展提供了极具价值的成功案例和宝贵经验，充分展示了其在商业领域的强大生命力和广阔发展前景。

6.2.2 链群合约生态价值创造机制

作为海尔集团"人单合一"管理模式的深化与拓展，链群合约生态的价值塑造体制，不仅继承了"人单合一"模式中"员工成为价值创造的主体，直接面对市场与用户"的核心理念，而且还通过链群的无缝连接与合约机制的灵活运用，实现了价值创造、传递与共享的全面升级，构建了一个高度灵活、紧密协同且以用户为核心的创新商业生态系统。本部分从以用户为中心的价值创造理念、以协同创新为引擎的价值增长模式以及以跨组织合作为纽带价值稳定机制三个方面说明链群合约生态的价值塑造体系。

1. 以用户为中心的价值创造理念

相比"人单合一"模式中"员工成为价值创造的主体,直接面对市场与用户"的核心理念,链群合约生态在以用户为中心的实践中进一步深化协同机制,通过链群的动态连接与合约的高效协作,使价值创造从个体驱动升级为系统性、全链条的联动模式,显著提升了需求响应的精准性与效率。本文以海尔三翼鸟适老化的智慧场景解决方案为例,从用户需求和企业响应两方面详细说明链群合约生态以用户为中心的价值创造理念。

在用户需求方面,海尔通过链群合约生态从更广泛的角度观察老年用户的需求难题。通过链群协作网络整合为解决这一难题所进行的问卷调查、家庭访问和大数据分析等的调查结果,识别出老年用户对智慧家居功能的需求,比如安全保障、便捷操作和健康管理等。海尔三翼鸟根据整合后的调查结果和老年人的生理与心理特点设计适老化智慧场景方案,例如智能安防系统和语音控制家电设备,确保智慧科技能真正为人服务,贴合老年用户的实际需求。相比"人单合一"模式中的个体对用户需求的直接反馈,链群合约生态更加注重多方信息共享与高效整合,使需求识别更加系统、全面和智能化。

在企业响应方面,链群合约生态借助动态合约机制整合研发、生产与服务等多方资源,通过整合后的资源实现对用户需求的快速响应和解决方案反馈实施落地。比如,根据老年用户的需求,如大字体显示和简单操作按钮,而研发出的增加指纹识别便捷模式的智能门锁、具有防滑设计与湿度控制的浴室设备,以及能够根据智能感知技术推荐健康食谱的智能冰箱等。链群合约生态保障了从设计、生产到服务各个环节紧密相连、协同合作,极大地提升了满足用户需求的效率和产品的可靠程度。

与"人单合一"模式相比,链群合约生态在以用户为中心的实践中,不仅延续了用户至上的核心理念,更通过协同创新与动态响应推动了价值创造模式的全面升级，为老年用户提供了更加优质的智慧生活解决方案，同时也为企业构建了更具竞争力的创新生态系统。

2. 以协同创新为引擎的价值增长模式

本部分以海尔三翼鸟"从1户到75户"的社区共创案例，从小微组织并联、创新驱动两个方面说明企业如何促进价值增长。

（1）小微组织并联：构建价值协同网络

在服务首户家庭时，体验链群作为需求感知前端，挖掘用户在客厅场景下对家居智能化的多元诉求，包括对智能设备操控便利性、功能多样性、场景切换流畅性等方面的期望，并将这些需求信息传输至创单链群。创单链群发挥其协同枢纽效能，并联小微组织开启协作流程。研发小微组织针对智能电视推荐功能，与内容平台合作构建个性化推荐算法体系；为实现智能窗帘的精准控制，联合传感器制造商开发高精度光感与时控传感器，并与机械制造企业优化窗帘开合传动结构；对于智能音箱多设备控制，与语音技术专家协同优化语音指令识别与设备适配程序。生产小微组织与电子元件供应商确定高质量零部件供应，保证生产效率与产品质量稳定性，在生产线上把控各智能设备的组装与调试环节。服务小微组织则与专业安装人员协同，依据客厅布局制订最佳安装方案；同时与售后团队建立快速响应机制，确保能及时处理用户使用中遇到的问题。

通过各小微组织紧密配合以及与外部伙伴的协同，个性化客厅智能方案快速实施，用户满意并在社区传播，吸引更多家庭关注。此时体验链群继续收集潜在用户对客厅智能升级的需求，如更新智能的人机交互方式、设备间更有深度的联动场景等，反馈至创单链群后再次组织小微组织协同。研发小微组织探索与人工智能研究机构合作开发更智能的交互界面，与智能家居互联互通标准组织合作提升设备联动性；生产小微组织根据新研发成果调整生产工艺与供应链；服务小微组织更新服务流程与培训内容，以更好地服务用户。

此过程中小微组织与外部企业基于客厅场景需求构建起稳定高效的价值协同网络，实现从需求获取到产品服务优化的循环，持续为用户创造价值并拓展市场份额。

（2）创新驱动：打造小微协同创新矩阵

在客厅场景家居智能化创新中，体验链群察觉到用户对客厅智能设备间交互体验创新的潜在需求，创单链群迅速组建起以研发小微组织为核心，联合人工智能实验室、用户体验设计机构、大数据分析公司的协同创新矩阵。

研发小微组织负责整体技术框架搭建与核心功能开发，人工智能实验室提供先进的情感识别算法和智能决策模型，助力研发小微组织开发能感知用户情绪并自动调整客厅灯光、音乐等氛围的功能；用户体验设计机构通过深入用户调研和模拟使用场景，为交互界面设计和设备形态优化提供专业建议，使智能设备操作更符合人体工程学和用户心理预期；大数据分析公司收集并分析海量用户客厅使用数据，挖掘用户行为模式和潜在需求，为创新功能的开发方向提供数据支撑。例如，通过分析用户在不同时间段的操作习惯，优化智能设备的待机与启动策略，提升能源利用效率。

各方协同，成功开发出具有跨品牌设备兼容、情绪感知氛围调节等创新功能的客厅智能系统，极大提升了产品竞争力与用户满意度，在社区及市场引起广泛关注，推动企业在客厅智能领域的市场拓展。同时，营销小微组织联合广告创意公司与社交平台运营机构，将这一创新成果包装成吸引人的营销故事与案例；通过线上线下整合营销活动，如举办客厅智能体验展、在社交媒体发起话题互动等，进一步提升品牌知名度与影响力，吸引更多潜在用户，实现创新成果的价值最大化转化。这一过程充分体现了围绕客厅场景创新需求构建的多元协同创新矩阵如何驱动创新发展并带动业务增长。

3. 以跨组织合作为纽带构建价值稳定机制

本部分以三翼鸟与多家头部地产商和物业公司合作为例,从合作共赢理念、合理的价值共享模式和构建开放的生态环境三个方面对该机制进行解释。

（1）合作共赢理念

合作共赢理念是合作的基础。以典型新楼盘项目为例,地产商从规划开始就需要把海尔智能家居理念融入其中,挑选并配置智能家电,提升房屋科技感。物业公司凭借社区管理经验,承担后期运营服务工作,确保社区正常运转。而海尔提供智能家居的技术支持与高品质产品,形成了互补的合作关系,提升了楼盘品质和居民居住体验,实现了三方共赢。比如在房屋建设时,地产商按智慧社区标准打造房屋架构,为智能家电安装运行提供条件。物业公司参与设备安装调试,利用与居民的联系收集反馈,帮助海尔优化产品功能。海尔根据物业公司提供的居民安全需求信息,加大研发投入,升级智能安防系统,为社区筑牢安全防线,提升居民安全感,有力证明了各方优势互补的成果。

合作模式上,海尔与地产商的智能家电成为楼盘的亮点,广泛应用于各个空间,提升了居住的便捷性与舒适度。双方联合开展营销活动（如样板房展示与智能家居体验活动）吸引购房者并推动楼盘销售。海尔还为物业公司量身定制了智能物业管理平台,提高了设施维护效率,降低了运营成本。通过这一系列合作,三方共同推动了智慧社区的建设与创新。

（2）合理的价值共享模式

合理的价值共享模式是合作持续稳定发展的重要保障。在智慧社区建设中,地产商作为楼盘的开发者和建设者,一方面通过智慧社区带来的楼盘销售溢价获得利润增长,另一方面在与海尔共同开展的营销活动中,通过收益分成提升了经济效益。物业公司通过收取智能物业管理平台的使用费用、从社区增值服务中获取分成等方式实现价值回报。海尔作为智能家电产品和技术解决方案的提供者，收益主要来源于智能家电产品的销售以及与地产商和物业公司合作项目中的分成。各方的利益通过紧密协作得以共享，实现了共赢局面。

在合作过程中，风险收益共担是合作取得成功的重要因素。就像市场行情不好或者智能家电技术有问题的时候，海尔、地产商以及物业公司会一起承担出现的经济损失，并且相互配合去解决问题。这种共担风险的方式既能保证合作的稳定，又能促使各方长期合作下去。而且，这三方还会不断地进行交流与协作，对产品和技术方案加以改进，让智慧社区的整体价值得到提升，一起推动项目持续发展，实现共赢的局面。

（3）构建开放的生态环境

构建开放的生态环境对合作成功起着关键作用。海尔借助智慧社区平台，把智能家电、地产商的楼盘资源以及物业公司的服务资源整合到一起，从而实现资源的高效协同运作。在这个平台上，智能家电能够相互连通，不仅物业公司的社区管理效率因此得以提升，地产商也能从中获取珍贵的用户数据，为后续楼盘开发提供有力依据。

海尔还积极与地产商和物业公司共同构思新的智慧社区建设方案，推动中小企业在生态中展开合作，使得产品和服务的种类更加丰富多样。比如，三方合作开展社区养老服务，为老年人提供方便的健康监测和紧急呼叫服务。通过这样的合作方式，三方携手推动了智慧社区的创新发展进程，也为各自迎来了新的发展契机。

海尔与多家头部地产商和物业公司的合作展示了链群合约生态模式在智慧社区建设中的成功应用。合作共赢理念、合理的价值共享模式，以及开放的生态环境三方面的协同运作，不仅为居民打造了智慧生活环境，也为各方带来了经济效益和社会效益，为智慧社区建设领域的发展提供了经验借鉴和创新思路。

6.2.3 管理新思维：海尔链群合约生态的启示

链群合约生态作为海尔组织进化的高阶形态，其管理启示需要置于价值重构、组织变革与技术革命的三重维度下系统性审视。本节基于"战略导向-架构创新-能力迭代"的分析框架，结合经典管理理论对实践进行解构：首先，通过用户价值共创范式验证战略定位理论的当代适用性；其次，运用敏捷组织理论解析动态协同机制对科层制架构的突破性改造；最后，借助数字化转型理论阐释技术赋能如何重构管理要素配置逻辑。三个层面的递进分析既揭示链群合约生态的运作机理，也为企业应对 VUCA 时代的组织变革提供可操作的转型路径。

1. 以用户需求为核心，重塑企业价值导向

海尔的链群合约生态始终将用户需求置于战略核心，通过将用户反馈融入产品设计、生产及服务全流程，不仅提升了用户体验，更挖掘出潜在的用户价值。与传统企业以产品和利润为导向的模式不同，海尔借助链群合约构建了用户深度参与的价值共创模式。例如，通过与用户持续互动并分析市场趋势数据，海尔精准捕捉消费者行为变化，驱动产品迭代与服务升级，形成以用户需求为核心的价值创造闭环。

这一实践印证了 Prahalad 和 Ramaswamy（2004b）提出的共创价值体验理论，即企业需要将消费者视为价值创造的共同参与者，通过双向互动提升市场响应速度与创新能力。而且，Vargo 和 Lusch（2004）的服务主导逻辑理论进一步支持了这一战略的合理性，强调企业经营应以客户需求为原点，而海尔通过链群合约生态将这一理论落地为全流程的用户价值共创。在实践中，企业需要确保从产品设计到售后服务的每个环节均秉持以用户为中心理念，真正实现"需求驱动创新"的良性循环。

2. 以动态协同为基础，构建敏捷组织架构

海尔链群合约生态通过动态协同管理模式，构建灵活的组织架构，使其能够根据市场变化和技术创新迅速调整资源配置。这一架构打破了传统部门的职能壁垒，推动跨团队的高效协作，从而增强了对市场波动的敏感性和应对能力。例如，海尔通过链群合约的灵活性，实现研发、生产、销售等环节的实时联动，快速响应外部环境变化。Rigby 等人（2016）提出的敏捷管理理念指出，在不确定的商业环境中，资源的灵活调配与跨部门协同是提升组织响应能力的关键。Vial（2019）以及 Plekhanov 等人（2023）的研究进一步指出，敏捷结构不仅能适应市场变化，还可以通过快速试错机制激发创新潜力。海尔的实践表明，动态协同不仅需要技术支撑，更需要在组织文化中植入开放协作的基因，例如通过扁平化授权机制和项目制团队激活员工主动性。

3. 以数字赋能为驱动，引领管理变革新潮

海尔的链群合约生态依托物联网、大数据和人工智能等数字技术，实现了从生产到决策的全链路智能化。通过打破信息孤岛、构建数据驱动的决策体系，海尔不仅提升了资源配置效率，还能基于实时数据预测市场趋势并调整战略。例如，其智能化平台可整合供应链、用户反馈和研发数据，支持跨部门的高效协作与精准决策。

这一转型印证了 Westerman 等人（2011）的观点：数字化转型的本质是技术驱动管理创新，而非单纯工具升级。Brynjolfsson 和 Mcafee（2014）也强调，大数据与人工智能的深度应用可为企业创造新竞争优势，例如通过个性化服务提升用户黏性。海尔的启示在于，数字化转型需要全员参与——从管理层的数据思维重塑到一线员工的工具使用培训。此外，企业需要加大对前沿技术（如边缘计算、AIoT）的投入，以技术赋能产品与服务升级，最终在市场中建立差异化壁垒。

海尔的实践表明，企业在数字化转型过程中需要注重数据驱动的决策流程，通过数据整合来提升响应速度与决策精准性。此外，数字化不仅是 IT（信息技术）部门的责任，全员参与数字化转型能够有效提升整体运营效率。通过引入先进的智能管理工具，企业不仅能够提升资源配置效率,还能在市场变化面前做出迅速反应。企业还应加大对数字技术的投入,尤其是在人工智能、大数据分析和物联网技术领域的应用,这些技术能够带动产品和服务质量的提升,进而提高企业的竞争力。

本章小结

本章以海尔"人单合一"生态战略为核心,系统分析了其从全球化、网络化到生态化三阶段演进路径,并结合链群合约生态的实践,揭示了物联网时代企业管理模式转型的内在逻辑与创新价值。海尔通过重构组织架构、激励机制与技术应用,构建了以用户需求为导向的动态生态系统,为全球企业应对数字化挑战提供了重要启示。

首先,海尔通过"人单合一"模式重构了企业与用户的关系,打破了传统科层制的僵化束缚。全球化阶段,海尔以自主经营体为核心,赋予一线员工决策权,实现快速市场响应;网络化阶段推行平台化转型与用户付薪制,强化员工服务意识与协作效率;生态化阶段则通过开放协同的生态系统(如 HOPE 平台),整合内外部资源,推动跨界价值共创。这一演进过程体现了从个体驱动到系统联动的战略深化。

其次,链群合约生态作为"人单合一"的延伸,通过动态合约机制与协同网络,解决了小微组织无序竞争与资源分散的痛点。体验链群与创单链群的协作(如郑合链群案例)实现了需求精准捕捉与产品快速迭代,而跨组织合作(如与地产商、物业公司的智慧社区共建)则通过价值共享与风险共担,构建了稳定共赢的生态格局。这一机制既保障了组织灵活性,又提高了生态协同效率。

最后,本章提炼了海尔模式的管理启示:以用户需求为核心重塑价值导向,以动态协同为基础构建敏捷组织,以数字赋能为驱动引领技术变革。通过战略导向、架构创新与能力迭代的三重维度,海尔不仅验证了共创价值理论与敏捷管理理论的实践价值,更为企业应对 VUCA 时代的复杂挑战提供了可复制的转型路径。

海尔的生态战略与管理实践，通过持续迭代与开放创新，展现了传统制造业向数字化生态型企业跃迁的标杆意义。其"人单合一"与链群合约的双轮驱动，不仅为企业突破边界、实现可持续增长提供了方法论，更以"以用户为中心"的价值共创逻辑，为全球管理理论的演进注入了中国智慧。

第 7 章 小米生态圈的管理案例启示

本章将深入探讨小米生态圈的管理模式及其战略演化过程。通过分析小米生态圈演化进程与小米集团战略"人车家全生态",我们可以总结出其成功经验,为其他企业的生态型战略提供借鉴。

7.1 小米生态圈演化进程

小米从最初的智能手机业务逐步拓展至智能硬件与互联网服务,并构建了独特的生态链模式。本节将梳理小米生态圈的演化,并探讨其在不同发展阶段的关键战略。

7.1.1 起源与发展

在智能硬件产业快速发展的背景下,单一产品竞争已无法满足市场需求,企业需要构建更具协同效应的商业模式。小米生态链的形成,正是企业在市场竞争中寻求差异化突破的结果。通过打造一个开放、协同的智能生态体系,小米成功推动了硬件、软件与互联网服务的深度融合,建立了全方位的用户体验体系,并探索出了独特的市场竞争路径。

1. 从手机到生态链的构建

小米生态链战略始于 2013 年,当时的智能手机市场竞争日趋激烈,单一的手机业务面临风险。为打破这一局面,实现更为长远的可持续发展,小米创始人雷军提出了"硬件+软件+互联网服务"三位一体的商业模式。企业通过生态链模式推动多元化布局与长远发展。小米生态链战略的核心在于通过资本投资、技术赋能与合作伙伴共同构建一个开放、协同的智能硬件生态系统,实现全方位的用户体验提升,并在智能化时代建立独特的市场竞争力。

小米通过资本投资、技术赋能以及与外部合作伙伴的深度协作,逐步构建起了涵盖智能手机、智能家居与可穿戴设备在内的多元智能硬件生态链,如图 7-1 所示。初期,小米将业务重心放在高性价比智能手机的研发与推广上,以线上直销模式与粉丝社群运营的双重策略迅速积累了大批忠实用户,奠定了坚实的市场基础。随着用户规模不断扩大,小米逐渐意识到,仅依靠硬件销售难以满足企业的长期发展需求,也无法充分释放用户价值。因此,小米公司在手机硬件之外,进一步深化了 MIUI 操作系统的建设,并围绕该系统打造了一个集应用商店、广告推送、主题商店、内容订阅等多元化互联网服务为一体的综合性商业生态。这一生态的建立,增强了用户的使用黏性,也为后续生态链的扩展提供了坚实的技术与用户基础,为小米的全面智能化转型奠定了重要的战略支撑。

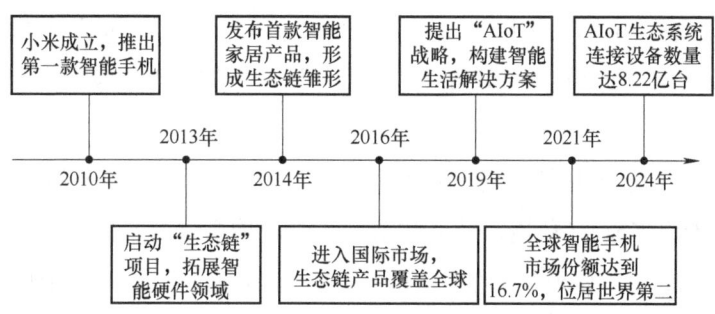

图 7-1 小米集团发展历程

2013 年,小米启动了"生态链"项目,正式从单一的智能手机产品拓展到更广泛的智能硬件领域。这一阶段,小米通过对外投资与深度合作,支持多个初创企业发展智能家居、可穿戴设备和其他智能硬件产品。九号公司是小米生态链中最具代表性的成功案例之一。作为小米的战略合作伙伴，九号公司在获得小米的资金和技术支持后，迅速在平衡车市场取得了显著成果，并通过收购平衡车鼻祖赛格威，获得了超过400项专利和品牌优势。借助小米的供应链体系和全球销售渠道，九号公司迅速实现了市场渗透和品牌影响力的提升，成为全球平衡车市场的领导者。九号公司的成功不仅体现了小米生态链战略的有效性，也为后续生态系统的深化与扩展提供了重要的经验借鉴。随着生态链项目的成功推进，小米进一步提出了"1+4+X"战略，以智能手机为核心，涵盖智能家居、智能穿戴、智能出行和智能办公四大领域，并持续拓展其他智能硬件与物联网（IoT）产品。这一战略布局反映了小米以用户需求为中心、全场景构建生活生态圈的理念。

2019年，小米基于原有的生态链战略进一步提出了"AIoT"战略。通过深度融合人工智能技术与物联网设备，为用户提供更智能化的生活解决方案。该战略强调将人工智能技术全面集成到各类智能硬件设备中，使其具备相互联动与数据共享的能力，有效提升了用户使用智能设备的整体体验与便利性。小米凭借这一战略的深入实施，成功搭建起一个全面互联的智能生态系统，覆盖多种智能终端与生活场景。截至2024年第二季度，小米AIoT平台所连接的设备数量已达到8.22亿台，同比增长25.6%，充分展示了其智能生态系统所具备的庞大规模与广泛市场覆盖面。

小米在商业生态系统构建的同时，积极践行可持续发展和社会责任。小米将ESG（环境、社会和治理）管理体系融入业务运营，不断降低绿色制造和环保设计的能源消耗。这一举措巩固了小米在全球市场的品牌形象，也为其生态系统的可持续发展提供了坚实保障。

多年来，商业模式的持续实践和探索离不开小米"硬件+软件+互联网服务"战略。如图7-1所示，小米通过不断深化生态链与AIoT战略的实施路径，逐步实现了从单一智能手机制造商向多元化智能硬件与互联网服务综合体的战略转型。该生态系统提升了用户黏性，最终形成了一个以用户需求为导向、各类智能设备与互联网应用高度融合的互联互通商业生态模式。

2. 生态战略的深化与扩展

2013 年 9 月，小米公司 CEO 雷军首次提出了小米生态链战略的构想。他明确表示，小米的生态链模式不仅是为了销售手机，而是要构建一个以小米品牌为核心的多样化产品矩阵，为用户提供更丰富、更便捷的智能生活体验。通过构建开放的平台，小米引入更多合作伙伴，共同推动技术创新和生态系统的完善，形成了小米在智能硬件和物联网领域的长远竞争优势。

雷军在多次公开讲话中强调了小米的生态战略。他在 2023 年度演讲中宣布小米科技战略升级：深耕底层技术，长期持续投入，软硬深度融合，AI 全面赋能，可以总结为一个公式——（软件×硬件）AI。同时，雷军公布了小米的科技理念：选择对人类文明有长期价值的技术领域，坚持长期持续投入。未来 5 年，小米研发投入将超过 1000 亿元。同时，小米积极布局人工智能，全面推进大模型研发和落地，选择"轻量化，本地部署"作为小米大模型技术的主力突破方向。小米生态战略通过投资、孵化和深度合作等方式，与多家智能硬件厂商共同打造一个涵盖消费电子、智能家居及物联网设备等多领域、多层次的产业生态系统。基于开放、协同的理念，通过整合内部资源和外部合作伙伴的能力，构建一个能够实现技术、产品、用户三方价值共创的生态体系。随后小米开始进一步深化生态战略，提出了"1+4+X"战略框架，如图 7-2 所示。这一战略中的"1"代表以智能手机为核心的业务；"4"则涵盖智能家居、智能穿戴、智能出行和智能办公四大重点方向；"X"代表持续满足用户在其他生活场景中的多样化需求。小米坚持以用户需求为中心的全场景生活生态圈理念由此构成。

在供应链管理和互联网销售渠道方面，小米展示出了卓越的能力。如图 7-2 所示，小米与生态链企业的深度合作，推出了米家电动牙刷、空气净化器等多款智能硬件产品。这些产品为小米的生态系统注入了多样化的元素，同时在市场中获得了积极反响。截至 2023 年第二季度，小米 IoT 和生活消费产品的收入达到了 223 亿元人民币，同比增长 12.3%。小米成功构建了覆盖不同生活场景的产品线。

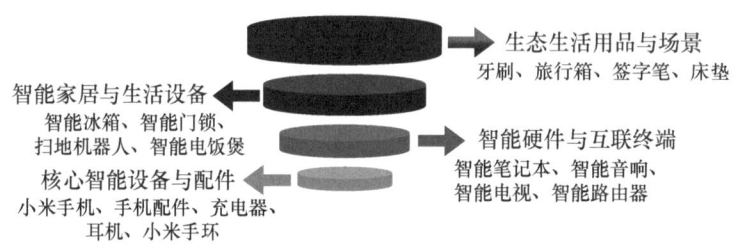

图 7-2　小米"1+4+X"生态链产品分类

从战略理论的角度来看，小米"1+4+X"生态战略通过多种学术模型展现了其在智能硬件生态系统中的协同效应与竞争优势。为了进一步分析小米生态战略在智能硬件市场中的竞争优势，可以借用迈克尔·波特的竞争战略理论。小米采用了"差异化"与"成本领先"相结合的策略来实现市场竞争优势。结合陈衍泰等人（2024）提出的观点，大数据分析能力和资源编排能力能够显著提升企业内部资源的配置效率，从而在降低生产成本的同时，实现产品多样化。这与小米在智能硬件生态系统中通过优化成本结构和提升产品多样性来强化生态链企业间的资源整合与效率提升的做法高度契合。

根据"生态系统战略"模型的定义，小米将其智能硬件与物联网（IoT）设备作为平台核心，借助开放式创新吸引了大量外部合作伙伴加入其生态体系。韩炜等人（2021）认为，生态系统的核心是通过开放平台吸引多方参与者，利用价值共创和资源共享机制来提升生态系统整体的协同效应和动态竞争力。这与小米通过构建"1+4+X"战略框架，吸引大量外部合作伙伴共同构建智能硬件生态系统，提升其平台核心竞争力的策略相吻合。

基于巴尼提出的资源基础观（RBV），企业通过资源整合来提升其市场适应性和创新能力。另外，根据动态能力理论，企业可以通过动态调整来适应快速变化的市场环境。梁丽娜等人（2022）进一步强调，企业应通过资源编排策略支持上下游企业的技术创新与市场扩展，从而提升整个生态系统的活力和竞争力。小米在其生态系统中，通过灵活配置内部资源并迅速调整战略来帮助生态链企业进行技术创新和市场扩展，从而增强了整体生态系统的动态适应能力和市场竞争力。

在战略扩张过程中，小米利用网络外部性效应，将各类智能设备互联互通，扩大了用户基数，提升了品牌影响力。商业生态系统的网络外部性能够通过增加设备间的互联互通性来增强用户体验和品牌黏性。小米使用 IoT 平台将不同类别的智能设备互联，形成了数据共享和功能联动的多层次产品组合。

小米"1+4+X"生态战略通过战略理论模型的多维应用，不仅在"差异化"与"成本领先"策略中找到了平衡，还运用资源基础观提升了生态系统整体的活力。与此同时，动态能力理论则帮助小米在变化的市场环境中保持竞争优势。刘思慧等人（2023）认为，企业可以通过商业模式创新和数字赋能策略，将产品与服务融合在一个互联互通的生态系统中，从而在智能硬件市场中构建以用户体验为核心的强大市场竞争力。小米正是通过内部资源与外部生态的有效整合，形成了以用户体验为核心、在智能硬件市场中具有强大竞争力的生态系统，使得其能够在动态环境中持续扩展市场影响力，成为智能硬件和 IoT 生态领域的领导者。

3．AIoT 战略的提出与升级

在小米生态链模式逐步成熟的基础上，企业开始思考如何进一步提升智能硬件的互联互通能力，以增强用户体验并拓展市场边界。AIoT 战略的提出，正是小米在智能化时代对未来发展方向的主动布局。该战略不仅延续了小米生态链的协同理念，还进一步加强了设备间的智能联动，实现了从单一产品竞争向智能生态竞争的升级。

（1）战略提出背景

近年来，人工智能（AI）与物联网（IoT）技术的快速发展促进了智能硬件市场的扩张，并逐步改变了消费电子产业的竞争格局。智能化和数字化转型成为企业增强市场竞争力的关键因素。面对这一趋势，各大企业加快了 AI 与 IoT 技术的深度融合，期望通过技术创新和多场景应用来满足用户日益增长的智能化需求，并在激烈的市场竞争中取得优势。

小米敏锐地捕捉到这种趋势变化，并认识到传统的"硬件+互联网服务"模式已经难以支撑企业的长远发展。随着 AI 与 IoT 技术的飞速发展，技术的不确定性与复杂性日益加剧，新兴技术的快速迭代对企业的研发和资源配置能力提出了更高要求。同时，市场的不确定性在全球供应链波动、行业竞争加剧以及消费者需求快速变化的背景下进一步放大。消费者对智能化体验的要求逐步提升，消费需求正从单一智能设备的功能性使用，向多设备联动、全场景智能化体验转变。面对技术变革、市场波动与用户需求多样化的双重挑战与机遇，小米深刻意识到，唯有通过战略转型与持续的技术创新，才能构建更加稳健且具前瞻性的商业生态，推动企业从单一硬件驱动型向生态驱动型全面转变，从而在高度不确定的未来竞争中保持长期稳定的核心竞争优势。

内部战略转型十分重要。小米用"智能硬件+互联网服务"的双轮驱动模式，实现了快速市场扩张。但是随着市场红利逐渐消退，仅依赖硬件销售的模式已无法满足企业的长期增长需求。根据动态能力理论（Dynamic Capability Theory），企业在复杂多变的外部环境中，需要不断调整内部资源配置与能力结构来保持竞争优势。小米希望通过引入"AIoT"战略，重组内部资源配置与能力结构来适应快速变化的市场环境与技术趋势，推动商业模式的迭代与创新，实现企业竞争力的进一步提升。

自 2013 年以来，随着生态链的不断发展以及 AIoT 战略的提出，小米逐步构建起"1+4+X"的生态布局体系。尽管这一生态体系在前期帮助小米建立了物联网市场的初步基础，但由于设备间的智能化程度较低，生态系统仍依赖设备的简单互联，缺乏有效的数据整合与场景化应用，未能实现真正意义上的生态协同。为此，2019 年小米正式提出"手机+AIoT 双引擎战略"，将 AI 技术深度融入 IoT 设备，实现设备与数据、平台与场景的全面整合，以提升智能硬件的协同性与互通性，构建一个更加开放、智能的生态系统。

（2）战略演进过程

根据战略管理理论（Strategic Management Theory），企业战略演进通常遵循"战略分析—战略选择—战略实施"的逻辑路径。小米 AIoT 战略的演进过程亦符合这一逻辑，可分为三个阶段：技术深化、平台开放与市场扩展。

1）技术深化，从单一智能设备到多设备智能联动。小米 AIoT 战略的技术演进体现了从设备单点智能到多设备协同智能的逐步发展过程。起初，小米将 AI 技术应用于智能音箱、智能空调等设备中，以提升单个设备的智能化水平。随着战略的深入实施，小米逐步将 AI 算法引入多设备场景，通过云端数据的整合与共享，实现设备间的自动化协同与联动控制。例如，小米智能音箱在融合深度学习算法后，不仅能够控制小米自有品牌的家居设备，还能够通过与第三方品牌（如飞利浦、美的）设备的互联互通，实现跨品牌的智能化控制。在战略实施过程中，小米不断加大对 AI 算法的研发投入，以支撑其 AIoT 战略的技术演进。2021 年年度报告显示，小米的研发支出达到 132 亿元人民币，同比增长 42.3%，其中大部分资金用于人工智能与物联网技术的开发。通过将 AI 算法植入智能家居设备（如智能灯具、摄像头、空调等），小米成功实现了全场景设备之间的深度联动与协同，进一步提升了用户在不同场景下的智能化体验。

2）平台开放，从封闭生态到开放生态系统。随着 AIoT 战略的深入推进，小米认识到，仅依靠自有品牌设备难以构建真正意义上的生态系统。2020 年，小米全面开放其 AIoT 平台，并推出"智能家居生态合作伙伴计划",允许第三方品牌和厂商接入其平台生态,实现跨品牌、跨设备的互联互通。例如,小米与美的、飞利浦等品牌的合作,通过开放米家 App 的控制权限,用户能够通过一款 App 实现不同品牌设备的统一控制,显著提升了平台的开放性与互操作性。此举不仅提升了小米在全球物联网市场的吸引力,也为其生态系统引入了更多元化的资源与能力,进一步增强了平台的价值创造能力。截至 2023 年底,小米 AIoT 平台已连接的 IoT 设备数量达到 7.397 亿台,相比 2022 年增长了 25.5%。这一庞大的设备连接量表明,小米通过平台开放策略,快速扩展了设备网络,并逐步建立起一个高度协同的开放性生态系统。

3)市场扩展,从国内市场到全球化扩展。在战略实施初期,小米主要聚焦于中国市场,通过高性价比产品迅速吸引大量用户,并在国内建立了较为稳固的用户基础。2019 年后,小米逐步将 AIoT 战略扩展至欧洲、印度和东南亚等全球市场。Canalys 数据显示,小米在 2022 年的全球智能手机出货量达到 1.505 亿台,在全球智能手机市场中位列前三。截至 2023 年 12 月,小米全球月活跃用户数达到 6.412 亿,同比增长 10.2%。这一全球用户基础的稳步扩展,为小米 AIoT 战略在海外市场的持续发展提供了坚实的支持,并进一步巩固了其在全球物联网领域的市场竞争力。

(3)战略成果与成效

设备连接数量持续增长,生态效应初显。经过四年的战略实施,小米 AIoT 平台的设备连接数量从 2019 年的 2.35 亿台快速增长至 2023 年的 7.397 亿台,年均增长率达到 25.5%。其中,智能家居设备(如智能摄像头、智能灯具等)和智能家电(如智能空调、冰箱等)在全球市场中的表现尤为突出,为用户提供了丰富的智能化场景选择。

商业模式创新与收入结构优化。AIoT 战略的实施推动了小米商业模式的创新。传统的"硬件+互联网服务"模式逐步向"硬件+软件+服务+平台"的多元化商业模式转型。2023 年,小米 IoT 与生活消费产品的收入达到 801 亿元人民币，占总收入的 29.6%，显著提升了软件与服务收入的稳定性与多元化水平。这一商业模式的转变不仅优化了小米整体的收入结构，也增强了其抗市场波动的能力。

4. ESG 管理体系的融入

随着全球化进程的加快以及社会责任意识的不断增强，环境、社会及治理（Environmental, Social and Governance, ESG）管理体系逐渐成为衡量企业可持续发展能力的重要标准。ESG 体系通过整合环境、社会和治理三大因素，为企业在经济效益与社会效益之间提供了平衡路径，同时帮助企业应对资源短缺、环境污染等全球性挑战。依据利益相关者理论（Stakeholder Theory）和企业社会责任（Corporate Social Responsibility, CSR）理论，企业不仅是单纯的经济利益主体，还承担着重要的社会和环境责任。依据资源依赖理论和利益相关者理论，企业通过优化 ESG 表现能够增强资源获取能力，包括消费者信任、供应链支持、投资者青睐和政府政策倾斜，从而缓解外部环境的不确定性，为企业的长期发展奠定基础。良好的 ESG 表现有助于降低企业风险。通过高质量的资源整合，企业可以获得更多的市场竞争力资源、融资优势以及政策支持，从而减少资源不足引发的潜在风险。同时，ESG 体系的实施还可优化企业内部治理，提高透明度，降低信息不对称程度，增强企业抗风险能力。在当前高度不确定的宏观环境中，ESG 战略的嵌入不仅是企业应对外部挑战的必要选择，更是推动企业从单一功能型模式向生态协同发展的关键动力。

作为全球科技行业的领军企业，小米集团高度重视 ESG 管理体系的构建与实施，并将其视为推动企业长期可持续发展的战略支柱之一。雷军在 2023 年小米集团 ESG 报告中致辞："ESG 实践成为我们科技战略升级的重要驱动力，它引导我们走向更加可持续、负责任的发展之路。"这表明，小米集团正致力于通过 ESG 管理体系的融入，将社会责任与企业业务相结合，实现企业经济价值与社会价值的共同增长。

小米集团 ESG 管理体系的建立与实施路径：

（1）ESG 治理架构的构建与分工

在全球可持续发展与企业社会责任意识不断增强的背景下，构建科学、高效的 ESG 治理架构已成为现代企业推动长期可持续发展的重要基础。ESG 治理架构不仅是一种组织体系，更是一个将企业战略、管理与执行有机结合的多层次框架，旨在通过清晰的职责分工与协作机制，有效应对环境、社会及治理相关的风险与挑战。小米集团的 ESG 治理体系从顶层设计出发，通过层级化、体系化的架构构建，为行业提供了值得借鉴的实践范例。

小米的 ESG 治理架构分为战略层、管理层和执行层三大层级，涵盖了从董事会到职能部门的系统化管理流程，如图 7-3 所示。小米实现了 ESG 治理与企业整体战略的高度融合，同时将各部门的资源与责任有效整合，确保 ESG 战略在组织内部的落实与执行。

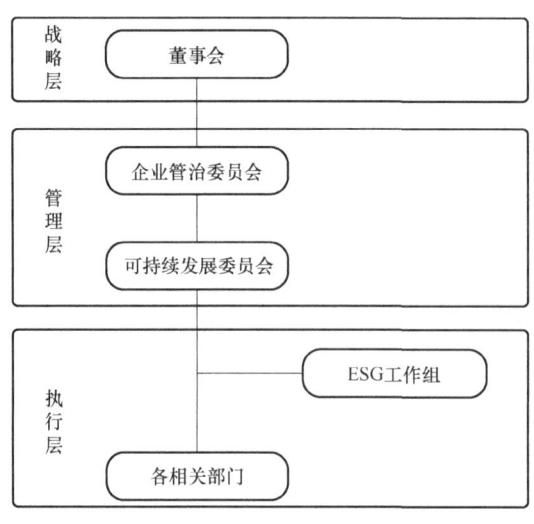

图 7-3 小米集团 ESG 治理架构

1）战略层。董事会的核心领导作用。董事会作为小米 ESG 治理的最高决策机构，要承担企业 ESG 战略制定与信息披露的全面责任。需要定期听取 ESG 相关工作的进展报告，评估重大 ESG 议题的风险与影响。

战略层要发挥引领作用,企业才可以从顶层设计出发,全面整合 ESG 理念,确保企业的可持续发展方向与实际行动相匹配。

2)管理层。企业管治委员会与可持续发展委员会的双轨协作。小米设立了企业管治委员会与可持续发展委员会,作为连接战略与执行的重要桥梁。企业管治委员会主要负责监督 ESG 工作的整体落实情况,确保关键议题得到充分重视,并向董事会汇报进展。

可持续发展委员会由集团总裁及高级管理人员领导,负责识别 ESG 相关风险,制定具体战略与目标,并对实施效果进行评估。通过这两大委员会的双轨协作,小米能够快速响应外部环境的变化与内部治理需求。

3)执行层。ESG 工作组的资源整合与行动落实。ESG 工作组是最基层的执行机构,主要负责协调企业内外部资源,推动各职能部门落实行动计划。工作组按季度召开例会,跟踪 ESG 议题进展,同时做好评估其对业务运营的实际影响。把治理目标细化为具体行动,有效提升了 ESG 战略的执行力与可操作性。

(2)战略目标的设定与整合

有效的战略目标设定是 ESG 管理体系能够深入实施的关键。小米集团基于其长期发展战略,明确了环境(Environmental)、社会(Social)和治理(Governance)三大领域的具体目标,并将其分解为年度目标和长期目标,以保证目标的可操作性与可衡量性。小米将在 2040 年实现既有业务的碳中和,并在 2030 年实现供应链整体使用可再生能源的目标。通过"科技普惠"战略消除数字鸿沟、提升社会福祉。同时,通过供应链管理中的社会责任标准引导,确保供应链各环节的劳工权益与工作环境能够达到集团的高标准要求。设立独立董事会成员,强化内部审计与风险管理,小米集团将 ESG 管理嵌入全面风险管理体系中,并定期评估可能影响 ESG 战略执行的潜在风险与挑战。

(3)政策制定与实施路径

小米集团制定了涵盖环境政策、社会责任政策、治理准则等多项的顶层政策，并通过发布集团内部指南的形式，将其传递至各业务部门。这些政策为业务部门在具体执行 ESG 目标时提供了明确的指导和操作依据，确保集团战略目标的有效实施，同时将 ESG 目标纳入高管和各业务单元的绩效考核体系中，并依据目标的完成情况设定相应的激励措施。小米集团确保了 ESG 战略目标能够在自上而下的组织结构中得以有效传达，并进一步推动企业在环境、社会及治理领域的持续改进。

（4）战略嵌入的动态调整与优化机制

在 ESG 管理体系的战略嵌入过程中，动态调整机制能够有效提升企业应对外部环境变化的灵活性与适应性。小米集团通过建立定期评估和调整机制，确保 ESG 目标在战略执行过程中能够随时应对外部环境的变化。企业管治委员会与可持续发展委员会定期对 ESG 战略的实施进展进行评估与审查，并根据内外部环境变化，及时调整 ESG 目标和实施路径，以确保战略方向的前瞻性与灵活性。同时定期与股东、员工、供应商、社区等利益相关方沟通，获取他们对 ESG 战略执行情况的反馈，并将其纳入 ESG 管理决策中。这一机制的设立能够保证 ESG 战略的有效执行，并确保各利益相关方的需求得到及时回应。

7.1.2　协同效应与价值共创

协同效应与价值共创是生态型组织的重要特征。小米生态圈整合资源和能力互补，形成了强大的协同效应。这种各主体的互动与合作，实现了整体生态圈内的价值共创。以下将详细探讨协同效应和价值共创在小米生态圈中的表现、实现机制及其具体应用。

1. 协同效应的内涵与表现

协同效应（Synergy Effect）源自系统理论中的"整体大于部分之和"的思想，是指多个主体通过协同合作，实现比单个主体独立行动更高效的效能。梁丽娜等人（2022）指出，协同效应是企业通过资源协调与关系联结，实现资源、能力和关系要素的高效匹配与融合，促使企业创新链模式从"线性反馈式"到"多方协作式"再到"开放融通式"跃升的过程。这种跃升路径展现了企业如何在动态市场环境中，通过资源与关系要素的协同匹配，提升其资源与关系权力地位，形成持续竞争力。在战略管理与企业协作环境中，协同效应不仅通过有效利用资源来实现价值最大化，还强调合作各方在战略目标上的一致性与联动性，从而增强企业的整体竞争力与市场地位。协同效应的实现要求企业能够在竞争与合作关系中动态调整资源与能力，并通过战略协同形成资源、能力与战略目标的整合效应。这种整合效应体现在战略管理、资源共享及能力互补等方面，并能够有效提升企业的创新能力和市场竞争力。

协同效应在企业生态链和创新链中的具体表现可以分为四个方面：资源整合与共享、能力效应与吸收、战略协同与目标一致性以及动态发展与价值增值。以小米生态链为例，我们来详细探讨这些协同效应的具体表现及其带来的效果。

（1）资源整合与共享

平台型智造企业利用智能技术，推动合作伙伴间的资源共享，实现生产能力的提升和市场响应的加速。通过精准的供需匹配和产能安排，企业与生态系统中的其他成员得以共同创造价值。资源整合与协同效应的结合，提高了企业的生产效率，也增强了整个生态系统的协作能力，推动了智能制造和平台化发展。在小米生态链中，资源整合主要表现在上游供应商资源与下游市场渠道资源的共享与优化上。

小米通过与生态链企业共享优质的供应商资源，使得生态链企业能够以更低的成本获得芯片、模组等核心原材料。以小米在生态链中的上游布局为例，小米利用其在通信、模拟器件、设备软件等领域的长期积累，帮助生态链企业获得更多稳定且高质量的原材料供应渠道，降低了企业的运营风险。销售渠道上的共享体现了小米资源整合。小米通过其强大的线上商城、米家 App 和线下小米之家等多渠道资源，为生态链企业提供了迅速进入市场的途径。这些渠道的共享能够降低生态链企业的市场推广成本,并帮助其快速积累用户群体和品牌认知度。这种资源整合在整体上提升了小米生态链的市场表现与综合竞争力。

（2）能力效应与吸收

在高新技术企业的创新研究中,内外创新投入的互动效应一直是学术讨论的重要主题。刘和东（2017）指出,内外创新投入在研发与商业化阶段的产出可能表现为替代效应或互补效应,具体取决于企业的吸收能力。研究表明,在没有内部吸收能力调节作用的情况下,内外创新投入对产出的影响呈现替代性关系,即内外投入相互替代；然而,当企业具备较强的吸收能力时,内外创新投入则表现为互补性,即它们能够相互促进,共同提升企业的创新绩效。此外,吸收能力的强弱对内外创新投入之间的互补效应具有显著的调节作用。因此,提升企业的吸收能力是增强内外创新投入协同效应的关键因素。

在小米生态链中,内外创新投入的互补效应得到了明显体现。小米派遣产品经理、项目经理和设计人员参与生态链企业的产品设计和研发,帮助企业加速产品开发进程,同时确保了产品在风格、质量和性能上的一致性。这种深度的协作加速了产品的创新周期,强化了小米与生态链企业之间的互补性关系。这种互补效应在石头科技与小米在扫地机器人领域的合作中得到了充分体现。石头科技借助小米的市场能力成功进入市场,并在全球智能扫地机器人市场中占据了一席之地；而小米则通过石头科技的技术创新,丰富了其智能家居产品矩阵,从而形成了双方在技术与市场上的良性互动。

（3）战略协同与目标一致性

各创新主体因组织文化、创新资源和所处阶段的不同,树立了各具特色的创新目标。但为了实现战略协同,各方必须在明确分工的基础上设立统一的创新目标,进而提高创新效率。例如,以比亚迪为代表的新能源汽车企业以盈利为目标,政府机构致力于促进产业经济发展,而高校和研究所则侧重人才培养和知识创新。尽管三方的身份、职能和参与动机各不相同，但他们通过共同设立促进新能源汽车产业发展的创新目标，最终实现了战略协同。在小米生态链中，战略协同表现在各方围绕小米"1+4+X"的生态战略展开合作，通过资源、能力和市场的协同，形成了具有高度一致性的产品与服务体系。具体而言，小米通过将手机作为生态链的核心产品，与智能电视、路由器、智能音箱等多个入口型产品协同发展，形成了强大的产品矩阵。这种战略上的一致性使得各生态链企业能够在明确的市场方向上快速执行，并通过互补合作提升整个生态系统的竞争力。例如，小米与生态链企业在 IoT 领域的战略合作，使得智能硬件设备能够实现互联互通，并通过大数据分析和用户需求洞察，提升了产品的整体使用体验。

（4）动态发展与价值增值

企业环境响应的协同效应是动态演化的，随着时间的推移和外部环境的变化，响应路径和因果机制会发生显著变化。协同效应表现在企业在不同市场环境下的资源整合与战略协同的动态调整上。小米在生态链布局初期，主要依靠品牌、渠道与资源的共享来带动生态链企业的快速成长；而在后期则通过战略投资与资源拓展，增强了生态链企业在市场中的独立性与创新能力。小米通过资源整合与供应链管理的不断优化，不仅提升了生态链企业的生产与销售能力，还增强了其在市场中的竞争力。这种动态发展的模式使得小米生态链能够在复杂多变的市场环境中始终保持强大的竞争力。

通过资源共享降低成本、通过能力互补提升创新力、通过战略协同增强竞争力，以及通过动态调整实现持续价值增值，小米生态链得以在竞争激烈的智能硬件市场中取得卓越的表现。这种协同效应不仅提升了小米自身的市场地位，也为生态链企业提供了巨大的发展机会，从而形成了双赢的生态格局。

2. 价值共创的内涵与表现

价值共创（Value Co-Creation）是企业与客户、供应商、合作伙伴等多方主体通过互动与合作，共同参与价值创造过程的模式。价值共创的关键在于企业与合作伙伴、客户及其他利益相关者通过资源共享与能力整合，共同提升各方的协同效应。价值共创的本质是基于参与者间的相互依赖性，通过资源整合与动态匹配，最终实现生态系统整体效能的提升。这种效能提升不仅体现在企业与客户之间的价值交换，同时还体现在企业与其合作伙伴、上游供应商在资源配置与能力互补的动态互动中所展现的协同效应。因此，价值共创不仅关注企业与客户之间的价值传递，更强调在多边主体的互动与资源整合中实现价值的生成与增值。

（1）品牌赋能与生态协同

品牌赋能在小米生态链的价值共创中起到了重要作用。通过充分开发和灵活运用品牌资源，小米不仅能够提升整体运作效能，还能在优化服务体验的同时扩大社会知名度。小米凭借自身强大的品牌影响力和广泛的市场覆盖，为生态链企业提供了可信赖的品牌背书，这种支持帮助初创企业更快进入市场，并在短时间内提高了品牌的认知度。消费者普遍将小米与高性价比、高品质及创新科技联系在一起，因此，当生态链企业的新产品贴上"小米"或"米家"的品牌标识后，更容易获得市场的认可与信任。这种品牌赋能使生态链企业在推广过程中更加高效，有助于它们迅速扩大市场份额。

小米通过"1+4+X"的生态链策略整合了手机、电视、笔记本计算机等多个入口产品以及生活耗材、智能硬件等周边产品，形成了一个互联互通、相互依存的产品矩阵。生态链企业在共享小米品牌资源和供应链资源的同时，也能够与小米共同进行产品定义、研发和推广，从而实现了整个生态系统的协同创新与发展。

（2）技术赋能与产品创新

通过数字技术赋能生产环节，企业进行产品创新的动力更强。小米不仅通过品牌赋能提升生态链企业的市场竞争力，还通过技术赋能推动产品的创新与迭代。具体来说，小米为生态链企业提供了包括产品设计、工业研发、技术支持和供应链整合在内的全方位技术赋能支持。小米会为生态链企业指派产品经理、项目经理和工业设计人员，全程参与产品的开发和测试环节，帮助企业缩短产品开发周期，并确保产品达到市场预期。

小米还通过其智能硬件平台和 AIoT 技术，帮助生态链企业实现技术互联与数据共享。例如，小米的 AIoT 开放平台使得生态链企业能够在低成本的情况下接入平台，并根据不同的场景和产品需求开展多样化开发，从而提升产品的智能化水平。这种技术赋能模式有效推动了生态链企业在智能硬件领域的创新与升级，为整个生态链的产品质量和用户体验提供了强有力的技术保障。

（3）上下游协同与产业链互补

小米生态链涵盖了上游原材料供应商、中游生态链企业和下游分销渠道三个主要环节。在上游，小米通过整合优质供应商资源，帮助生态链企业降低原材料采购成本，并提升产品的质量和稳定性。小米凭借在原材料采购上的规模优势，能够与供应商形成长期合作关系，并在采购价格上拥有较高的议价权，从而有效降低了生态链企业的生产成本。

在中游，小米与生态链企业共同定义产品，并提供全流程的研发支持和品牌背书。生态链企业主要负责具体的产品研发和制造，并通过自主研发和创新实现技术突破。而在下游，小米凭借其线上线下的广泛渠道资源，为生态链企业的产品提供了强大的销售支持，帮助其快速打开市场。这种上下游的协同发展，不仅提升了整个生态链的运作效率和产品质量，还推动了整个产业链的协同演化和能力互补。

（4）用户深度参与的价值共创模式

用户参与是小米价值共创模式中的重要一环。小米通过社群运营、粉丝活动和用户调研等方式，吸引用户深度参与到产品的设计、开发和推广过程中。例如，小米会定期在 MIUI 社区和米粉节中组织用户反馈活动,并将用户的意见和建议应用到产品改进中。这种模式使用户不仅成为产品的消费者,还成为产品创新的重要推动者。

小米通过用户参与模式,不断优化产品功能和提升用户体验。这种基于用户参与的共创模式,不仅增强了用户的品牌黏性和忠诚度,还提升了产品的市场竞争力。用户的需求和偏好能够迅速反馈到产品开发环节,帮助企业精准把握市场动态,推动产品的快速迭代与创新。

(5)从硬件到元宇宙的跨界布局与创新

小米的价值共创不仅体现在智能硬件领域,还通过跨界布局和战略投资实现了在元宇宙领域的创新发展。比如,小米在 XR(扩展现实)硬件、云游戏和虚拟现实内容生态等方面的布局和创新举措。小米通过开发 XR 硬件产品如 VR(虚拟现实)/AR(增强现实)眼镜,布局元宇宙硬件市场,并通过与云游戏平台、云计算厂商的合作,构建了以云游戏为切入点的元宇宙内容生态。

小米还通过战略投资和专利布局,不断增强自身在元宇宙领域的核心竞争力。例如,小米投资了多家 AR 光学硬件研发商和虚拟技术企业,弥补了自身在元宇宙领域的技术短板。通过这种跨界布局与创新,小米不仅实现了元宇宙生态系统的扩展,还推动了整个生态链的协同发展与价值提升。

(6)渠道协同与多元化价值传递

小米在渠道协同方面的表现形式。小米通过自营电商平台(如小米商城、米家 App)与第三方电商平台(如天猫、京东)以及线下零售门店(如小米之家)实现了线上线下的有效融合。同时,小米通过线下门店的高坪效策略提升了整体销售的转化率和复购率,并通过数据分析实现线上线下用户的交互与引流。

这种多元化的渠道策略不仅帮助生态链企业降低了销售成本和市场推广难度,还通过多渠道的互相引流,实现了更广泛的市场覆盖。例如,小米之家不仅是产品销售的平台,还作为线下体验店,为消费者提供产品试用、咨询和购买等一站式服务,提升了消费者的购买体验和品牌认知度。线上线下渠道的协同作用,使得小米能够更加精准地捕捉市场需求,优化价值链传递过程,最终实现整个生态系统的高效运作与价值提升。

3. 小米生态链中的协同效应与价值共创

小米生态链作为一种开放式、共创式的商业模式,通过协同效应的发挥和多方主体的价值共创,实现了企业与生态链企业的互利共赢,并推动了整个生态系统的持续发展与创新。以下将通过典型案例分析小米与其生态链企业在协同效应与价值共创方面的具体表现,以及小米如何通过产品联动、品牌赋能和技术整合提升整体生态系统的价值。

(1)小米与生态链企业石头科技的协同效应与价值共创路径

小米与石头科技之间的协同效应主要体现在产品研发、设计和市场渠道的整合上。通过协同合作,小米为石头科技提供了全方位的品牌背书、技术指导和市场渠道支持。双方在产品定义、设计和功能开发上共同努力,确保石头科技的机器人吸尘器产品在智能化、性能和用户体验方面能够满足小米生态链标准,并与其他小米智能设备实现无缝互联。小米借助其线上线下的广泛销售渠道和供应链资源,帮助石头科技快速打开市场,实现销量的显著增长。这种从研发到市场的高度协同,不仅提升了石头科技的市场竞争力,也提升了小米生态链的整体价值。

在价值共创方面,小米和石头科技通过品牌赋能、供应链资源整合、市场渠道共享等方式实现了共赢。小米的品牌影响力和渠道资源帮助石头科技缩短了产品推广周期,提升了市场渗透率;而石头科技优质的智能清洁设备进一步丰富了小米智能家居产品线,为小米生态链内其他智能家居设备提供了互联互通的应用场景。双方通过在品牌、技术和市场资源上的共享与互补,实现了生态链内各主体之间的价值共创,为用户提供了更为完善的智能家居解决方案。

（2）小米智能家居产品的协同发展与多方价值共创

小米在智能家居领域通过整合各类智能硬件（如空气净化器、智能灯具、智能音箱等），实现了多设备的场景联动与功能协同，形成了一个功能互补、互联互通的生态系统。各个智能硬件产品在小米 AIoT 平台的支持下实现了深度的技术整合和数据互通，使得整个智能家居系统能够根据用户的使用习惯和场景需求进行智能化响应。例如，小米智能音箱不仅能够连接并控制其他智能设备，还能够作为整个系统的中枢设备，通过语音指令实现多设备联动。各设备间的高度协同大幅提升了智能家居系统的整体效能，并优化了用户体验。

在价值共创方面，小米通过开放 AIoT 平台，与生态链企业和用户共同推动智能家居产品的联动与创新。小米为生态链企业提供了技术支持和平台接入资源，使得各企业能够在平台上共享技术资源和市场数据，从而提升产品的智能化水平和创新能力。同时，用户的深度参与使得小米能够精准把握市场需求，并根据用户反馈不断优化产品功能，推动产品的快速迭代与创新。这种多方参与的价值共创模式，极大地提升了小米生态链整体的竞争力与市场表现。

小米生态链的协同效应主要体现在多主体之间的资源整合、能力互补和信息共享上。通过开放平台与多方互动，小米实现了生态链内各企业、用户及其他利益相关者之间的紧密协作与共同发展。在技术研发、市场推广、供应链管理等方面，小米与生态链企业通过优势互补和协同合作，提升了整体生态系统的效率和效益。同时，小米通过品牌赋能和渠道整合，帮助生态链企业在产品创新和市场拓展上取得了显著的成就。

价值共创是小米生态链的核心驱动力之一。在小米生态链中，各主体通过品牌、技术、渠道、用户参与等多维度的资源整合，实现了共同价值的创造与共享。小米不仅通过自身平台赋能生态链企业实现创新与成长，还通过与用户的深度互动和数据共享推动产品的持续优化和系统的动态迭代。最终，小米生态链中的协同效应与价值共创模式推动了生态系统内部的动态演进，为整个生态链的可持续发展与创新提供了有力支持。

7.1.3 小米生态链产业链分析

在小米生态链的发展过程中，完善的产业链布局成为其核心竞争力之一。通过整合上游供应链资源，赋能中游生态链企业，拓展多元化的下游销售渠道，小米构建了高效协同的产业生态体系。这种模式不仅提升了小米产品的市场竞争力，还推动了整个生态链企业的协同发展，形成了独特的产业链优势。

1. 小米生态链产业链图谱

小米生态链的产业链布局覆盖了从上游原材料供应商、中游生态链企业及代工厂，到下游分销渠道的全产业链环节。通过供应链资源的共享、产品设计研发的支持以及多元化的分销渠道，小米与其生态链企业形成了紧密的合作关系，实现了上下游资源的有效整合和整体效益的最大化。

（1）上游：共享供应链资源，降低采购成本

小米在智能硬件上游原材料领域进行了长期布局，积累了丰富的供应商资源和较高的市场信誉。凭借强大的供应链渠道及规模优势，小米具有较高的议价能力，能够以较低的成本采购大批量原材料。小米将这些优质的供应链资源开放给生态链企业进行共享，使得生态链企业能够利用小米的采购渠道获得原材料供应，从而有效降低芯片、模组等核心原材料的采购成本。这一策略不仅提升了生态链企业的竞争力，还帮助初创企业更快地实现市场突破，降低了生产环节的整体成本。

（2）中游：提供产品定义、设计研发和品牌背书支持

在中游生产环节，小米通过深度介入产品研发过程，为生态链企业

提供全面的技术支持和品牌赋能。小米通常会派遣工程师主导产品定义、工业设计及质量监督等关键环节，而生态链企业则负责具体的技术研发、生产制造及代工。产品方案一旦通过审核，生态链企业会按小米的订单需求采购原材料并送至代工厂进行生产。小米随后以成本价买断产品，再通过其丰富的渠道网络进行销售。

在此模式下，小米生态链产品的定倍率通常被控制在 1.2～2 倍之间，加价环节主要集中在代工厂（毛利率 10%～20%）及小米（毛利率 10%～40%）。这一模式不仅保障了小米与生态链企业的利润分配平衡，也使得生态链企业能够在稳定的订单支持下专注于产品研发与生产的优化。

（3）下游：多元化的销售渠道降低分销成本

小米在下游的分销渠道布局极为广泛且高效，如图 7-4 所示。其线上渠道包括小米商城、小米有品、米家 App 等自营电商平台，以及天猫、京东、苏宁等第三方电商平台；线下渠道则主要为小米之家体验店。小米通过线上线下的多平台直营直供模式，不仅快速提升了生态链企业产品的品牌知名度与销量，还极大降低了分销成本。相较于传统家电和手机产品销售渠道层级多、加价多的模式，小米的渠道体系更加扁平和高效。这种模式显著降低了生态链企业的销售费用率，使其能够以较低的营销成本触达更广泛的消费群体，从而在市场中占据更有利的竞争位置。

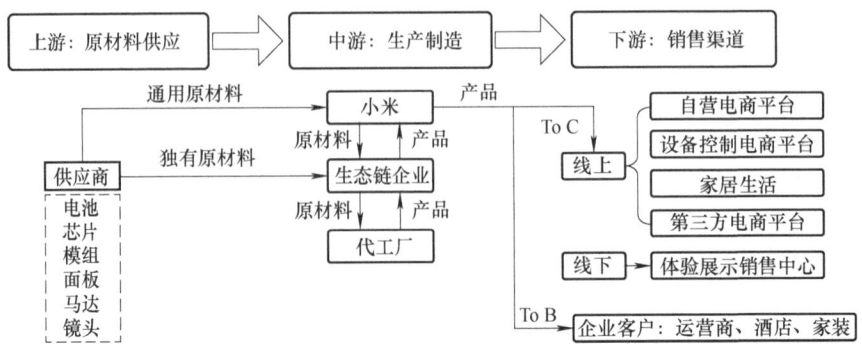

图 7-4 小米生态链图谱

2. 小米生态链——上游供应端

小米在上游供应链布局中，采取了与生态链企业共享优质供应商资源的策略，着重从国产替代与新兴技术的角度进行纵向扩展，构建了具有竞争力的硬科技产业链。小米在上游供应链的布局中采取了纵向投资策略，通过不断扩展商业版图，增强了其在供应链环节中的话语权与资源整合能力。凭借长期在智能硬件原材料领域的投资与合作，小米逐步形成了涵盖通信与无线、模拟器件与组件、设备与软件等多个领域的广泛供应链网络，如图7-5所示。

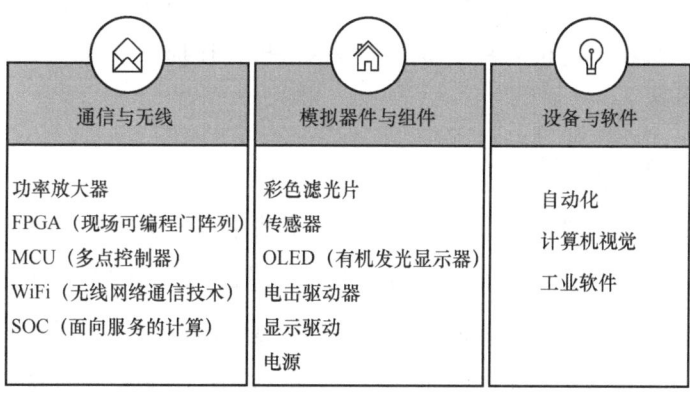

图7-5 小米上游供应链布局

在原材料采购方面，小米积累了丰富的供应商渠道资源，掌握了较高的信誉和议价能力，并通过与生态链企业共享这些优质供应商资源，实现了产业链上下游的高效协同。小米为供应商提供多个品牌产品的订单，其采购量较大。通过这种规模化采购，小米能够以更低的价格获得优质的原材料，并将这一成本优势传递给生态链企业，帮助初创企业在芯片、模组等核心原材料的采购中降低成本，增强整体竞争力。

（1）国产替代的战略布局

在全球硬科技产业竞争日趋激烈的背景下，国产芯片及相关核心器件的需求持续扩展，小米通过布局国产替代技术，有效提升了供应链的自主可控能力，减少了对国外技术的依赖。随着国产芯片技术的逐步成熟与产能的释放，小米在芯片、模组等领域的投资使其能够更好地掌控上游关键资源，实现了供应链的国产化替代和产业安全性的提升。

（2）新兴技术领域的投资布局

除了国产替代技术，小米还积极布局新兴技术方向，例如新能源储能、消费电子及工业电子等。小米通过与国内外差距不大的变革型技术企业建立战略合作，如新能源储能领域的欣旺达电子股份有限公司、消费电子领域的比亚迪以及工业电子领域的达内时代科技集团有限公司等，为其智能硬件产品提供先进的技术支持。这些新兴技术的引入，不仅帮助小米在上游供应链中实现了技术突破，还提升了其产品在全球市场中的竞争力。

（3）战略布局的整体效益

通过在上游供应链中采取纵向投资和资源共享策略，小米在供应链中拥有了更强的议价能力和市场话语权。例如，小米通过与兆易创新科技集团股份有限公司（MCU 供应商）和北京昂瑞微电子技术股份有限公司（功率放大器供应商）等企业的合作，在芯片技术上形成了规模优势，并通过与维信诺（显示驱动供应商）的战略合作，进一步巩固了其在显示技术领域的市场地位。

这种纵向扩展与国产替代相结合的布局策略，使小米能够更灵活地应对全球供应链波动带来的挑战，并推动了中国电子产业链的快速发展。通过在关键技术领域形成自主可控的供应链体系，小米不仅降低了供应链的整体风险，还提升了其生态链企业的技术竞争力，为生态链的长期可持续发展提供了有力保障。

3. 小米生态链——中游生产端

小米在生态链的运营模式中，采取了多维度的赋能策略，积极为生态链企业提供产品定义、设计研发、品牌背书等全方位的支持，并通过与生态链企业分工合作的方式,实现了高效的产品开发和市场推广。这种合作模式不仅提升了生态链企业的市场竞争力,也使得小米能够在智能硬件市场中实现产品矩阵的快速扩展和品牌价值的持续提升。

(1)设计研发的深度协同

小米与生态链企业在产品设计研发过程中保持高度协同。小米主导产品的定义、工业设计及监督检验等环节,生态链企业则负责具体的研发、技术与代工生产。在设计研发阶段,小米通常会为生态链企业提供其内部 IPT(集成产品团队)平台的资源支持,并指派一名产品经理、一名项目经理以及一名 ID(工业设计)人员共同参与产品的定义与开发。

这一模式不仅帮助生态链企业加快了产品的开发周期,还确保了产品设计的品质与一致性。目前生态链企业中 70%的产品设计均出自小米的 ID 部门,小米的工业设计部门对所有产品的工业设计拥有"一票否决权",从而保证了小米及米家品牌产品的风格一致性和设计质量。

小米为通过内测的生态链产品开放了小米和米家两个品牌。小米品牌主要面向科技类、极客类产品,而米家品牌则专注于智能硬件和消费类产品。这种品牌区分策略有助于不同定位的产品在市场上精准定位,从而提升品牌的整体影响力。

(2)生产制造的灵活分工

在生产制造环节,生态链企业通常采用委托加工方式,小米并不直接参与代工厂的选择,而是由生态链企业与代工厂签署委托加工协议,并根据小米的订单需求组织代工生产。在这一环节中,小米确保了产品质量的监管,并通过第三方物流将生产完成的产品运送至小米指定的仓库,完成产品交付。在该模式下,生产中的物流成本由生态链企业承担。

这种委托加工模式不仅提升了生态链企业在生产制造环节的自主性,也降低了小米在生产制造环节的运营成本。小米在产品不存在质量问题的情况下,会买断生态链企业生产的小米或米家品牌的定制产品,并拥有全部渠道的销售与处置权。

（3）成本控制与利润分成模式

生态链企业以成本价将产品销售给小米，小米通过自有的线上线下渠道进行销售，最终实现产品对外的销售与品牌推广。产品在渠道实现销售后，产生的毛利由小米与生态链企业按约定比例进行分成，通常为50%∶50%。这种分成模式确保了小米与生态链企业的利益共享，并有效降低了生态链企业在资金流动方面的风险。

（4）模式优势与启示

小米生态链的中游商业模式通过设计研发的深度协同、生产制造的灵活分工以及分成的利润共享模式，形成了高度互补的合作机制，如图 7-6 所示。这种模式使得生态链企业能够专注于技术研发与生产制造，而小米则通过强大的品牌背书与渠道资源帮助生态链企业打开市场。具体优势如下：

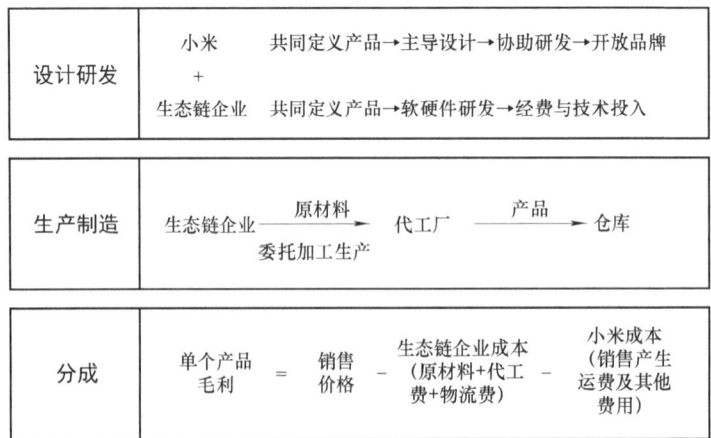

图 7-6　小米生态链中游商业模式

1）产品设计与品牌背书。小米在产品设计上的深度参与与品牌背书，不仅提高了产品的整体质量，也帮助生态链企业在市场上获得了更多消费者的信任。

2）成本控制与生产效率。委托加工模式使生态链企业能够灵活选择生产合作伙伴，从而提升生产效率。同时，小米通过规模化采购与成本控制，在生产环节获得了较强的成本优势。

3）利润共享与风险分担。小米与生态链企业之间的利润共享模式，通过"成本价采购/毛利分成"的方式降低了生态链企业的资金风险，并形成了稳定的收益分配机制，促进了双方的长期合作。

如图 7-6 所示，小米生态链的中游商业模式通过多维度的资源整合与深度协作，不仅提升了生态链企业的市场竞争力，还推动了整个生态链的快速发展。这种合作模式在智能硬件领域形成了强大的竞争优势，并为其他生态型组织在商业模式设计与合作机制建立方面提供了重要参考。

4．小米生态链——下游渠道端

在消费品市场中，小米生态链凭借其高效成熟的销售体系，形成了强大的渠道竞争力，有效降低了品牌的分销成本。目前，线上销售渠道仍然是小米的核心优势。同时，公司近年来加快了线下门店的扩展步伐，推动了线上与线下的全渠道深度融合。

（1）小米多元、扁平、高效的销售渠道为生态链企业降低了分销成本

小米通过多元化、扁平化且高效的销售渠道，为生态链企业显著降低了分销成本。凭借多平台直营直供的销售模式，小米为生态链企业提供了丰富的渠道资源，帮助品牌快速提升知名度和销量，完成品牌推广和引流，同时有效降低了企业的销售费用率。

小米的线上销售渠道与传统手机家电销售渠道层级复杂、加价较多的模式相比，小米的渠道体系更为扁平和高效，大幅缩减了渠道链条的分销成本。

以 2020 年为例，小米生态链企业九号公司与石头科技的销售费用率分别为 7.46%和 13.69%，显著低于行业可比公司科沃斯的 21.58%。然而，在 2021 年石头科技实施"去小米化"战略后，其销售费用率上升至

16.1%，这表明小米渠道模式在降低销售费用方面具有明显优势，有助于生态链企业在激烈的市场竞争中提升成本控制能力和盈利水平。

（2）小米生态链线上渠道仍然占据主流，线下渠道近年来强势扩张

相较于华为、OPPO、Vivo 等竞争对手，小米的渠道销售主要依赖于线上渠道，线下渠道的占比相对较低，仅约为 30%~40%。为了提升线下渠道的竞争力，小米自 2020 年 11 月起对零售渠道进行了全面改革，将原有的所有线下门店（包括小米之家直营店、专卖店、授权店和专营店）统一更名为"小米之家"，并构建了以直营店和经销商合作门店（如专卖店、授权店和卫星店）为主的全新渠道体系。

这一改革策略根据城市和地区的不同采取了差异化布局：在一、二线城市主要以直营店和专卖店模式为主，而在县镇地区则采用授权店模式。这种"统一标识、统一设计、统一陈列、统一服务"的标准化管理模式，有效提升了小米线下门店的运营效率和管理水平。

目前，除小米之家直营店外，其他线下门店均由第三方或加盟商提供场地，小米负责提供商品和运营支持。截至 2022 年 6 月，小米在国内的线下门店数量已超过 10600 家，其中约 94%的门店为加盟渠道。这一布局进一步夯实了小米在线下市场的覆盖面，并推动了其线上线下全渠道融合的深入发展。

（3）小米之家强大的线下零售战略，构筑高坪效的门店实力

小米之家门店以简洁、统一的白色装修风格为特色，单店面积约为 200~300m^2，店内陈列的 SKU（存货单位）数量通常在 100~300 个之间，涵盖了丰富的产品种类。小米之家的产品结构以小米手机、笔记本计算机等核心产品为主，同时配备小米生态链企业的精选爆款，如小米手环、移动电源、空气净化器等智能硬件产品。

凭借合理的产品布局和丰富的品类，小米之家新开门店的年均坪效达到 27 万元/m^2，远高于普通零售业态的平均水平。其高坪效的主要原因在于门店优越的选址带来的高客流量、较强的转化率以及较高的复购

率。这种高效的运营模式使得小米之家成为提升线下销售能力、强化品牌影响力的重要渠道，如图 7-7 所示。

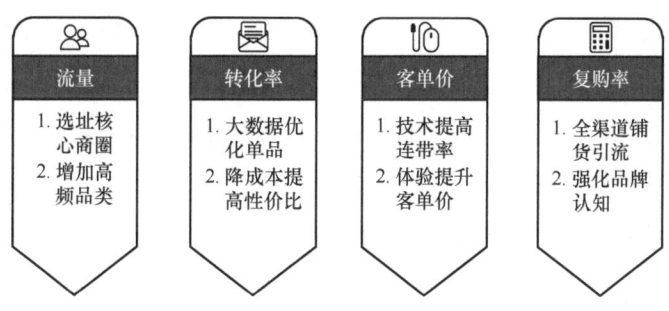

图 7-7 小米之家零售战略

（4）线下门店对线上渠道缺失购物体验的补充，实现对线上的反哺和引流

小米之家不仅是小米手机及生态链产品的重要销售平台，更是线下产品体验与品牌引流的关键入口。每家小米之家的线下体验店都集形象展示、产品体验咨询和销售服务于一体，为消费者提供小米全系产品从试用、咨询、购买、物流、安装到售后的一站式服务。消费者能够在门店中直观地感受到产品的外观、功能和性能差异，极大地补充了线上购物无法提供的实际体验感。

与此同时，小米之家还具备"流量新增+留存"的双重引流功能。店员会在顾客体验和购买过程中，引导其下载"小米商城"或"小米有品"App，方便顾客在未来进行线上购物，从而实现线下对线上的反哺与引流。这种"线下体验+线上消费"的模式，有效增强了消费者的品牌黏性，为小米全渠道营销策略的实施提供了有力支撑。

7.2 小米集团战略"人车家全生态"

在科技行业快速发展的背景下，小米不断调整自身战略，以适应智能化时代的需求。"人车家全生态"战略的提出，标志着小米在智能设备、智能家居和智能出行领域的全面融合与布局。

7.2.1 战略背景与核心理念

随着技术的快速发展和消费需求的升级,小米的生态战略也在不断演进。从最初的智能硬件生态链布局,到 AIoT 战略的深化,再到如今的"人车家全生态"战略,小米正以更加全面的智能化体系,打造覆盖多个生活场景的互联生态。此次战略升级不仅体现了小米对未来智能生活的前瞻性思考,也展示了其在技术创新和生态整合方面的全新探索。

1. 战略背景

在过去几年中,小米不断深化创新与技术布局,实现了新的战略突破。2023 年 10 月,小米正式宣布最新战略升级为"人车家全生态",这标志着小米全面迈向智能生活新时代。2023 年 10 月 26 日,小米在北京举行了澎湃 OS 暨小米 14 系列新品发布会,小米集团创始人、董事长兼 CEO 雷军表示:在过去几年不断突破认知与成长的基础上,小米迎来了"跨越时刻",这一全新操作系统不仅是小米 13 年来技术积淀的结晶,更是"人车家全生态"布局的核心驱动。2024 年 3 月,小米汽车 SU7 正式上市,完成了"人车家全生态"战略的最后拼图。

这一战略的核心目标是通过整合智能手机、智能家居、智能汽车等多个领域,打造一个全方位、无缝连接的智能生态系统。四大业务协同推动了小米的业绩新跨越。智能手机方面,Canalys 数据显示,2023 年小米全球智能手机出货量达 1.46 亿台,2024 年第二季度市占率达到 14.6%,连续十六个季度稳居全球前三。IoT 与生活消费产品方面,截至 2024 年 6 月 30 日,小米平台已连接 IoT 设备数增长至 8.22 亿台,重点品类在全球及国内市场均表现突出。互联网服务方面,用户规模持续扩大,2024 年 6 月,米家 App 月活跃用户同比增长 16.8%至 9690 万人。汽车业务方面,2024 年 3 月,小米首款汽车 Xiaomi SU7 正式发布,标志着"人车家全生态"战略的完整落地。2025 年 1 月 1 日,小米汽车公众号发布消息称,小米汽车 2024 年全年交付量已超过 13.5 万台,2025 年全年交付目标为 30 万台。

这一战略背景的形成,源于全球科技行业竞争的日趋激烈,以及智能硬件、软件、AI 技术的快速迭代与深度融合。在技术变革的浪潮中,市场需求不断变化,用户对智能化、便捷化和高效化的期待也在持续提升。小米深刻认识到,单一领域的突破已无法满足未来发展的需求,唯有通过跨领域的整合与创新,打破技术壁垒,形成协同效应,才能真正实现用户体验的全面升级,推动智能生活的普及与落地。

小米积极围绕生态链与供应链展开多方投资,持续推进生态系统的开放与共赢发展。旗下湖北小米长江产业基金合伙企业、海南极目创业投资有限公司、瀚星创业投资有限公司、天津金米投资合伙企业等多个投资机构,已在文娱社交、生产制造、硬件、企业服务、汽车交通、游戏、金融、人工智能、房产生活、健康户外、电子商务、工具软件、物联网、先进制造、VR/AR、服装饰品等领域进行了广泛布局。通过对新兴产业和技术的精准投资,小米不仅强化了产业链上下游的协同合作,也为生态系统的持续创新注入了新动能。小米坚持以用户需求为导向,以技术创新为驱动,以产业协同为支撑,逐步构建起一个涵盖智能硬件、软件服务和生态投资的开放智能生态系统。未来,小米将继续深化技术与产业的双向赋能,携手生态伙伴,共同开创智能生活新时代,为全球用户带来更美好的科技体验。

2. 核心理念

小米的"人车家全生态"战略的核心理念是:以人为中心,让智能随着人的需求而流动。通过整合人、车、家三大场景,推动智能硬件和软件的无缝连接,实现智能生活的全面覆盖。这一战略理念旨在突破传统的硬件制造局限,致力于为用户提供更加智能、便捷和个性化的全新体验。通过澎湃 OS(操作系统)的支持,小米不仅提升了现有产品的性能和流畅度,还在跨设备之间实现了深度协同,使得人、车、家这些场景之间能够无缝对接。

澎湃 OS 是这一战略的技术引擎，通过自研操作系统的底层重构，融合了 AI 技术、跨端智联、主动智能和全域安全等多重特性，推动小米产品间的智能化联动。小米通过这一操作系统，力图打造一个完整、开放且具有强大竞争力的智能生态，不仅能为用户提供优质的智能服务，还能够通过与产业链合作伙伴的共同努力，推动全球智能生态的发展和升级。

这一理念的核心是让科技回归服务于人，让智能真正跟随人的需求而流动。在 AI 的加持下，小米通过设备间的动态调用与主动学习，实现智能服务的个性化适配。例如：小米米家智能家居生态系统能够识别用户的作息习惯，在清晨自动开启窗帘、调节热水器温度；小米电视则可以根据用户的观看历史和兴趣偏好推荐内容，实现真正"懂你"的观影体验。更进一步，澎湃 OS 还支持用户在汽车、家居和手机之间实现无缝切换，例如，通过手机语音助手下达指令时，小米汽车可以自动调整驾驶模式，而家中的智能设备也能同步接收用户的偏好指令。

小米以开放和协同的姿态推动"人车家全生态"的发展。通过与产业链合作伙伴的紧密合作，小米持续拓展智能生态的边界，将智能化的触角延伸至更多场景。小米与 TCL 华星光电技术有限公司联合研发 C7、C8 屏幕材料，不仅将其成功应用于小米 14 系列，还推动了国产显示技术的发展。同时，小米旗下的 AI 助手"小爱同学"也在不断升级，从单一语音助手进化为全场景 AI 助手，具备照片识别、行程管理、跨设备搜索等功能，为用户提供更丰富的智能化体验。

为了进一步实现这一理念，小米计划在未来五年投入超过 1000 亿元用于核心技术研发，推动澎湃 OS 的生态构建和 AI 技术的突破。小米在 2024 年推出的 HyperConnect 功能，能够实现智能手机与汽车、家居设备的深度联动，通过动态学习用户的行为习惯，实现更加流畅的全场景服务。

通过具体的产品应用和技术创新，小米的"人车家全生态"不仅重新定义了智能生活，更体现了以人为中心的科技理念与生态愿景。未来，小米将持续通过创新与协同推动生态系统发展，让科技主动服务于人，构建一个智能化、个性化且可持续的全球生态网络。

7.2.2 "人车家全生态"的三大场景

在"人车家全生态"战略框架下，小米致力于构建一个无缝互联的智能生态系统，以满足用户在不同场景下的智能化需求。其中，"人、车、家"三个核心场景相互联动，共同构建起未来智慧生活的蓝图。从智能手机到智能家居，再到智能汽车，小米正在通过全方位的技术整合与生态协同，为用户打造更加便捷、高效的智能体验。

1. 人——个人移动计算中心

"人"是"人车家全生态"战略的核心起点，体现了以用户为中心的理念。雷军在 2023 年的年度演讲中指出："智能手机是陪伴用户时间最长、交互最频繁的控制中心，也是市场规模最大的电子设备。"这一观点充分反映了小米对用户需求的深刻理解以及对智能生态未来发展方向的精准把握。在小米"人车家全生态"战略中，"人"被定义为个人移动计算中心，是整个智能生态体系的起点和核心。通过智能手机、平板和可穿戴设备，小米不仅实现了人与设备的高效交互，还将用户需求融入智能场景的设计中，力求为用户提供全方位的便捷与智能体验。

小米澎湃 OS 的推出，为"人"这一场景提供了强大的技术支撑。

Redmi 智能电视 X 系列，作为智能枢纽，打造全场景智能体验。通过远场语音功能和高灵敏度 MIC（麦克风）阵列，精准识别人声信息，用户只需一句话即可找到自己喜爱的影音内容，轻松告别遥控器。内置"小爱同学"后，电视不仅是娱乐中心，还成为家中的智能管家。作为家庭智能场景的中枢，Redmi 智能电视 X 系列支持语音控制，并可与超过 2000 种智能设备实现联动。无论是启动扫地机器人、调节空调温度，还是查看洗衣机状态，都能通过简单的语音指令轻松完成，带来无缝衔接的智能家居体验。

小米将个人移动计算中心的功能进一步扩展至健康管理领域。小米的可穿戴设备，比如智能手环和智能手表，能够实时监测用户的健康数据，包括心率、睡眠质量、运动轨迹等。这些数据通过澎湃 OS 与手机无缝连接，为用户提供个性化的健康建议与提醒。当检测到用户久坐时，手环会主动发出站立提醒；在运动后，手表能够生成详细的运动分析报告，为用户的健康管理提供科学支持。这种通过数据采集与智能分析的主动服务，体现了小米以用户为中心的科技创新理念。

小米"小爱同学"AI 助手也在不断进化和迭代中，成为个人移动计算中心的重要组成部分。作为全生态的 AI 助手，小爱同学不仅能通过语音指令执行简单操作，还支持照片识别、行程管理、跨设备搜索等功能。例如，当用户需要查询某个会议时间时，"小爱同学"可以从用户的日程安排中快速检索相关信息，并主动提醒用户会前准备事项。这种主动智能服务，使"小爱同学"不仅是一个语音助手，更成为用户的数字化私人秘书。

通过智能手机、平板电脑、可穿戴设备以及 AI 助手的协同联动，小米构建了一个以人为核心的个人移动计算中心。这一中心不仅是人与设备交互的关键节点，也是智能生态体系中最贴近用户需求的环节。通过精准洞察用户的使用习惯和生活场景，小米不断完善和优化"人"这一场景，为用户提供无缝连接的智能体验。

未来，小米计划在个人移动计算中心的技术创新上投入更多资源，进一步提升澎湃 OS 的跨设备协作能力，加强 AI 算法在个性化场景中的适配，甚至通过与产业链合作伙伴的协同，推动更多智能设备的接入。通过这些努力，小米不仅让个人移动计算中心成为用户生活中不可或缺的一部分，还以此为基础，推动"人车家全生态"的全面发展。

2. 车——智能移动空间

自 2010 年进入智能手机市场以来，小米已跻身全球三大手机制造商之列，并成为全球最大的消费级 AIoT 平台。凭借在操作系统、人工智能及机器人等领域的技术积累,小米的技术实力持续增强,并逐步拓展至汽车产业。在智能化浪潮的驱动下,小米汽车的核心竞争力聚焦于"智驾+智舱+生态"三大关键领域。基于场景驱动理论,小米提出"人车家全生态"模式,通过智能终端的无缝连接,形成无感互联与能力协同,推动智能生活体验的深度变革。

(1)小米智驾(Xiaomi Pilot)——全系技术自研,全系标配智能辅助驾驶

智能驾驶是推动汽车从传统交通工具向智能移动空间转型的关键环节。小米在智能驾驶领域的首次亮相便确立了 2024 年跻身行业前列的目标。为实现此目标,小米投入大量资源,组建了超过 1000 人的专业团队。同时,AI 实验室与 3000 多名工程师的共同努力,加速了智能驾驶技术的更新迭代。小米在智能驾驶技术上的突破已获得国际认可。2024 年年初,其超分占用网络算法成功被计算机视觉领域顶级会议 CVPR(国际计算机视觉与模式识别会议)收录,标志着其在端到端大模型量产上的领先地位。该技术高度整合了感知、决策与规划模块,从图像输入到行驶轨迹输出,实现了狭窄车位泊车与高效代客泊车功能。为保障智能驾驶体验的一致性,小米推出 Xiaomi Pilot Pro 与 Xiaomi Pilot Max 两种智能驾驶系统,均基于 NVIDIA DRIVE Orin 算力平台,采用 11 摄像头视觉方案,并结合端到端大模型技术,提供领先的智能辅助驾驶能力。

(2)小米澎湃智能座舱基于小米澎湃 OS 的智能交互系统

硬件能力是交互体验的基础。小米 SU7 全系标配 8295 旗舰芯片,并借助小米澎湃 OS 强大的异构兼容能力,实现硬件资源的精准调度,确保流畅的中控屏操作体验。小米通过精心设计的交互界面,为智能座舱体验奠定了坚实基础。用户可通过 3D 车模直观控制车辆各项功能,交互体验符合直觉,极大降低了学习成本。基于场景驱动理论,小米澎湃 OS 具备高度灵活的交互框架,允许用户根据使用需求自定义窗口卡片布局,实现多任务无缝切换。例如,导航界面可动态放大,音乐播放界面可自

由调整，充分满足个性化需求。

（3）跨端智联：打通手机、平板与车机的无缝连接

小米澎湃智能座舱在设计初期即将手机与平板视为智能座舱的有机组成部分，实施多端一体化的原生设计。通过 Xiaomi HyperConnect 跨端互联框架，当同账号手机或 Pad（平板计算机）进入车内，可实现自动识别与无感互联。

这种跨端智联不仅体现在硬件连接上，更涉及系统底层的深度融合。例如，中控屏可直接调用手机镜像，实现多屏联动，同时支持将手机应用以窗口形式固定至中控屏进行独立操作。此外，小米智能座舱还支持接入两台 Xiaomi Pad 6S Pro 12.4 作为后排拓展屏，满足全车无缝联动体验。

（4）大模型加持的"小爱同学"智能语音助手

"小爱同学"作为国内最早发布的智能语音助手之一，自 2017 年起已拥有超 1.17 亿位月活用户。小米基于生成式 AI 大模型 MiLM-1.3B，为"小爱同学"赋能，实现了从基础语音助手向智能生成式 AI 助手的跃迁。"小爱同学"具备深度语义理解、离线对话、连续对话及多模态交互能力。在车辆行驶过程中，语音交互相比触控交互更具安全性与便捷性。小米致力于实现"手控功能，语音亦可控"，涵盖车辆控制、CarIoT 设备联动以及智能家居控制。

（5）充电补能网络合作：生态共享推动新能源汽车行业发展

2024 年 12 月 25 日，小米汽车宣布与蔚来、小鹏、理想等新能源汽车品牌开展充电补能网络合作，超过 1.4 万根蔚来充电桩、9000 多根小鹏充电桩及 6000 多根理想充电桩将接入小米充电网络。小米 SU7 自 2024 年 3 月上市以来，表现亮眼。然而，相较其他车企，小米尚未大规模自建充电网络。因此，通过与行业头部品牌的合作，小米有效弥补了充电基础设施短板，推动了新能源汽车充电网络的共享互通。

这种生态互补合作，进一步推动了新能源汽车行业的资源共享与协

同发展。通过与多家车企的充电补能网络共享,小米在确保用户充电便利性的同时,也提升了整体新能源市场的充电网络可用性,推动行业生态的可持续发展。

3. 家——智能生活空间

在小米的人车家全生态战略中,家作为智能生活空间,承载着人与设备、设备与设备之间的智能交互,是生态系统中的关键组成部分。随着 AIGC(人工智能生成内容)技术的快速发展,智能家居逐步从 1.0 时代进入 2.0 时代,加速了社会产业的数字化转型。在这一背景下,智能家居不仅是"人车家全生态"中不可或缺的节点,更是引领未来智能生活的核心力量。

在小米的战略中,智能家居设备不仅要满足基本的功能需求,还必须能够与其他设备(如汽车、手机、个人设备等)无缝互联,形成一个跨场景、跨设备的智能生态系统。通过人工智能、大数据、物联网等技术的应用,小米的智能家居不再是孤立的,而是成为整个生态系统的核心枢纽,能够主动学习和预测用户的生活习惯,提供更为个性化、智能化的服务。小米的澎湃 OS 通过打破硬件的界限,将手机、汽车和家居设备紧密连接,实现了设备间的信息流动和协同工作。澎湃 OS 不仅提升了各类智能设备的互操作性,还使得智能家居系统能够根据用户的需求和习惯,主动调节环境设置,如温度、灯光和安防等。这样的深度融合推动了"人车家全生态"的顺畅运行,极大提升了用户体验。

为了实现不同品牌和型号智能家居设备之间的无缝衔接,制定统一的标准化接口和协议是"人车家全生态"不可或缺的关键步骤。当前,智能家居设备的品牌和型号繁多,缺乏统一的标准,导致了设备之间无法实现信息共享,影响了用户体验。因此,推动设备间的标准化协议制定,已经成为智能家居行业的首要任务。通过实现统一协议,智能家居设备不仅可以在同一平台内实现信息共享,还能与小米的汽车、手机等其他设备相互联动。

智慧场景是智能家居和"人车家全生态"深度融合的重要途径。智慧场景的实现需要多个系统的协同参与，包括智能照明、智能安防、智能影音等系统。通过小米澎湃 OS 的支持，不同设备间的协同工作变得更加智能和便捷。

在小米的"回家模式"中，用户将车内的智慧中控屏启动时，家中的空调、新风系统会自动开启，灯光、窗帘等会根据用户的习惯和外部环境进行调节，用户只需集中精力驾驶，而无须担心其他细节。当用户离家时，车内的一键操作即可远程控制家中的所有智能设备，无论是关闭灯光、拉上窗帘，还是调节温度，智能家居系统都能完成这些任务，提升生活的便捷性和能源效率。

这种智能联动模式充分体现了"车"和"家"在"人车家全生态"中的有机结合（如图 7-8 所示），推动了跨场景、跨设备的智能互联。通过澎湃 OS，智能家居系统不仅能够实时调整家居环境，还能够随时与汽车、个人设备等进行联动，形成一个完整的智能服务链条，实现用户的全场景智能体验。

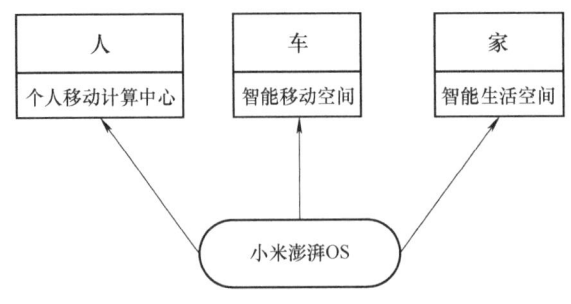

图 7-8 "人车家全生态"架构

7.2.3 人、设备与智能共生：协同演化，构建动态生态

在"人车家全生态"战略中，"人"是智能生态的起点，而设备和智能服务则是实现人与生态系统协同演化的关键支柱。通过澎湃 OS 的技术支持，小米逐步构建起以用户需求为导向、以设备协同为桥梁、以智能服务为反哺的动态生态系统，如图 7-9 所示。这一生态系统旨在让智能随

着人的需求流动，同时通过人赋能生态，使生态系统不断学习和优化，反过来更好地服务人。

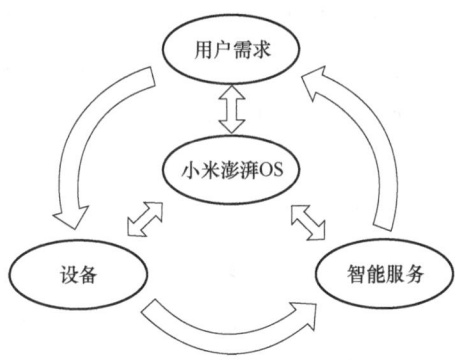

图 7-9　用户需求、设备、智能服务关系图

小米的"人车家全生态"战略以"人"为起点，强调用户需求对整个生态系统的引导作用。在这一战略中，"人"通过智能手机、可穿戴设备、平板等终端，与生态系统建立密切的交互关系。首先是数据驱动智能服务。小米智能终端设备通过收集和分析用户的行为数据，为生态系统提供反馈。例如，通过小米手环记录的健康数据，澎湃 OS 能够为用户生成健康管理建议，并进一步优化智能家居的场景化服务。其次是智能随需求流动。无论是在家中还是车内，用户都能够通过小米设备实现智能场景的切换。例如，当用户即将到家时，智能家居系统会根据用户习惯自动调整室内温度、灯光亮度等，创造更加舒适的环境。这种以人为核心的生态驱动模式，让智能真正融入用户的日常生活，并能够随用户需求不断变化和进化。

设备作为用户需求与智能服务之间的纽带，在小米"人车家全生态"战略中发挥着至关重要的作用。通过澎湃 OS 的支持，小米打破了传统单一设备各自为战的局限，实现了设备间的协同联动和跨场景的智能化服务。这种联动不仅让用户在不同场景下享受到一致的智能体验，也进一步增强了生态系统的整体效能。在跨场景联动方面，小米通过澎湃 OS 实现了智能家居、智能汽车和个人终端设备之间的无缝连接。

在设备赋能生态方面，小米 IoT 设备不满足于单一功能的实现，而是通过与其他设备的协同，不断提升生态系统的整体服务能力。例如，"离家模式"不仅可以关闭不必要的电器，还能同步家中状态到车载系统，让用户随时了解家庭情况。同时，这些设备也会根据用户行为和偏好不断学习优化。例如，扫地机器人可以根据用户的作息时间自动安排清扫任务，空调能够在用户到家前主动调整到舒适温度。这种联动背后是小米对设备功能和生态协作的深度优化。通过澎湃 OS，设备不仅能够实时共享数据，还能够进行动态学习，从而更加精准地响应用户的个性化需求。例如，当用户在家中休息时，小米电视会根据用户的观看历史推荐合适的内容，而音响则会同步用户喜欢的播放列表，为用户提供沉浸式的影音体验。

小米米家空调 Pro 系列就是智能化和节能技术的典型代表，体现了"人与设备"之间的深度协同。在米家空调 Pro 系列中，用户不仅能享受到高效节能的空调，还能通过米家 App 和语音助手实现空调的远程操控。传统空调在使用时，用户往往需要通过遥控器进行操作，而米家空调则通过与智能家居生态系统的结合，实现了通过语音或智能设备直接控制空调的功能，从而大幅提升了用户体验。这种从"人"和"设备"到"设备"和"设备"协作的转变，体现了智能化产品如何在多维度满足用户需求的同时，优化人机交互体验。

更进一步，米家空调 Pro 系列通过智能感知技术与 AI 算法的深度结合，实现了空调的自动调节与个性化设置。米家灵云智控引擎能够根据环境变化、季节变动、用户习惯等因素自动调整空调的运行模式，使得空调不是一个被动的冷气来源，而是一个"懂你"的智能设备。通过这种方式，空调可以根据用户的需求与使用习惯进行自主学习和优化，从而实现更加高效、节能的运作模式。这种设备间的智能协同不仅提升了单一设备的效能，还推动了整个家庭环境的智能化，进而提升了用户的整体生活质量。

智能服务作为"人车家全生态"战略的重要体现，其动态进化依赖于人与设备之间的数据流动和生态反馈机制。澎湃 OS 通过整合设备收集的数据，进行全面的分析与优化，从而提升智能服务的适配性和精准性。首先，用户需求反哺智能服务。澎湃 OS 通过对用户行为的深入分析，能够预判用户需求。例如，米家 App 根据用户的用电习惯提供节能建议，或在用户运动后，根据健康数据推荐更加舒适的室内温度。这种需求预判极大提升了服务的个性化和精准性。其次，生态学习与优化是关键能力。小米生态系统不仅响应用户需求，还能够主动学习和优化服务模式。

这种智能服务的动态进化，最终形成了小米生态系统内的"数据闭环"：用户提供数据，设备学习数据，生态优化数据，最终反哺用户，从而构建了一个自我驱动、自我进化的智能生态系统。小米"人车家全生态"通过人与设备、设备与服务之间的互动，实现了智能服务在动态生态中的流动性和反哺性。

7.2.4 产品赋能，技术驱动，产业共进

深耕底层技术，赋能多元生态。小米在底层技术领域的深耕为整个生态系统奠定了坚实的技术基础。例如，小米基于开源实时操作系统 NuttX，推出了物联网嵌入式软件平台 Xiaomi Vela，为物联网硬件平台提供统一的软件服务，其丰富的组件和易用的框架打通了碎片化的物联网应用场景。通过 Vela 平台，小米将底层技术的能力开放给开发者和生态合作伙伴，助力他们快速开发智能产品，并以此带动全行业的技术升级。此外，小米通过推出小米澎湃智联技术品牌，进一步加强了技术赋能的力度。该品牌整合了小米在芯片、连接协议和智能设备协同领域的技术积累，帮助全屋智能产业和个人开发者更高效地接入小米 IoT 生态。这些技术创新不仅提升了用户体验，也推动了整个行业的智能化发展。

小米集团的战略核心之一是通过深度融合 AI 与硬核科技，推动绿色创新的落地。以"HyperMind"智能平台为例，它能够通过智能监控调节

家居设备，如空调和冰箱等的运行模式，以确保这些设备的高效能和低排放。这一技术不仅提升了消费者的舒适体验，还能有效降低能耗，推动家庭生活方式向可持续发展转型。

在智能制造方面，小米利用自主研发的"澎湃智能制造平台"（Hyper IMP），实现了生产流程的高度自动化。该平台涵盖了从生产管理到细节调控的全链条自主优化，显著提升了生产效率并减少了资源消耗。例如，小米的 SU7 汽车采用了全球量产轿车中的最低风阻系数，减少了行驶中的能耗和碳排放。此外，支持 800V 超级快充技术的小米 SU7 Max 能够提升充电效率，进而在智能化和自动化的双重作用下优化能源使用，减少环境负担。

打造开放生态，推动产业共赢。小米始终致力于构建开放的生态环境，与产业链上下游伙伴携手共塑智能未来。小米通过"生态伙伴计划"，积极与智能家居、智能出行、智能办公等领域的企业合作，共同挖掘市场潜力。这种协同模式不仅让小米在智能生态领域占据了更高的市场份额，也带动了整个行业的智能化渗透率提升。在具体实施上，小米围绕产业需求长期持续投入。小米计划在未来五年内投入 1000 亿元研发费用，聚焦 12 个技术领域和 99 个细分赛道，为智能生态提供源源不断的创新动力。这一规模化的投入为全产业链的发展提供了强有力的支持，也彰显了小米持续开放、共同发展的决心。

产品与技术的协同创新。小米在产品与技术的协同创新方面展现了强大的实力。小米的 IoT 产品线覆盖了智能电视、扫地机器人、智能音箱等多种设备，这些产品不仅功能丰富，还能够通过澎湃 OS 实现跨设备联动，形成一体化的智能服务体验。与此同时，小米在智能家居领域推出的全屋智能解决方案，打破了品牌与设备的界限，推动了家庭场景的全面智能化。这些智能产品在小米澎湃 OS 的统一协同下，通过数据的流转与生态的反馈，逐步构建出一个动态进化的智能生态。例如，当用户通过米家 App 设置智能家居场景时，澎湃 OS 可以根据用户的行为习惯和偏好动态调整设备状态，为用户提供个性化的服务。

第 7 章 小米生态圈的管理案例启示

小米深耕底层技术，以端侧 AI 技术为突破口，推动了产品、技术与产业之间的深度融合。例如，小米 14 Ultra 搭载了自研 MiLM-6B 大模型，成为国内首款能够在手机端运行大模型的手机，如图 7-10 所示。通过 Xiaomi AISP 计算摄影平台，小米不仅实现了硬件性能的提升，还为行业树立了 AI 与终端设备深度融合的标杆。此外，AI 手机的创新应用也为小米及其合作伙伴带来了市场增量和品牌溢价。随着端侧 AI 的渗透率提升，未来智能手机的高端市场格局将进一步稳固，而小米也将在这一趋势中获得更多市场机会。

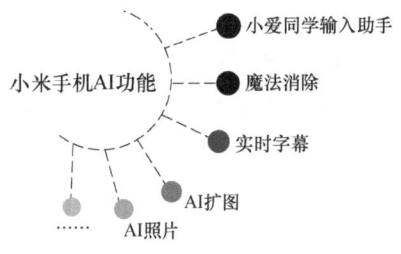

图 7-10　小米手机 AI 功能

本章小结

本章聚焦小米生态圈的管理实践，系统解析其生态演化路径、协同价值机制与战略落地逻辑，围绕"生态链—产业链—战略链"的演进脉络，构建出具有典型代表性的生态型组织成长范式。首先，从起源与发展角度，小米通过"硬件+软件+互联网"三位一体的发展模式起步，依托轻资产运营、品牌赋能与粉丝经济，实现从手机单一产品向多元生态布局的跃迁，奠定了生态系统雏形。随着生态链企业的扩张与深度协同，小米以投资带动创业、以品牌整合资源，在不断孵化与协作中构建起开放且具有韧性的创新网络。

其次，在协同效应与价值共创方面，小米生态体系强调平台主导下的多主体协同合作机制，通过 IoT 互联、数据共通与用户共创等方式强化价值交互，提升用户黏性与产品联动效率。这一过程中，不仅强化了技术之间的接口协同,更通过生态链企业间的资源共享与创新共振,实现了平台价值的持续放大。

再次,生态链产业链分析进一步揭示,小米围绕核心品类向外拓展,在供应链整合、研发协同与市场协同层面构建高耦合度网络,逐步完善其生态边界与系统稳定性。

最后,从小米集团战略"人车家全生态"的顶层设计出发,呈现其在战略跃升阶段的系统集成能力。围绕"人车家"三大场景,小米构建了以人为核心、场景驱动、技术链接的生态架构,打通设备、服务与数据之间的智能交互路径,实现从产品联动向智能共生的战略转化。在此基础上,通过技术驱动产品赋能与跨产业融合协同,小米打造出覆盖生活全域的智能生态闭环,推动产业协同共进与组织敏捷响应能力的跃升。

小米生态圈的管理实践为生态型组织的战略制定与动态发展提供了典型范式,其演化路径体现出"起步—协同—跃升"的进化逻辑。通过价值共创机制激发内在活力,通过协同效应塑造系统优势,通过战略场景推进生态融合,小米实现了从平台构建到生态整合再到系统跃升的有机进化。该案例不仅验证了生态型组织三要素之间的互动逻辑,也为其他组织在数字时代构建高适应性与高韧性的生态系统提供了可借鉴的路径与启示。

第 8 章 数字赋能生态型组织未来发展

生态型组织是一种高度动态、协同和创新导向的组织形态，其生存与发展依赖于生态系统的整体协调。由于生态系统的复杂性、不确定性以及技术的快速发展，生态型组织在治理、需求适应及技术应用等方面面临着严峻挑战。本章重点探讨生态型组织面临的三大核心挑战，并提出对应的发展策略，最后分析数字赋能背景下生态型组织发展的几种新范式。

8.1 生态型组织面临的挑战和应对策略

生态型组织由多个主体（如企业、政府、消费者、供应商等）组成，其运作涉及复杂的利益博弈、资源整合与协作模式。在数智化时代背景下，企业生态创新与价值创造的组织范式已发生本质性变革。在企业与竞争对手协作的创新生态系统中，企业间的竞合关系对实现创新生态系统价值共创至关重要。Cozzolino 等人（2021）提到以大型企业为核心，整合中小企业等互补性参与主体所构建的平台生态系统，正逐步演化为协同创新与价值创造的典范组织形态。其中，中小企业依托平台型企业及其主导的数字生态系统开展创新活动，已成为实现创新的主要模式。这种多主体协作模式容易导致治理困难，主要体现在以下方面。

8.1.1 强化组织核心协调能力应对治理体系挑战

生态型组织的治理是其可持续发展的关键,而生态系统内部复杂的利益关系、资源配置问题以及治理体系的灵活性要求,使得治理难度大幅上升。

1. 资源整合的公平性与效率问题

在生态型组织中,核心企业往往掌握着关键资源,如技术、数据、资本和市场渠道等。这些资源的分配直接影响生态系统的稳定性和整体效率,导致资源倾斜,使部分中小企业或合作伙伴难以公平获取资源。例如:苹果公司的 App Store 生态系统长期以来因高额分成(30%抽成)和限制第三方支付选项而饱受批评,这导致部分开发者面临较大生存压力;在阿里巴巴的平台生态中,一些中小商家因流量分配不均,难以获得足够曝光,间接被大品牌挤压出市场,影响整体生态的活力。因此,如何在多个利益相关者之间实现公平合理的分配,避免资源错配,是系统治理的难点。

2. 多方利益冲突问题

生态型组织中不同主体的战略目标、发展节奏及利益诉求可能存在矛盾,影响生态系统的稳定性。这种矛盾不仅是核心企业和供应商之间的矛盾,还有政府和平台企业之间的矛盾。核心企业通常关注整体生态的长期增长,而供应商可能更关注短期利润;政府希望通过监管确保市场公平,而平台企业往往希望减少政策限制。以苹果公司与富士康的关系为例,苹果公司要求供应商不断降低生产成本,而富士康则希望提高利润,双方在长期合作过程中始终面临博弈关系。同样,政府与平台企业之间也存在监管与市场自由度的冲突,例如滴滴出行在政府加强合规监管的过程中,就经历了业务模式的调整,以适应新政策的要求。生态系统内部还存在复杂的竞合关系。企业既可能是合作伙伴,也可能是竞争对手。例如,小米生态链中的华米科技最初是小米手环的独家供应商,后来华米推出了自有品牌 Amazfit(跃我),与小米形成直接竞争关系。同样,华为在鸿蒙生态系统的建设过程中,既与多个科技企业合作研发技术,也在某些业务领域形成竞争。白景坤和周涵(2025)认为在数字生态系统框架下,平台企业与中小企业间的合作诉求也呈现显著异质性。从中小企业视角来看,平台仅作为价值中介,其参与动机源于平台对其战略目标的赋能效应;根据 Nambisan 和 Baron(2021)的观点,平台企业将中小企业定位为价值补充者,仅当后者能够提升平台价值时方具存在意义。这种不对称关系导致平台企业进入互补市场并对互补企业形成挤压的现象频发,典型案例包括 Zomm 指控 Apple 在合作开发 iPhone 蓝牙设备过程中侵占其专利,以及国内"你今天真好看"诉阿里健康抄袭等事件。Cenamor(2021)认为,平台企业与互补企业间竞合关系的本质特征必然对互补企业的创新行为产生多维影响。因此,如何在合作与竞争之间找到平衡,是生态型组织需要重点解决的问题。

3. 系统治理机制的灵活性挑战

李宇和刘乐乐(2022)提出,治理机制能够通过调节机会主义行为的可控性水平以及优化企业间的利益分配格局等途径,有效调节竞合关系对创新活动的动态影响。而生态型组织的治理需要在稳定性和灵活性之间取得平衡。王展昭和王世龙(2024)提到,在创新生态系统中,多主体的复杂关系带来了创新资源管理难、创新主体协同难、创新过程管控难的治理挑战。相关研究表明,契约治理机制在竞合平衡型关系对创新生态系统价值共创的影响中发挥调节作用;而关系治理机制在合作主导型关系、竞合平衡型关系对创新生态系统价值共创的影响中发挥调节作用。治理机制过于严格,可能会抑制创新,苹果公司的 App Store 拥有严格的应用审核机制,这在一定程度上确保了应用质量,但同时也让某些创新应用难以进入市场。治理规则过于松散则可能导致生态系统失衡,比如在共享单车行业发展早期,由于缺乏有效的治理机制,市场上的共享单车品牌迅速膨胀，导致大量单车被废弃，资源严重浪费。

4. 生态型组织针对系统治理难题的应对策略

为了应对生态系统内部复杂的利益关系、资源配置问题及治理体系的灵活性要求，生态型组织可以采取一系列针对性的策略。

首先，智能算法为资源配置提供新路径，提升分配透明度和效率。在解决资源配置问题时，企业可通过智能算法来优化资源分配，以提高透明度和效率。例如，阿里巴巴通过大数据分析，实时调整流量分配机制，不仅优化了市场竞争环境，还平衡了新老商家的曝光权益。此外，区块链技术的应用在提升生态系统透明度方面也具有显著作用，例如京东利用区块链技术追踪供应链信息，从而确保资源的高效分配，减少信息不对称的现象。同时，实施贡献度评价体系是强化资源分配公平的重要手段。例如，GitHub 通过代码贡献排名来激励开发者，确保资源能够按照贡献的价值进行合理分配。

其次，生态协同治理机制重构多方参与格局。在缓解生态系统内部利益冲突方面，企业可以引入生态协同治理机制。以 Linux 基金会为例，它采用开源治理模式，确保不同利益相关者能够共同参与生态决策，从而减少企业之间的矛盾和冲突。平台企业还可以通过利益共享机制，如收益分成、股权激励等方式，提高合作伙伴的积极性。以华为为例，公司通过"方舟实验室"与合作伙伴共同研发技术，并通过股权回报机制，确保生态系统的长期稳定。

最后，构建适应性治理机制。在提升治理机制的灵活性方面，生态型组织可以根据不同的发展阶段调整治理策略。对于处于初创阶段的生态型组织，采取宽松的规则可以鼓励更多企业和个体参与创新；而当生态系统逐渐成熟时，则应加强监管，以确保公平竞争。此外，数据驱动的智能治理还能够提升治理的灵活性。淘宝可以通过 AI 大数据分析商家信誉得分，实时调整店铺的曝光率，确保市场竞争的公平性。不同企业可以选择不同的生态治理策略，如：小米采用了"生态协同治理模式"，赋予生态链企业较高的独立性，但通过品牌授权和股权投资的方式进行适度控制，使企业既能自主创新，又能与小米生态保持一致；腾讯则采取"开放生态治理模式"，通过投资和孵化等方式打造微信小程序生态，允许开发者自由创新，同时提供必要的基础设施支持，确保生态系统的持续发展。

8.1.2 提升自组织与自进化能力应对需求不确定问题

生态型组织在动态市场环境中面临着巨大的不确定性挑战。市场需求的快速变化、消费者偏好的不可预测性以及技术迭代的加速发展，使得传统的规模化生产和供应链模式难以适应现代商业环境。因此，生态型组织必须增强自组织与自进化能力，通过数据驱动、敏捷管理、跨组织协同创新等方式，提升市场适应性，保持竞争优势。

1. 市场需求的不确定性及其挑战

市场动态的不可预测性构成生态型组织的核心挑战。全球经济格局剧变、数字技术渗透性扩张、消费群体偏好碎片化推动了企业重构战略的韧性。消费端需求的裂变持续放大市场的波动，标准化商品正被个性化解决方案取代。政策法规的变化直接影响市场需求，不同国家监管环境的动态调整持续重构产业边界。如欧盟《通用数据保护条例》（GDPR）直接制约互联网企业数据采集范围，中国教育培训行业在"双减"政策冲击下经历深度转型。汽车制造商特斯拉在德国部署自动驾驶功能时，必须同步应对德国严格的技术认证标准与美国相对宽松的监管框架，这些都导致其市场推广策略需要不断调整。经济与社会环境的不确定性进一步增加了企业经营的复杂性。经济周期波动、全球供应链中断、地缘政治冲突等外部因素，也会影响消费者需求。2020年公共卫生危机催化零售格局重构，亚马逊、京东等电商平台的市场需求量激增，传统零售业受到巨大冲击，传统百货巨头西尔斯在此阶段申请破产保护。

除了市场趋势的不确定性，产品与服务快速迭代也给生态型组织带来了压力，不断加速压迫企业的创新阈值，以便满足不断变化的消费者需求。如消费电子领域呈现残酷的进化竞赛，苹果实施"年更"产品策略维持市场热度，智能手机平均生命周期压缩至 12 个月以下。曾占据功能机市场 40%份额的诺基亚，因未能及时适配触控交互逻辑而退出主流竞争序列。新能源汽车产业正经历三重技术革命，锂离子电池能量密度以每年为单位提升，自动驾驶算法迭代周期缩短至三个月，车联网系统实现 OTA 远程升级常态化。特斯拉全自动驾驶（Full Self-Driving）系统通过影子模式持续收集全球用户驾驶数据，形成难以复制的技术护城河。数字内容产业陷入持续性创新焦虑，流媒体平台 Netflix 每周新增影视内容超百小时，其基于用户行为数据的投资决策模型显著提升了爆款内容产出率；腾讯视频通过"季风剧场"模式推出短剧集应对观众注意力的碎片化迁移，平台留存率与内容更新频率呈现强正相关。综上所述，生态型组织需要增强自组织与进化能力应对市场波动，数据驱动洞察、敏捷架构设计、跨主体协同创新成为提升适应性的关键路径。

2. 生态型组织应对市场需求不确定性的策略

为了应对市场需求的不确定性，生态型组织需要提升自组织与自进化能力，通过数据驱动市场洞察、敏捷组织架构、跨组织协同创新等方式，提高市场适应性和竞争力。

首先，构建数据驱动的市场洞察体系。王辉辉（2024）认为，数据驱动市场洞察体系并支撑需求预测与产品优化：阿里巴巴运用 AI 算法解析消费行为轨迹，淘宝天猫平台依据用户搜索记录与购买历史生成实时商品推荐，转化率提升显著；小米社区收集用户反馈数据，AI 分析驱动空气净化器滤芯更换提醒功能迭代。在线下零售场景中，星巴克借助 AI 技术融合商圈数据、人流特征与消费偏好，新店选址成功率提高；耐克则通过运动数据分析实现装备定制推荐，用户体验产生结构性改善。

其次，提升组织的敏捷性与动态适应能力。敏捷组织架构重构加速业务响应，拼多多 C2M（Consumer-to-Manufacturer，从消费者到生产者）模式打通消费者与制造端数据链路，农产品供应链实现物流库存动态调整，损耗率下降；亚马逊践行 Day 1 文化，即保持创业公司般的敏捷性和创新精神，持续迭代 Prime 会员体系，视频与音乐增值服务增强用户黏性；特斯拉 OTA 技术架构支持驾驶体验远程升级，软件缺陷修复周期缩短，字节跳动矩阵式组织促成抖音、TikTok 等产品线资源复用，战略调整周期压缩。

最后，促进跨组织协同创新。跨组织协同网络拓展技术边界，腾讯"觅影"AI 能够识别早期肺癌，辅助医生进行精准诊断，提升医疗服务质量。华为鸿蒙操作系统的开放生态吸引美的、海尔等家电厂商接入，智能家居设备互联协议实现统一化。特斯拉与宁德时代、松下组建电池技术创新联盟，能量密度提升的同时降低生产成本。苹果 App Store 生态吸引全球开发者入驻，应用生态持续繁荣，这种开放式协同模式有效分散技术风险，形成持续进化的竞争壁垒。

8.1.3　增强战略与技术应用的结合应对技术不确定性

数字化技术为生态型组织的发展提供了巨大的动能，但同时也带来了诸多不确定性。人工智能、大数据、云计算、物联网和区块链等技术的迅速发展，使得企业在技术应用的融入、数字化转型的路径选择以及生态系统的构建上都面临前所未有的挑战。生态型组织需要在技术的快速演进中，制定科学的技术战略，确保技术与业务的协同发展，并推动数字化技术在组织运营和决策中的有效应用。

1．数字赋能带来的技术不确定性挑战

在数字化经济时代，生态型组织越来越依赖前沿技术来优化业务流程、提升用户体验并增强竞争力。然而，技术的不确定性使得企业在战略规划和资源配置方面面临重大挑战。主要体现为以下几个方面：

首先，技术演进的不确定性。王毅（2020）提出前沿技术持续迭代带来企业技术选择困境，人工智能、大数据、云计算领域的突破频率远超预期，维持竞争优势需要持续投入研发测试，深度学习框架的升级周期不断压缩，传统神经网络架构正被 Transformer 模型取代，这种技术代际更替迫使企业反复投入资源。汪伟歆（2014）提到区块链技术在金融领域的应用催生了多种架构方案，联盟链、公有链与私有链在安全等级、部署成本及可扩展性维度存在显著差异，评估技术适配性成为企业决策层的重要课题。

其次，数字化转型的风险。数字化进程牵涉组织架构重构与商业模式重塑，技术部署与预期收益常呈现非线性关系，传统零售业向线上迁移的尝试频繁受阻，数字化基建薄弱与专业人才缺失构成主要障碍。Best Buy（百思买）曾因技术升级滞后错失电商发展窗口，最终导致市场占有率下降。AI 客服系统的研发投入与用户体验改善未形成正相关，部分案例显示自动化应答机制引发用户负面反馈，技术投资回报周期的不确定性加剧了企业决策风险，某些金融机构部署智能客服后用户满意度反而下降，印证了技术应用与商业价值间具有复杂关联。

2. 生态型组织应对技术不确定性的策略

技术演进存在多重不确定性，生态型组织必须建立稳健的数字化战略框架，技术应用需要与业务目标保持动态统一，开放式数字基础设施与智能决策系统的结合，能有效增强企业竞争力。

第一，构建技术与业务协同发展的战略规划。企业应当规划五年以上的技术发展路径，使技术创新与商业价值实现深度耦合。海尔集团依托"链群合约生态"体系，运用数字技术重构管理模式，组织创新效率得到显著提升，其数字化供应链系统实现生产效率的阶梯式增长，智能家电数据互联网络更构建起立体化用户体验矩阵。数字技术评估体系需要形成常态化机制，创新技术引入前必须完成市场验证与可行性论证，微软 Azure 云计算业务正式扩张前，已完成充分市场验证，云服务体系设计始终围绕企业客户实际需求展开，避免陷入纯技术展示误区。

其技术战略的制定需要重点考量三个维度：①技术的延展空间，创新架构应具备支撑业务规模扩张的潜力，例如亚马逊云服务（AWS）的弹性计算架构，允许企业根据实际需求动态调配资源规模；②商业模式的适配性，新技术的应用场景必须与核心业务流程产生真实价值，比如星巴克全球移动支付系统的部署，源于消费市场对无接触交易的实际需求，而非追逐技术概念本身；③风险的防控机制，企业应当构建技术失效预警与应急响应体系，Facebook 用户数据泄露事件导致数十亿美元监管处罚的案例，证明数据安全架构与隐私保护条款必须成为技术战略的底层设计要素。

第二，开放式数字设施建设。企业需要建设开放共享的数字平台，强化生态系统协同效能。云计算、物联网与区块链技术可支撑数字化协作生态，提升资源整合水平。例如 AWS 云计算平台，为全球数百万企业提供云端算力支撑，构建起庞大的生态网络。腾讯云+AI 平台，聚合人工智能、大数据及 5G，搭建开放式技术底座，支持合作伙伴快速开发定制化应用。阿里云区块链服务，开发 BaaS（后端即服务）平台，支撑企业构建供应链金融与数据存证系统，强化生态协作能力。此外，打造跨行业协作在开放数字设施中得以深化，宝马、福特、通用等汽车制造商联合研发开源车载软件架构，实现多品牌智能汽车数据互通，持续优化自动驾驶系统的稳定性与适应性。

第三，智能决策与自动化运营深化。依托人工智能与机器人流程自动化技术，企业运营效率显著提升。智能客服系统已成为优化用户体验的核心工具，京东、阿里巴巴等电商平台部署 AI 客服后，人工座席工作量锐减，响应速度倍增，对话模型通过深度学习持续迭代，用户满意度稳步增长；自动化物流体系正重塑供应链管理范式，亚马逊智能仓储系统借助机器人完成货物分拣运输，仓储作业效率实现跨越式提升。

第四，精简组织内部流程，加速智能化转型。华为应用 RPA（机器人流程自动化）技术重构财务管理系统，供应链支付与报销审批流程实现全自动化，人工成本与运营风险同步降低；智能决策系统深度赋能市场营销与业务拓展，Netflix 运用 AI 算法解析用户观影行为，完成精准内容推荐，有效提升用户黏性并优化内容投资决策模型。

生态型组织在治理、市场需求的不确定性和技术变革的挑战下，需要不断优化运营与协同模式，以提升竞争力和可持续发展能力。通过智能算法优化资源配置、数据驱动市场洞察以及跨组织协同创新，企业能够在公平性与效率之间取得平衡，并增强市场响应能力。同时，技术与业务的深度融合至关重要，阿里巴巴、特斯拉、腾讯、海尔、AWS、亚马逊等企业的实践表明，人工智能、自动化、云计算等技术的应用能够有效提升生态系统的运行效率和创新能力。展望未来，随着人工智能、区块链、5G 等技术的快速演进，生态型组织需要持续调整治理模式，优化技术战略，并拓展合作网络，以更高的敏捷性和适应力，在复杂多变的环境中保持长期竞争优势。

8.2 数字赋能生态型组织发展新范式

以人工智能、区块链、云计算、物联网和大数据等为代表的一系列新兴数字技术促进了场景新业态的涌现，传统的生态型组织开始进一步向数字化平台或智能化平台进行转型升级，从而持续获取和维持竞争优势。最新的中国企业数字化转型指数显示，企业的数字化转型已经从"业务求新"进化到"全面重塑"，聚焦打造数字核心、释放人才力量、开创竞争新前沿以及融入可持续发展等核心内容，积极应对各种数字化转型挑战。数字经济时代展现了高技术性、动态性以及网络性特征，共享经济和生态平台深刻改变了市场中的业务开展和竞争态势，同时颠覆性创新技术驱动市场不断动态发展，多方主体间形成的价值网络不断改变了资源集聚和分配方式，加速了价值创造和获取进程。此外，跨界竞争成为一种新的竞争形式，不同行业之间开始互相渗透，数字技术的发展促进了原有生产要素和崭新数字要素间的重新组合，实体产业价值链与数字产业价值链交叉融合，促进了新零售等商业模式的发展。

8.2.1 数字赋能视角下的数字生态平台搭建

数字技术赋能、数据驱动的数字经济发展背景驱动商业生态系统面临数字化转型升级的需要，转型升级不仅可以快速提高企业的经济利益，还有助于企业进行技术创新和组织变革，实现产业高质量发展，进而提升企业乃至产业竞争力。数字生态平台的搭建成为商业生态系统成功实施数字化转型的重要途径，学术界更多关注企业所依赖的技术赋能所引发的商业模式变革，并对其实施的路径、过程等方面进行研究和探讨。焦豪等人（2024）提出了数字平台生态观，主要指："能够帮助企业有效运用人工智能、区块链、云计算、大数据等数字技术，通过确立独特的平台市场定位以及扩大平台的网络规模，与其他相互关联的生态参与者积极塑造数字环境这一社会化过程来共同创造价值及合理分配价值以获得持续竞争优势。"

在搭建和发展数字平台的过程中，企业有效运用数字技术和开发数据资源，创建注重连接和匹配的数字平台架构，实施对互补者和用户等利益相关者的有效治理，从而共同创造价值及合理分配价值以获得持续竞争优势。数字平台在价值创造和价值分配过程中处于主导地位，并强调通过与平台上的各类利益相关主体间的网络效应来实现价值共创，其中核心企业也倾向于将自己的产品与其他参与主体创造和提供的产品共同进行市场竞争并获取经济价值，随后通过平台治理和利益分配原则进行价值分配，以此来保证核心企业和附属企业共同推动生态系统扩张。因此，数字平台在发展过程中十分重视连接和匹配。从硬件方面来看，数字平台通过互补组件和开放接口来提升平台开放性，相关利益主体可以通过硬件模块和应用软件接入数字平台来实现数字资源的交互分享。从治理体系来看，Panico 和 Cennamo（2022）提出数字平台注重各利益主体间的交流与互补，尤其是数字资源、创新资源等资源的重新组合与编排，推动业务模式创新和系统流程优化，并不断提供数字赋能的新产品或服务。

应当注意的是，数字生态平台既不断优化组织内部的机制设计，又积极关注外部环境的动态变化。在生态平台内部，依据平台架构设计与生态系统治理之间的交互作用机制，进行科学架构设计以呼应平台的有效治理。此外，平台的架构设计需要进行自组织进化以适应外部环境的动态变化：一方面根据 Gawer（2014）的观点，数字生态平台持续与外部环境进行资源交互促进新机会涌现；另一方面平台的技术架构和利益分配也要随外部环境的变化进行适时调整，相应的组织行为和行动选择需要与外部环境相匹配，增进平台与外部环境的生态耦合，提升平台调动和利用外部资源完成互补的可行性。

综上所述，随着数字生态平台成为在数字技术赋能背景下的核心场景应用，相应的数字平台治理体系和利益分配规则成为数字平台生态发展的核心主旨。数字平台的搭建也成为现阶段各类生态型组织获取和维持竞争优势的重要途径，因此需要围绕数字生态平台的核心内涵、治理体系、交互机制、价值创造、技术赋能等内容展开进一步的研究。

8.2.2 数字赋能视角下的生态系统数字化能力构建

陈冬梅等人（2020）认为，数字化对现代企业的边界拓展、组织架构、竞争优势构建等均产生了显著影响。在数字化技术赋能情境下，以数据和信息为代表的数字资源成为企业发展的重要驱动力。通过人工智能、物联网、大数据等技术应用，企业不断实施数字化转型，通过业务流程的数字化精简业务流程，通过传感器和物流网增加数字感知能力，通过大数据反馈与管理经验相结合提升智能决策水平。在数字技术赋能下，商业生态系统体现了数据资源化和平台生态性的特征，商业生态系统逐步向数字商业生态系统转型，其数字化机会识别能力不断提升，多元化数字渠道不断构建，多类型数字资源持续获取与有效编排。

在数字技术的持续驱动作用下，数字化能力的构建成为商业生态系统提升生态能力、维持竞争优势的重要途径。从概念来看，胡海晨和刘珍园（2025）提出，数字化能力是着重于识别数字机会、整合系统内资源、快速响应环境变化的一种高阶动态能力。易加斌等人（2022）认为数字化能力可以进一步细分为数字感知能力、数字运营能力和数字资源协同能力。首先，数字化能力助力商业生态系统面向系统外部多元化的数据资源，便捷其资源获取途径，并依托数据资源展开深入分析，从而精准识别和把握外部市场的核心需求以及客户偏好，继而推动商业模式创新、创新数字产品或服务。其次，数字化能力能够助推组织架构重构，精简组织运行流程，提高产品或服务的研发效率，提供数字化解决方案，持续强化系统竞争动能。最后，基于商业生态的价值网络基础，辅以数字化技术应用，数字资源的流通与共享速率大为提升，各利益相关主体间的互补异质性资源和竞争优势性资源的集聚整合与重新配置，不断强化各主体的创新能力和生产制造能力，持续助推生态系统的动态迭代式增长。

在构建数字化能力的过程中，数字资源的有效编排受到学术界和业界的广泛关注，作为资源基础观以及动态能力的延伸和发展，Sirmon 等人（2011）提出的资源编排理论关注企业对资源进行有效适配并调节资源利用和配置能力，从而实现资源理想价值转化的资源利用行为，其目的是通过资源的获取、加工、处理操作，实现资源价值的最大化，进而获得竞争优势。资源编排理论包括资源结构化构建资源组合、资源捆绑形成能力，最后资源利用创造价值的资源管理流程，打开资源价值转化的流程"黑箱"，并解释资源和能力之间的关系及二者对持续竞争优势的作用。同时，张青和华志兵（2020）的资源编排理论内含的资源管理思维又为巧妙应用资源管理流程构建了恰当的资源组合和能力配置，从而为实现对环境的动态匹配提供理论指导。

在数字经济时代，"大智移云"（大数据、智能化、移动互联网和云计算）构建了一个紧密连接的智能化世界，数据成为企业的核心资源。同时随着数字技术的发展以及生态价值共享意识的逐渐深化，资源的开放获取、组织协同和创新利用成为核心主题。在瞬息万变的商业环境中，实现资源编排与环境的动态匹配以实现资源的有效管理，继而推动商业生态系统的不断转型升级。在数字赋能背景下，市场环境的不断变化、智能技术的迭代更新导致传统的商业系统不足以支撑企业的优势竞争和可持续发展，从而吸引学者研究在资源编排支持下的数字化转型升级路径研究。谢秋华和刘潇（2021）提出，技术演进与应用颠覆了商业生态系统原有的价值主张，新的价值主张要求系统通过资源编排进行重塑以进行符合消费者需求的价值创造。同时，韩炜等人（2021）认为，在商业模式不断变革的背景下，根据系统参与者的不同需求，有效的资源编排可以实现聚集性互补或多样性互补，从而构建新的商业生态系统。

8.2.3 数字赋能视角下的生态系统价值共创机制

数字赋能使得不同部门间更好地进行数字资源共享，并开拓了多样化的资源利用渠道。

王水莲和付晗涵（2025）认为经过数字技术赋能，数据资源流动性增强体现了"数据液化"，不同类型的数据通过协议进行适配和解析，数据格式得到统一，生态系统内不同部门间的业务流程经过数据化加成增强了相互之间的连接性，充分的数据共享促进了数字业务协同和数字服务迭代。与此同时，数据流动性增强聚焦在两个层面，即：数字生态平台内的数据共享，主要服务于同一系统内不同主体间端到端的信息共享与融合；不同生态平台间的共享，打通了价值链上各生态子系统间的协同与互动，加速了价值创造流程。因此，数据资源液化导致了数据共享的加速流转，进一步模糊了系统边界，并促进了系统内技术架构的灵活组合与配置。

数字技术的应用为企业带来了多渠道、多样化的资源，通过大数据获取的数据资源成为推动企业数字化转型的重要推动力。韩炜和邓渝（2020）认为，这一过程需要生态系统围绕价值主张，通过多类型参与者的接入，有效地进行资源编排以实现资源组合构建和能力配置。商业生态系统的价值共创离不开各利益相关主体间搭建的价值网络以及资源互补机制，通过数据资源化，经由数据生成、传输、存储以及可视化等诸多过程，数据成为生态系统实现价值共创的关键要素。数字技术赋能商业生态系统还体现了精准赋能的特征，通过客户数据挖掘客户需求，并通过可重组模块来灵活整合资源。在资源编排理论的指导下，数据资源经过资源组合、资源捆绑和资源撬动等过程，重新组合生成了新的能力，频繁的资源整合不仅提升了资源的利用价值，而且促进了价值共创的进程。

数字技术应用与消费者需求场景的匹配创建了场景驱动式生态与创新，不仅能根据应用场景的需求搜寻可行的技术支持，而且能够实现已验证技术路线和商业模式的复制应用，极大地提升了技术开发广度和场景深耕深度。典型的商业生态系统如小米开始综合运用物联网技术和大数据分析等就近进行场景感知和需求响应，并动态采集顾客应用数据提升智能决策水平，不仅能够构建各类体现数字化和智能化的新型应用场景，而且能够持续提供多元化的服务以满足顾客个性化需求。这一过程体现了场景驱动的价值共创机制，系统内各利益相关主体围绕共同的愿景和使命，通过平台和技术赋能提升数据和知识共享、资源积聚和互补能力，持续进行价值共创和协同演化。

韵江等人（2022）提出在高质量发展的技术背景下，新创企业通过企业生命周期中资源编排的权变性和动态性，进行资源编排三个维度内的战略选择，将战略定位与资源编排手段有效匹配，实现协同价值创造和获取竞争优势，促进形成新的商业生态系统，进行可持续、系统的发展和成长。胡海波等人（2022）提出，在大数据时代，企业通过资源编排模型进行数据组合、数据与其他企业资源捆绑、资源利用和价值创造实现数据赋能，进行企业内外部价值创造，推动企业数字技术升级，优化生态系统，推动智能化转型升级。

综上，在数字技术赋能以及数字经济高质量发展的背景下，各类生态系统急需实施数字化转型升级从而维持竞争优势，搭建合适的数字平台，通过灵活的模块与架构设计开拓系统获取和应用数据要素的能力。

基于数据传递和共享，构建和提升系统的数字化能力，从而更加迅速和精准地感知客户需求，并根据核心需求导向搭建各类数字化场景应用，不断满足客户的个性化需求，也成为生态系统在转型过程中追逐的目标。同时，生态系统的核心价值主张也因数字技术的不断应用而发生变化，通过对以数据和信息为代表的数字资源进行有效编排，从而通过资源组合提升原有能力或者开发新能力，并对资源进行调动和配置以就近响应客户需求，不断深化平台上主体间的协作，持续研发创新性数字产品或服务，不断创造价值、传递价值，增强顾客黏性，促进系统迭代升级，完成数字化转型升级这一核心目标，成为现阶段商业生态系统探索和实践的重要内容。

未来，"生态"仍将是各类企业追逐的目标，而人工智能、物联网等新兴技术也将给企业的生态化进程提供技术赋能和数据驱动，已构建的各类生态系统必然面对数字化和智能化转型升级的现实需求，智能生态系统将成为生态系统构建和发展的新主题。企业想要成功地实现数字化和智能化转型升级，也需要从各类创新实践中汲取经验，创新商业模式和价值共创方式，制定符合系统自身发展需要的生态战略，在数字化和智能化升级的过程中，进入生态发展的新阶段，不断实现商业生态系统的动态迭代和能力跃升，促进数字经济的高质量发展。

本章小结

本章展望数字赋能背景下商业生态型组织面临的挑战和应对策略，以及数字赋能生态型组织发展的新范式。首先，梳理商业生态型组织面临的治理体系、市场需求不确定性以及技术不确定性等挑战，提出合理的应对策略：一是通过智能算法提升资源配置效率、建立生态协同治理和适应性机制等来强化组织的核心协调能力，提升组织的系统治理水平；二是通过构建数据驱动的市场洞察体系、提升组织的敏捷性与动态适应能力，以及推动和促进跨组织协同创新等提升企业的动态能力，应对市场不确定性挑战；三是注重组织战略与技术应用的结合，通过构建技术与业务协同发展的战略规划、建设开放式数字基础设施、提升智能决策与自动化运营水平以及精简组织内部流程和加速智能化转型等途径应对技术不确定性带来的挑战。

其次，聚焦以人工智能、区块链、云计算、物联网和大数据等为代表的一系列新兴数字技术赋能下的生态型组织的新范式。一是梳理数字化转型背景下数字生态平台的构建和发展过程，通过平台技术架构搭建、主体交互机制和价值创造模式等明确数字生态平台发展的新范式；二是基于组织能力视角明确组织数字化能力构建和提升的过程，聚焦数字资源编排和数据驱动感知等发展路径；三是探讨数字赋能下的生态系统价值共创机制，通过不同参与主体间的价值网络构建、客户需求挖掘以及消费场景感知等，构建新型价值共创和协同演化机制。

最后，进一步聚焦数字技术应用的前景展望，进一步明确数据驱动的发展范式，围绕数字化和智能化转型升级的发展趋势，探讨智能化生态系统的构建基础、战略制定与能力迭代等。

商业生态型组织面临的挑战成为组织进一步迭代跃升的驱动力，而数字技术赋能为生态型组织的创新发展构建了坚实的技术基础，并开拓了广阔的发展前景。面对机器学习、深度学习等数智技术的持续业务拓展，智能化能力的构建成为组织实施资源积聚、分配与利用，深度感知市场机会并智能辅助决策制定的核心要求，商业生态型组织进一步向智能化生态系统演进的趋势愈发明显，需要学界和业界通过理论创新和管理实践等进一步明确组织迭代升级的路径。

参 考 文 献

[1] 白景坤，周涵. 平台生态治理和互补市场进入对互补企业创新影响[J/OL]. 科研管理，2025：1-15[2025-03-18]. http://kns.cnki.net/kcms/detail/11.1567.g3.20250109.1623.004.html.

[2] 毕小青，张萌. 互联网企业核心能力构建与成长路径探析——以韩都衣舍为例[J]. 全国流通经济，2023(6)：84-87.

[3] 波特. 竞争优势[M]. 陈丽芳，译. 北京：中信出版社，2014.

[4] 曹仰锋. 生态型组织：物联网时代的管理新范式[J]. 清华管理评论，2019(3)：74-85.

[5] 曾霞. 基于云计算的电商企业管理模式分析[J]. 知识经济，2020(3)：56-57.

[6] 陈超. 公司转型期间财务策略的调整与优化[J]. 广东经济，2024(10)：19-21.

[7] 陈春花，朱丽，刘超，等. 协同共生论：数字时代的新管理范式[J]. 外国经济与管理，2022，44(1)：68-83.

[8] 陈冬梅，王俐珍，陈安霓. 数字化与战略管理理论——回顾、挑战与展望[J]. 管理世界，2020，36(5)：220-236，20.

[9] 陈玲. 基于平台理论的市场平台组织体系及其构建[J]. 求索，2010(9)：35-37.

[10] 陈睿哲. 中国SAAS市场发展问题探析[J]. 科学决策，2023(1)：149-160.

[11] 陈衍泰，吕祖庆，胡旭辉，等. 大数据分析能力、动态能力与制造企业商业模式创新——来自资源编排视角[J]. 科技进步与对策，2024，41(24)：107-117.

[12] 程卓，张惠英，刘梦林，等. 经济全球化背景下的企业营销策略分析[J]. 商场现代化，2024(17)：63-65.

[13] 戴翔，张雨. 全球价值链重构趋势下中国面临的挑战、机遇及对策[J]. China Economist，2021，16(5)：132-158.

[14] 邓晰隆，易加斌. 中小企业应用云计算技术推动数字化转型发展研究[J]. 财经问题研究，2020(8)：101-110.

[15] 董明，李阳，戴建卓，等. 智能电网下电动汽车和可再生能源的协同发展[J]. 电网与清洁能源，2017，33(11)：105-111，115.

[16] 杜鑫，李志刚，乔宝刚，等. 母体支持型裂变创业企业如何构建商业生态系统？——基于资源编排视角的双案例研究[J]. 外国经济与管理，2022，44(4)：34-50.

[17] 范如国. 平台技术赋能、公共博弈与复杂适应性治理[J]. 中国社会科学，2021(12)：131-152，202.

[18] 高杰，王燕萍，谢排科，等. 共享制造生态系统的协同治理研究：基于问题解决视角[J]. 管理世界，2024，40(9)：177-211.

[19] 高文霞. 数字化时代工商管理模式的创新研究[J]. 广东经济，2024(16)：61-63.

[20] 葛明磊，张丽华，黄秋风. 产业互联网背景下多重制度逻辑与组织双元性研究——以苏宁O2O变革过程为例[J]. 管理评论，2018(2)：242-255.

[21] 郭瑞雪. 基于BP神经网络的网约车出行需求短时预测[D]. 北京：北京交通大学，2017.

[22] 韩进，王彦敏，涂艳红. 战略管理情境下的生态系统：一个动态过程整合模型[J]. 科技进步与对策，2020，37(1)：1-9.

[23] 韩炜，邓渝. 商业生态系统研究述评与展望[J]. 南开管理评论，2020，23(3)：14-27.

[24] 韩炜，杨俊，胡新华，等. 商业模式创新如何塑造商业生态系统属性差异？——基于两家新创企业的跨案例纵向研究与理论模型构建[J]. 管理世界，2021，37(1)：88-107，7.

[25] 侯二秀，徐嵘琦，尹西明，等. 数字时代的企业创新生态系统治理研究综述[J]. 技术经济，2022，41(11)：78-93.

[26] 侯宏，石涌江. 生态型企业的非线性成长之道[J]. 清华管理评论，2017(12)：33-38.

[27] 胡国栋，王晓杰. 平台型企业的演化逻辑及自组织机制——基于海尔集团的案例研究[J]. 中国软科学，2019(3)：143-152.

[28] 胡海波，王怡琴，卢海涛，等. 企业数据赋能实现路径研究——一个资源编排案例[J]. 科技进步与对策，2022，39(10)：91-101.

[29] 胡海晨，刘珍园. 数字化能力对企业迭代式创新影响研究——知识场活性与资源重构的链式中介作用[J/OL]. 科技进步与对策，2025：1-11[2025-03-17]. http://kns.cnki.net/kcms/detail/42.1224.G3.20250303.0945.008.html.

[30] 简兆权，秦睿. 服务主导逻辑：核心概念与基本原理[J]. 研究与发展管理，2021，33(2)：166-181.

[31] 姜丽莎，姚超，邓伟. 数实融合对企业新质生产力的影响研究——基于创新、资源配置和产业升级的视角[J]. 科技创业月刊，2024，37(12)：108-123.

[32] 焦豪, 杨季枫, 白颖. 数字平台生态系统的类别划分：研究现状探析与未来展望[J]. 创新科技, 2024, 24(3)：1-11, 101.

[33] 焦豪. 数字平台生态观：数字经济时代的管理理论新视角[J]. 中国工业经济, 2023(7)：122-141.

[34] 李京红. 新媒体传播渠道中大数据与人工智能技术的运用研究[J]. 数字化传播, 2024(6)：69-72.

[35] 李俊峰, 黄秀彬, 刘娟, 等. 基于自适应多叉树防碰撞算法的智能客服NLP短文本分类模型[J]. 微型电脑应用, 2023, 39(1)：45-48.

[36] 李萌. 大数据对企业管理决策的影响研究[J]. 科技经济市场, 2023(8)：89-91.

[37] 李琦, 刘力钢, 邵剑兵. 数字化转型、供应链集成与企业绩效——企业家精神的调节效应[J]. 经济管理, 2021, 43(10)：5-23.

[38] 李烨, 闫晓勇. 企业创新生态系统协同演化机制：理论框架与未来研究[J]. 科技进步与对策, 2024, 41(14)：151-160.

[39] 李勇坚. 数字平台生态系统赋能新质生产力形成：价值逻辑、作用路径与政策进路[J]. 学术论坛, 2025, 48(1)：13-24.

[40] 李宇, 刘乐乐. 创新生态系统的知识治理机制与知识共创研究［J］. 科学学研究, 2022, 40(8)：1505-1515.

[41] 梁丽娜, 于渤, 吴伟伟. 企业创新链从构建到跃升的过程机理分析——资源编排视角下的典型案例分析[J]. 研究与发展管理, 2022, 34(5)：32-47.

[42] 廖衡. 基于大数据分析技术的商业智能应用研究[J]. 中国新通信, 2022, 24(19)：86-88.

[43] 林楠, 席酉民, 刘鹏. 产业互联网平台的动态赋能机制研究——以欧冶云商为例[J]. 外国经济与管理, 2022, 44(9)：135-152.

[44] 刘和东. 高新技术企业内外投入的互补与替代效应研究——吸收能力的调节作用[J]. 科技管理研究, 2017, 37(5)：118-123.

[45] 刘静. 基于不同角色关系的平台型企业生态系统构建[J]. 全国流通经济, 2024(15)：84-87.

[46] 刘静华, 喻登科, 周荣. 新经济环境下新型二元创新体系研究——技术创新与商业模式创新矛盾统一视角[J]. 科技进步与对策, 2019, 36(8)：9-18.

[47] 刘俊卿, 贺文晓. 基于SaaS模式的企业信息化服务平台设计[J]. 信息与电脑（理论版）, 2022, 34(13)：168-170.

[48] 刘平峰, 王雨婷, 苏超超. 大数据赋能企业知识管理创新机理与路径研究——基于华为案例[J]. 科技进步与对策, 2021, 38(1)：122-131.

[49] 刘强. 智能制造理论体系架构研究[J]. 中国机械工程，2020，31(1)：24-36.

[50] 刘思慧，李文，俞荣建，等. 商业模式创新和数字赋能对数字化转型的驱动机制研究——基于 TJ-QCA 的案例分析[J]. 管理评论，2023，35(8)：342-352.

[51] 刘晓彦，简兆权，刘洋. 制造企业服务平台如何创造价值？——日日顺与琴趣平台双案例研究[J]. 研究与发展管理，2020，32(5)：82-96.

[52] 刘意，谢康，肖静华. 大数据驱动的动态能力构建——基于韩都衣舍新产品研发的案例研究[Z]. 2018.

[53] 柳卸林，杨培培，王倩. 创新生态系统——推动创新发展的第四种力量[J]. 科学学研究，2022，40(6)：1096-1104.

[54] 龙跃，韦国旺，陈绍凤，等. 广西河池市高新技术企业发展现状及对策研究[J]. 安徽科技，2024(6)：29-32.

[55] 卢珊，蔡莉，詹天悦，等. 组织间共生关系：研究述评与展望[J]. 外国经济与管理，2021，43(10)：68-84.

[56] 路江涌. 生态创新：中国企业如何从"做大"到"世界一流"[J]. 清华管理评论，2019(Z2)：114-121.

[57] 罗均梅，徐翠丰，王水莲. 数字孪生如何影响企业创新生态系统价值共创？——基于可供性视角的案例研究[J]. 研究与发展管理，2025，37(1)：60-73.

[58] 吕铁，李载驰. 数字技术赋能制造业高质量发展——基于价值创造和价值获取的视角[J]. 学术月刊，2021，53(4)：56-65，80.

[59] 马浩，侯宏，刘昶. 数字经济时代的生态系统战略：一个 ECO 框架[J]. 清华管理评论，2021(3)：24-33.

[60] 马鸿佳，林樾. 数字平台企业如何实现价值创造？——遥望网络和海尔智家的双案例研究[J]. 外国经济与管理，2023，45(9)：22-37.

[61] 马鸿佳，王亚婧，苏中锋. 数字化转型背景下中小制造企业如何编排资源利用数字机会：基于资源编排理论的 fsQCA 研究[J]. 南开管理评论，2024，27(4)：90-100，208.

[62] 马文静，胡贝贝，王胜光. 新型研发机构创新生态的构建及协调机制研究[J]. 中国科技论坛，2024(5)：76-86.

[63] 牛璐，陈志军，刘振. 资源与能力匹配下的中小企业数字化转型研究[J]. 科学学研究，2024，42(4)：766-777.

[64] 潘剑英，王重鸣. 商业生态系统理论模型回顾与研究展望[J]. 外国经济与管理，2012，34(9)：51-58.

[65] 清华大学社会科学学院经济学研究所. 中国产业互联网生态发展报告[R/OL].

(2022-07-28)[2025-03-22]. https://www.sss.tsinghua.edu.cn/info/1223/6094.htm.

[66] 邱泽奇. 数字平台企业的组织特征与治理创新方向[J]. 人民论坛·学术前沿，2021(21)：44-55.

[67] 屈婧. 浅析人工智能在数智营销领域的应用与发展趋势[J]. 高科技与产业化，2024, 30(12)：91-93.

[68] 冉旭. 基于多 Agent 仿真的工业互联网平台生态系统知识交互演化机制研究[D]. 大连：东北财经大学，2023.

[69] 尚立龙. 双循环新发展格局下数字技术赋能企业财务转型路径研究[J]. 甘肃理论学刊，2022(3)：106-114.

[70] 师磊，彭子晨. 企业数字化转型对其创新效率的影响——基于熊彼特创新范式的分析框架[J]. 中国农村经济，2024(4)：99-119.

[71] 宋旭岚，许新. 生态战略：如何打造生态型企业[M]. 北京：机械工业出版社，2016.

[72] 孙金云，李涛. 创业生态圈研究：基于共演理论和组织生态理论的视角[J]. 外国经济与管理，2016，38(12)：32-45.

[73] 孙新波，苏钟海，钱雨，等. 数据赋能研究现状及未来展望[J]. 研究与发展管理，2020, 32(2)：155-166.

[74] 孙怡文，肖晓兰，史爱静. 人工智能技术在企业管理决策中的应用与发展研究[J]. 商展经济，2024(24)：149-152.

[75] 汪伟歆. 云计算在农业领域的商业价值研究[D]. 南京：南京农业大学，2014.

[76] 王海平，林军，冉伦. 竞争环境下 SaaS 提供商的定价策略选择及其社会福利分析[J]. 中国管理科学，2024, 32（10）：89-96.

[77] 王辉辉. 浅析数智化转型对企业管理模式创新的影响[J]. 西部财会，2024(11)：60-63.

[78] 王节祥，蔡宁. 平台研究的流派、趋势与理论框架——基于文献计量和内容分析方法的诠释[J]. 商业经济与管理，2018(3)：20-35.

[79] 王节祥，陈威如，江诗松，等. 平台生态系统中的参与者战略：互补与依赖关系的解耦[J]. 管理世界，2021, 37(2)：126-147，10.

[80] 王静. 数字化供应链转型升级模式及全链路优化机制研究[J]. 经济学家，2022(9)：59-68.

[81] 王丽平，李菊香，李琼. 科技服务业创新生态系统价值共创模式与协作机制研究[J]. 科技进步与对策，2017, 34(6)：69-74.

[82] 王水莲，付晗涵. 工业互联网平台主导的创新生态系统价值共创机制：以海尔卡奥斯为例[J]. 科技进步与对策，2025, 42(2)：31-39.

[83] 王水莲，张培. 战略与复杂双重维度下商业生态系统形成机理研究[J]. 科技进步与对策，2021, 38(15)：19-27.

[84] 王新新，张佳佳. 价值涌现：平台生态系统价值创造的新逻辑[J]. 经济管理，2021，43(2)：188-208.

[85] 王毅. 颠覆性创新的领先市场战略[J]. 清华管理评论，2020(Z2)：112-118.

[86] 王展昭，王世龙. 竞合关系与创新生态系统价值共创——不同治理机制的调节作用[J]. 创新科技，2024，24(12)：40-54.

[87] 韦影，宗小云. 企业适应数字化转型研究框架：一个文献综述[J]. 科技进步与对策，2021，38(11)：152-160.

[88] 魏江，刘嘉玲，刘洋. 新组织情境下创新战略理论新趋势和新问题[J]. 管理世界，2021，37(7)：182-197，13.

[89] 温广辉，余星火，刘智伟. 智能电网中分布式经济调度研究进展：综述（英文）[J]. Frontiers of Information Technology & Electronic Engineering，2021，22(1)：25-40.

[90] 温馨，潘哲，刘玥. TVBS协同下制造业数字化转型能力递进式模型研究——海尔集团与华为集团的双案例对比分析[J/OL]. 科技进步与对策，2025：1-12[2025-03-15]. http://kns.cnki.net/kcms/detail/42.1224.G3.20250217.1515.002.html.

[91] 吴建材，谢永平. 商业生态系统演化发展及其动力学分析——基于自组织理论的视角[J]. 企业经济，2017，36(11)：96-101.

[92] 吴沁沁，周代数. 人工智能技术创新对企业新质生产力的赋能效应研究[J]. 新疆社会科学，2025(1)：43-57，187.

[93] 吴瑶，肖静华，谢康，等. 从价值提供到价值共创的营销转型：企业与消费者协同演化视角的双案例研究[J]. 管理世界，2017(4)：138-157.

[94] 吴义爽，盛亚，蔡宁. 基于互联网+的大规模智能定制研究——青岛红领服饰与佛山维尚家具案例[J]. 中国工业经济，2016(4)：127-143.

[95] 武文珍，陈启杰. 价值共创理论形成路径探析与未来研究展望[J]. 外国经济与管理，2012，34(6)：66-73，81.

[96] 夏清华，陈超. 以海尔为案例的中国本土制造企业商业生态重构研究[J]. 管理学报，2016，13(2)：165-172.

[97] 谢家平，梁玲，龚海涛. 物联网环境下面向客户价值的商业模式变革[J]. 经济管理，2015，37(11)：188-199.

[98] 谢秋华，刘潇. 平台型企业如何重塑商业生态系统？——基于资源编排理论的纵向案例研究[J]. 科技管理研究，2021，41(20)：131-143.

[99] 徐井宏，李东红. 重构：国内外企业生态战略案例研究[M]. 北京：清华大学出版社，2019.

[100] 许正中，产健. 构建数字时代产业变革的工程生态[J]. 中国科学院院刊，2024，39(6)：1022-1031.

[101] 薛子凡. 新媒体时代新闻传播人才培养创新思考——评《融媒体时代的新闻传播创新研究》[J]. 科技管理研究，2024，44(2)：226.

[102] 闫宽，夏恩君，李德煌. 互补企业平台生态能力对协同创新的影响路径与作用机制研究[J]. 科研管理，2024，45(11)：130-140.

[103] 杨冬梅，赵黎明，闫凌州. 创新型城市：概念模型与发展模式[J]. 科学学与科学技术管理，2006(8)：97-101.

[104] 杨宇萍，陈章旺. 大数据营销的研究热点及趋势——基于知识图谱的量化研究[J]. 商业经济研究，2020(3)：87-89.

[105] 姚艳虹，刘潇. 平台治理、用户参与和互补者关系的交互作用及对价值共创的影响效应[J]. 科技管理研究，2023，43(21)：228-237.

[106] 易加斌，张梓仪，杨小平，等. 互联网企业组织惯性、数字化能力与商业模式创新[J]. 南开管理评论，2022，25(5)：29-42.

[107] 尹艳冰，赵宏. 循环经济背景下区域生态化技术创新体系建设研究[J]. 科技进步与对策，2010，27(1)：45-48.

[108] 余基洋，MIN-KYU L. 数字技术协同低碳经济发展研究——基于 SFIC 模型分析[J]. 未来与发展，2024，48(10)：35-39，71.

[109] 韵江，赵宏园，暴莹. 新创企业商业模式创新的资源编排动态演化机制：基于猎聘的纵向单案例研究[J]. 财经问题研究，2022(3)：113-121.

[110] 湛垦华，沈小峰. 普利高津与耗散结构理论[M]. 西安：陕西科学技术出版社，1998.

[111] 张国胜，杜鹏飞，陈明明. 数字赋能与企业技术创新——来自中国制造业的经验证据[J]. 当代经济科学，2021，43(6)：65-76.

[112] 张会新. 我国资源型产业集群的动力机制研究[D]. 西安：西北大学，2009.

[113] 张康之. 论风险社会中行动者的非层级化[J]. 阅江学刊，2020，12(6)：23-35，118.

[114] 张璐，梁丽娜，长昊东. 创业企业如何通过资源配置模式与动态能力协奏实现战略转型[J]. 科技进步与对策，2019，36(15)：84-92.

[115] 张倩肖，段义学. 数字赋能、产业链整合与全要素生产率[J]. 经济管理，2023，45(4)：5-21.

[116] 张青，华志兵. 资源编排理论及其研究进展述评[J]. 经济管理，2020，42(9)：193-208.

[117] 张睿，钱省三. 区域产业生态系统组织成员间的竞合协同进化研究[J]. 科技进步与对策，2009，26(16)：48-50.

[118] 张怡文. 企业信息技术双元能力影响因素研究[D]. 镇江：江苏科技大学，2023.

[119] 张喆，颜菁，徐剑刚，等. 物联网生态企业的价值评估模型及应用案例[J]. 研究与发展管理，2023，35(6)：184-194.

[120] 张振刚，卢玉舒，罗泰晔. 数字孪生拓展制造企业价值场景的模式和机制：基于双案例的探索性研究[J]. 科研管理，2025，46(1)：54-62.

[121] 张志学，高雅琪，梁宇畅，等. 人机协同时代的机遇——开展现象驱动的组织管理

研究[J]. 经济管理学刊，2024，3(4)：65-94.

[122] 长城企业战略研究所. 企业走向生态化：有生命的组织系统（上）[J]. 新材料产业，2018(3)：62-66.

[123] 赵明光. 大数据技术在企业人工智能中的应用研究[N]. 重庆科技报，2025-01-09(007).

[124] 赵艺璇，成琼文. 创新生态系统中核心企业如何实现跨界资源整合？[J]. 科学学与科学技术管理，2022，43(5)：100-116.

[125] 郑小碧，庞春，刘俊哲. 数字经济时代的外包转型与经济高质量发展——分工演进的超边际分析[J]. 中国工业经济，2020(7)：117-135.

[126] 周青，吴翌晨，曹鑫. 基于共生理论的"互联网+"企业创新生态系统关系治理模式研究[J]. 科技管理研究，2024，44(8)：171-181.

[127] 周青，姚景辉，杨伟. 基于服务主导逻辑的"互联网+"企业创新生态系统价值共创模式[J]. 电子科技大学学报（社科版），2020，22(2)：1-10.

[128] 周文辉，孙杰. 创业孵化平台数字化动态能力构建[J]. 科学学研究，2020，38(11)：2040-2047，2067.

[129] 朱晓红，孙淳. 基于内部治理与动态能力交互的平台生态系统持续创新机理——一个纵向案例研究[J]. 科技进步与对策，2023，40(17)：56-66.

[130] ABDELKAFI N, RAASCH C, ROTH A, et al. Multi-sided platforms[J]. Electronic Markets, 2019, 29: 553-559.

[131] ACAR O A, PUNTONI S. Customer empowerment in the digital age[J]. Journal of Advertising Research, 2016, 56(1): 4-8.

[132] ADNER R, KAPOOR R. Value creation in innovation ecosystems: how the structure of technological interdependence affects firm performance in new technology generations[J]. Strategic Management Journal, 2010, 31(3): 306-333.

[133] ADNER R. Ecosystem as structure: an actionable construct for strategy[J]. Journal of Management, 2017, 43(1): 39-58.

[134] AFUAH A. Innovation management: strategies, implementation, and profits[M]. Cambridge: Oxford University Press, 2003.

[135] ANTONOPOULOU K, BEGKOS C. Strategizing for digital innovations: value propositions for transcending market boundaries[J]. Technological Forecasting and Social Change, 2020, 156: 120042.

[136] BRYNJOLFSSON E, MCAFEE A. The second machine age: work, progress, and prosperity in a time of brilliant technologies[M]. New York: W. W. Norton & Company, 2014.

[137] CENAMOR J. Complementor competitive advantage: a framework for strategic decisions[J]. Journal of Business Research, 2021, 122: 335-343.

[138] COZZOLINO A, CORBO L, AVERSA P. Digital platform-based ecosystems: the

evolution of collaboration and competition between incumbent producers and entrant platforms[J]. Journal of Business Research, 2021, 126: 385-400.

[139] DAI G, ZHANG L, ZHANG Q, et al. Navigating tensions between value creation and capture in ecosystems[J]. Journal of Business Research, 2024, 170: 114333.

[140] DOZ Y L. Governing multilateral alliances[J]. California Management Review, 2019, 61(3): 93-114.

[141] DYER J H, SINGH H. The relational view: cooperative strategy and sources of interorganizational competitive advantage[J]. Academy of Management Review, 1998, 23(4): 660-679.

[142] GAWER A, CUSUMANO M A. Industry platforms and ecosystem innovation[J]. Journal of Product Innovation Management, 2014, 31(3): 417-433.

[143] HAMEL G, ZANINI M. Humanocracy: creating organizations as amazing as the people inside them[M]. Boston: Harvard Business Review Press, 2020.

[144] HELFAT C E, RAUBITSCHEK R S. Dynamic and integrative capabilities for profiting from innovation in digital platform-based ecosystems[J]. Research Policy, 2018, 47(8): 1391-1399.

[145] IANSITI M, LEVIEN R. Strategy as ecology[J]. Harvard Business Review, 2004, 82(3): 68-78, 126.

[146] IANSITI M, LEVIEN R. The keystone advantage: what the new dynamics of business ecosystems mean for strategy, innovation, and sustainability[J]. Future Survey, 2004a, 20(2): 88-90.

[147] IANSITI M, LEVIEN R. Strategy as ecology[J]. Harvard Business Review, 2004b, 82(3): 68-78.

[148] JANZEN D H. When is it coevolution?[J]. Evolution, 1980, 34(3): 611-612.

[149] KANTAR, OXFORD, HAIER. IoT ecosystem brand white paper[R/OL]. (2020-09-20)[2023-10-08]. http://www.sbs.ox.ac.uk/sites/default/files/2020-09/IoT%20Ecosystem%20Brand%20White%20Paper_0. pdf.

[150] KAPLAN R S, MIKES A. Risk Management risk: a new framework[J]. Harvard Business Review, 2012, 90 (6): 48-60.

[151] KEATING C B, KATINA P F, BRADLEY J M, et al. Sustainability: a complex system governance perspective[J]. INCOSE International Symposium, 2023, 33(1): 15.

[152] LALOUX F. Reinventing Organizations[M]. Brussels: Nelson Parker, 2014.

[153] LEWIN W C, WELTERSBACH M S, FERTER K, et al. Potential environmental impacts of recreational fishing on marine fish stocks and ecosystems[J]. Reviews in Fisheries Science & Aquaculture, 2019, 27(3): 287-330.

[154] LIU Y. Research on governance structure and mechanism optimization of digital

business ecosystem under platform economy[J]. Academic Journal of Business & Management, 2024, 6(11): 192-199.

[155] LUSCH R F, VARGO S L. Service-dominant logic: premises, perspectives, ossibilities[M]. Cambridge: Cambridge University Press, 2014.

[156] MA H, HOU H. Ecosystem strategy: who should adopt it and how?[J]. Organizational Dynamics, 2021, 50(4): 100805.

[157] MBANEFO C C, GROBBELAAR S S. Unveiling the core elements of platform ecosystem development: a systemic lens for value co-creation in small and medium enterprises and orchestrators[J]. Management Review Quarterly, 2024: 1-44.

[158] MIKALEF P, GUPTA M. Artificial intelligence capability: conceptualization, measurement calibration, and empirical study on its impact on organizational creativity and firm performance[J]. Information & Management, 2021, 58(3): 103434.

[159] MOORE J F. Business ecosystems and the view from the firm[J]. The Antitrust Bulletin, 2006, 51CD: 31-75.

[160] MOORE J F. Predators and prey: a new ecology of competition[J]. Harvard Business Review, 1993, 71(3): 75-86.

[161] NAMBISAN S, BARON R A. On the costs of digital entrepreneurship: role conflict, stress, and venture performance in digital platform-based ecosystems[J]. Journal of Business Research, 2021, 125: 520-532.

[162] PANICO C, CENNAMO C. User preferences and strategic interactions in platform ecosystems[J]. Strategic Management Journal, 2022, 43(3): 507-529.

[163] PARKER G, ALSTYNE M V. Innovation through optimal licensing in free markets and free software[J]. Social Science Electronic Publishing. 2005.

[164] PLEKHANOV D, FRANKE H, NETLAND T H. Digital transformation: A review and research agenda[J]. European Management Journal, 2023, 41(6): 821-844.

[165] PRAHALAD C K, RAMASWAMY V. Co-creating unique value with customers[J]. Strategy & Leadership, 2004b, 32(3): 4-9.

[166] PRAHALAD C K, RAMASWAMY V. Co-creation experiences: the next practice in value creation[J]. Journal of Interactive Marketing, 2004a, 18(3): 5-14.

[167] RIGBY D K, SUTHERLAND J, TAKEUCHI H. Embracing Agile: how to master the process that's transforming management[J]. Harvard Business Review, 2016, 94(5): 40-50.

[168] RONG K, SHI Y, YU J. Nurturing business ecosystems to deal with industry uncertainties[J]. Industrial Management & Data Systems, 2013, 113(3): 385-402.

[169] SIRMON D G, HITT M A, IRELAND R D, et al. Resource orchestration to create competitive advantage: breadth, depth, and life cycle effects[J]. Journal of

Management, 2011, 37(5): 1390-1412.

[170] SÖNNICHSEN S, DE JONG A, CLEMENT J, et al. The circular economy: a transformative service perspective[J]. Journal of Service Research, 2025, 28(2): 228-245.

[171] SRIVASTAVA A, BARTOL K M, LOCKE E A. Empowering leadership in management teams: effects on knowledge sharing, efficacy, and performance[J]. Academy of Management Journal, 2006, 49(6): 1239-1251.

[172] TANG F, QIAN Z. Leveraging interdependencies among platform and complementors in innovation ecosystem[J]. Plos One, 2020, 15(10): e0239972.

[173] TEECE D J, PETERAF M, LEIH S. Dynamic capabilities and organizational agility[J]. California Management Review, 2016b, 58(4), 13-35.

[174] TEECE D J. Business ecosystem[J]. The Palgrave Encyclopedia of Strategic Management, 2016a: 1-4.

[175] TEECE D J. Business models, business strategy and innovation[J]. Long Range Planning, 2010, 43(2-3): 172-194.

[176] TEECE D J. Dynamic capabilities and (digital) platform lifecycles[M]//Entrepreneurship, innovation, and platforms. Leeds: Emerald Publishing Limited, 2017, 37: 211-225.

[177] TEECE D J. Business models and dynamic capabilities[J]. Long Range Planning, 2018, 51(1): 40-49.

[178] VARGO S L, LUSCH R F. Evolving to a new dominant logic for marketing[J]. Journal of Marketing, 2004, 68(1): 1-17.

[179] VARGO S L, LUSCH R F. Service-dominant logic: continuing the evolution[J]. Journal of the Academy of Marketing Science, 2008, 36(1): 1-10.

[180] VIAL G. Understanding digital transformation: a review and a research agenda[J]. Journal of Strategic Information Systems, 2019, 28(2): 118-144.

[181] VOLBERDA H W, LEWIN A Y. Co-evolutionary dynamics within and between firms: From evolution to co-evolution[J]. Journal of management studies, 2003, 40(8): 2111-2136.

[182] WESTERMAN G, CALMÉJANE C, BONNET D, et al. Digital transformation: a roadmap for billion-dollar organizations[J]. MIT Center for Digital Business and Capgemini Consulting, 2011, 1: 1-68.

[183] WILLIAMS J, AITKEN R. The service-dominant logic of marketing and marketing ethics[J]. Journal of Business Ethics, 2011, 102: 439-454.

[184] WILLIAMSON P J, DE MEYER A. Ecosystem advantage: how to successfully harness the power of partners[J]. California Management Review, 2012. 55(1): 24-46.

[185] ZHANG Y, LI J, TONG T W. Platform governance matters: how platform gatekeeping affects knowledge sharing among complementors[J]. Strategic Management Journal, 2022, 43(3): 599-626.